U0856868

■ 兰州大学‘985’建设项目资助

马克思主义理论与政治理论学术著作丛书
丛书主编：王学俭

社会主义正义观研究

SHEHUIZHUYI ZHENGYIGUAN YANJIU

朱大鹏　著

中国社会科学出版社

图书在版编目(CIP)数据

社会主义正义观研究 / 朱大鹏著 .—北京：中国社会科学出版社，2014.8

ISBN 978 -7 -5161 -4619 -4

Ⅰ.①社… Ⅱ.①朱… Ⅲ.①社会主义建设 - 价值论 - 研究 - 中国 Ⅳ.①D616

中国版本图书馆 CIP 数据核字(2014)第 171611 号

出 版 人 赵剑英
责任编辑 任 明
特约编辑 乔继堂
责任校对 石春梅
责任印制 李 建

出 版 中国社会科学出版社
社 址 北京鼓楼西大街甲 158 号（邮编 100720）
网 址 http：//www. csspw. cn
中文域名：中国社科网 010 -64070619
发 行 部 010 -84083685
门 市 部 010 -84029450
经 销 新华书店及其他书店

印刷装订 北京市兴怀印刷厂
版 次 2014 年 8 月第 1 版
印 次 2014 年 8 月第 1 次印刷

开 本 710 × 1000 1/16
印 张 13. 25
插 页 2
字 数 225 千字
定 价 55. 00 元

序　言

纵观人类历史，横看世界万象，不论有多少纷纭繁荣的理论学说，不管有多少百舸争流的思想流派，马克思主义无疑是迄今为止最科学、最严整、最有生命力的理论体系。尽管时代发展波澜壮阔，但马克思主义依然是时代的旗帜；尽管人类历史风云变幻，但发展的总趋势并没有超出马克思主义所揭示的基本规律的范畴。马克思主义使人类真正从蒙昧中睁开眼睛，推动人类意识实现了大觉醒，引导人类社会发生了大变革。《共产党宣言》发表160多年来，各国人民群众把马克思主义的基本原理和各国的具体实际相结合，坚持、发展和创新马克思主义，展现了马克思主义的耀眼光辉和巨大威力，也使越来越多的人学习马克思主义、研究马克思主义、崇敬马克思主义、信仰马克思主义、宣扬马克思主义。

马克思主义是当代中国特色社会主义事业的理论先导和思想支撑，是探索中国特色社会主义道路的智慧总结和经验概括，是中国哲学社会科学研究的根本指导思想。中国共产党是一个由科学理论孕育催生，用科学理论武装发展的马克思主义政党；建设中国特色社会主义道路的事业也是一个由科学理论指引向前、用科学理论助力发展的光辉事业。高度的理论自觉和理论自信是党和国家事业兴旺发达的鲜明特征和根本优势。哲学社会科学界始终坚持马克思主义的指导地位，用马克思列宁主义和中国化的马克思主义统领哲学社会科学工作，把马克思主义的基本原理同中国具体实际相结合，把马克思主义的立场、观点和方法贯穿到哲学社会科学工作中，用发展着的马克思主义指导哲学社会科学的研究。

以高度的文化自觉和文化自信，建设具有中国特色、中国风格、中国气派的哲学社会科学，引领社会经济发展和文明进步，是兰州大学“做西部文章，创一流大学”事业始终不渝的追求和义不容辞的责任。100多年来，一代代兰大人秉承“自强不息，独树一帜”的兰大精神，直面清贫、乐于奉献、淡泊名利、严谨治学，书写出百年兰大辉煌的历史篇章，奠定了兰州大学百年厚重的人文底蕴。作为西部地区马克思主义研究和教学的重镇——兰州大学马克思主义学院始基于1950年创建的马列主义教研室和1980年创建的思想品德教研室。经过改革开放以来30多年的建设和发展，学院目前已发展成为涵盖马克思主义理论、政治学两个一级学科，拥有马克思主义学科博士后科研流动站，马克思主义理论一级学科博士点、三个二级学科博士点、七个硕士点、三个本科专业的教学和科研实体。两大学科相互支撑、教学科研相互促进，奋进努力、活力迸发。在长期的教学科研实践活动中，学院会聚了一支知识结构、年龄结构、学历层次较为合理，专门从事马克思主义理论教学和研究的队伍；创作出了一批充分反映马克思主义中国化最新成果、充分反映中国特色社会主义丰富实践、充分反映本学科领域最新进展的成果，特别是在马克思主义理论、思想政治教育理论与方法、中国特色社会主义理论与实践、马克思主义国际关系理论与对外关系、中亚研究及西部民族地区治理与边疆安全稳定问题等方面，形成一些有特色、有水平和有影响的研究成果。

为深入推进马克思主义中国化、时代化、大众化，坚持和发展中国特色社会主义，适应兰州大学建设“多学科协调发展的综合性、研究型、国内外知名的高水平大学”的需要，进一步促进兰州大学马克思主义理论和政治学学科建设，提高兰州大学马克思主义理论和政治理论的研究和教学水平，经与兰州大学研究生院、兰州大学重点建设处、兰州大学社会科学处协商，决定以兰州大学马克思主义学院为主体，组织研究团队、搭建学术平台、攻关学术难题，编写“马克思主义理论与政治理论学术著作丛书”。目前丛书已经出版了《政治学理论新编》、《世界各国政治制度概论》、《科学社会主义理论与实践》、《马克思主义中国化研究重要文献导读四十篇》、《马克思主义基本原理经典文献导读》、《当代世界经济与政治概论》、《行政学概论》等著作。我们计划今后将以中国社会科学出版社和兰州大学出版社为依托，按一个主题、分两个系列陆续出版这套丛书。我们将这套丛书设定为研究性、开放性和学术性的丛书，让一些新的学术研究成果不断补充进来。我们希望这套丛书能够不断展示学院在发展中的研究成果，凸显学院的研究特色，强化学院的学科建设，增进同行的学术交流，推动理论的发展创新，增强人们对中国特色社会主义的道路自信、理论自信和制度自信。

春华秋实几十载，继往开来再攀登。一个学科的建设和发展，绝非一朝一夕之事，它需要坚实的学术根基和连续的学术传承。我们今后将紧密结合时代的需要，充分发挥自己的优势，按照“强化专业队伍、优化研究方向”的学科发展战略，有计划、有步骤地狠抓落实，耆宿精诚合作、扶掖后学新秀，形成实力比较雄厚、特色比较鲜明的良好的学科体系和颇具潜力的发展态势。我们在学术莽原上辛勤拓垦的同时，还始终保持着清醒的认识、冷静的头脑，那就是时刻认识到自己的不足，始终明了自己的方位，从而奋发进取、砥砺前行，追求更高的目标。清代著名文士袁枚有言：“学如弓弩，才如箭镞，识以领之，方能中鹄。”我们努力团结和凝聚一个励志进学、有才有识的群体，在学术求索的道路上力争张弩飞矢，瞄准更高远的目标，不断“中鹄”、不断前进。

当然，我们也深深地认识到，与国内兄弟院校、同行同人相比，我们的研究还较为薄弱，存在明显不足，如选题过泛、学术性和思想性不够统一、理论性和现实性关联不高、对问题的研究内容有待深入、研究方法有待改进、学科特色有待提炼、标志性成果有待加强等。但是，我们也坚信，只要坚持马克思主义的基本立场、基本观点和基本方法，坚持马克思主义和中国化马克思主义的指导，坚定中国特色社会主义的共同理想，坚定走中国特色社会主义道路，积极投身中国特色社会主义伟大实践，勇于探索、甘于寂寞、献身学术、自强不息，就一定能够取得更加丰硕的成果，实现更大跨越的发展。

我们既期待着同行专家学者的悉心指正，更盼望中国特色社会主义事业蒸蒸日上。我们深知功崇唯志、业广唯勤，马克思主义理论和政治理论的繁荣和发展在于我们每一个理论工作者的努力。

“马克思主义理论与政治理论学术著作丛书”编审委员会

目　录

导　论

一　研究背景与研究意义

一般来说，研究课题的选定大概有三个来源：一是现有理论对实践的回应乏力，不能或不能较好地解决现实问题；二是针对同一问题的不同理论具有不同的观点或理解，相互之间存在争鸣；三是某一理论自身存在内在缺陷，需要加以改善和发展。实际上，上述三个来源具有相同的根本动力，就是理论与实践的辩证互动关系。这个根本动力决定了在人类文明的长河里，无论是在东方还是在西方，正义观都占据着一个并非无足轻重的地位，发挥着其应有的作用。

社会主义正义观①是人类文明史上的重要篇章，以其科学的理论体系、严谨的研究范式、鲜明的价值取向、巨大的实践效果，在林林总总的正义观中脱颖而出、独树一帜。社会主义正义观是马克思主义宏大理论体系的一部分，其理论根基是马克思主义的基本立场、观点和方法。自从马克思主义产生以来，社会主义正义观一直同马克思主义的传播和发展相一致，与国际共产主义运动波澜壮阔的历程共命运。马克思主义正义观与社会主义正义观是既密切相关又存在区别的两个概念。其相关之处在于，二者的性质是一致的，基本观点是重合的。其区别之处在于，前者更侧重于作为一种思想体系的存在，后者更侧重于与实际社会制度的联系。马克思恩格斯最初是将社会主义和共产主义作为思想理论和现实运动来谈的，对于代替资本主义社会的未来社会，他们名之为“自由人的联合体”。后来，马克思恩格斯将未来社会称为共产主义社会，“共产主义”从一种思

---

① 本书所说的“社会主义正义观”特指“科学社会主义的正义观”，其他以“社会主义”命名的流派的正义观，书中都加以特别指明，如“空想社会主义正义观”等。

想体系和现实运动，增加了作为一种社会形态名称的意义。马克思在《哥达纲领批判》中首次将共产主义社会划分为“第一阶段”和“高级阶段”，列宁又指出共产主义社会的第一阶段“通常叫作社会主义”。[①] 几个世纪以来，社会主义经历了从空想到科学、从理论到实践、从一国到多国这样三次飞跃，社会主义的制度意义越来越强，社会主义正义观在每一个阶段都与其紧密相伴，所以说它较之马克思主义正义观更侧重于与社会制度的联系。

近年来，对社会主义正义观和社会主义正义问题的研究正逐步展开。从国际角度来看，关于正义与马克思主义、社会主义的研究已经成为一门显学。对于西方政治哲学的两大主题——自由和平等，西方主流理论长期以来通常认为自由是需要解决和能够解决的问题，而对于平等问题，要么认为无须解决，要么认为无法解决。1971 年罗尔斯的《正义论》发表，提出了相反的主旨，认为平等问题既需要解决也能够解决，重新激起人们对于自由与平等的关系、正义的核心价值等问题的浓厚兴趣。正如诺奇克所说，“政治哲学家们现在必须要么在罗尔斯的理论框架内工作，要么解释不这样做的理由”[②]。与此相关，社会主义在 20 世纪无论是作为思想体系还是作为社会制度都释放了巨大力量、体现了很高价值，在社会正义方面也作出了自己独特而显著的贡献，这一点不能不引起思想家们的注意。虽然自 20 世纪末以来社会主义制度遭遇了挫折，但其中蕴含的真理和其在 21 世纪顽强发展的现实，以及资本主义在新的历史时期仍然无法摆脱的弊病，使得理论界对马克思主义正义观和社会主义正义观的研究方兴未艾。从国内角度来看，社会现实提供了深入开展社会主义正义观研究的土壤。改革开放以来经济社会的飞速发展，一方面带来了巨大的历史进步，另一方面也产生了这样那样的问题。尤其是新世纪新阶段进入改革开放关键期以来，深层次的矛盾和问题不断涌现甚至激化，客观上需要从理论上作出分析和回答，而正义是其中的一个重要视域。中国共产党一直对于正义问题有着高度的重视，国内学术界对此也有着充分的理论自觉和政治自觉。中国共产党对于正义的认识，是一个既坚持原则又不断丰富的发展过

---

① 马克思主义经典作家的相关观点参见马克思恩格斯《共产党宣言》、马克思《哥达纲领批判》、恩格斯《社会主义从空想到科学的发展》、列宁《国家与革命》中的相关论述。

② ［美］诺奇克：《无政府、国家和乌托邦》，何怀宏等译，中国社会科学出版社 1991 年版，第 187 页。

程。党的十六大以来，对正义的地位日益重视，对正义的界定日见清晰，实现正义的路径日愈科学，促进正义的举措日臻完善，这些都有力地推动了中国社会主义正义观的研究。

社会主义正义观研究具有深远的理论意义和突出的现实价值。

其理论意义表现在：第一，该研究是马克思主义研究的内在要求。马克思主义经典作家对正义及社会主义正义问题有着鲜明的观点与丰富的论述，这是整个人类的宝贵遗产。因此，社会主义正义观研究是一项国际性的事业，我国是当前世界上最大的社会主义国家，致力于社会主义正义观研究是我们当仁不让的义务和责任。第二，该研究是中国特色社会主义研究的组成部分。改革开放以来，中国共产党领导中国人民开创了中国特色社会主义道路，形成了中国特色社会主义理论体系，确立了中国特色社会主义制度，社会主义正义是中国特色社会主义建设不可或缺的题中之义。第三，该研究是政治哲学与伦理学研究的重要分支。正义是一个伦理学概念，也是一个重要的政治哲学概念，该研究能够充实政治学与伦理学的相关研究。

其实践价值体现为：第一，该研究为普及社会主义正义观念提供理论支撑。在某种意义上说，对于正义思想，普及研究比构建研究更重要、更迫切。只有使之为广大人民群众所接受，才能成为改造世界的物质力量。第二，该研究为应对社会问题提供分析视角。在社会主义初级阶段特别是利益多元化背景下，怎样处理公共利益与个人利益、全局利益与局部利益、长远利益与当前利益之间的关系，从价值判断的角度来说，也存在着正义与非正义的问题。该研究可以为解决各种深层次矛盾和分歧提供理论支持。第三，该研究为运行制度机制提供相关原则。社会主义正义观作为一种价值导向，应该成为制度、政策、法规制定和实施的出发点和立足点。

二 正义及其相关概念

关于正义概念的起源，在东西方各有不同的特点。“正义概念在西方是表明着道德最初发源的观念。在古代希腊，正义（δικη）一词来源于女神狄刻的名字。狄刻是宙斯同法律和秩序女神忒弥斯之女；在希腊人的雕塑中忒弥斯手执聚宝角和天平，眼上蒙布，以示不偏不倚地将善物分配给人类，所以狄刻是正义的化身，主管对人间是非善恶的评判。拉丁语中正义（justice）一词得名于古罗马正义女神禹斯提提亚（justitia）。同在希腊语中一样，拉丁语正义一词中也已经包含了正直、无私、公平、公道这些一直保持到现代的基本语义。"① 在中国古代，并不用"正义"这个语词来表达上述那些语义，而是分别用"公"、"正"、"义"、"直"、"和"等相互联系而又有明显区别的一系列语词来表述今天"正义"概念的含义。

正义问题目前得到了广泛而深入的关注，但是这并不意味着人们对正义观这个研究热点的基本问题已经完全达成了共识。作为学术研究而言，不能对正义仅仅停留在一个约定俗成或人云亦云的水平上。然而我们面临的窘境是，虽然学术界对正义所指方向的理解是大体一致的，但对于一些具体问题，特别是对于正义、公正、公平、平等这几个类似概念及其关系的厘定存在着非常大的分歧，甚至可以说是截然相反。

许多学者认为正义最突出的特点是它的抽象性与神圣性，由此决定了其在相关概念中最高序列的地位。有的学者认为，"正义显然是一个关涉人的价值、尊严以及人的发展的根本问题的范畴，它历来就有神圣、崇高与尊严的意思，体现着真、善、美的全部内涵。正义的本质就是人对人自身本质的确认。在这个意义上，正义是人之为人的真正之义。具体说来正义应有这样的内涵：人追求自身本质的最高理想，人的世界、人的关系以及人的行为的最高准则与公理，人类发展与完善的价值真理。正义的实质是把人的发展、人的价值、人的尊严视为人的世界、人的关系以及人的行为的根本"②。这是从实质和本质的角度阐发了正义的特点。有的学者认为，"正义是指社会发展所必需的、一切有助于福利增进的善的事物。它超越于既定的法律规则，高于公平和公正。公平、公正主要是指社会成员的利益和权利的分配符合公认的、既定的标准。平等则是指利益和权利完全相同或相等的分配，是公平的一种特殊形式。它们之间的关系是：正义优先于公平（公正），公平（公正）优先于平等"③。这是通过正义与相关概念的比较和排序揭示了正义的地位。

在几个相关概念中，最容易与正义混淆的是公正。实际上，无论就其内涵还是外延来说，公正都是与正义最相似、重合度最高的概念，在日常生活和科学研究中，将正义与公正混用和等同起来的也不在少数。但详细

① 廖申白：《西方正义概念：嬗变中的综合》，《哲学研究》2002 年第 11 期。

② 洋龙：《平等与公平、正义、公正之比较》，《文史哲》2004 年第 4 期。

③ 贾可卿：《"公平"辨正》，《云南社会科学》2006 年第 6 期。

分析，二者还是存在一定的区别。“公正的核心则是均衡和合理。公正是以一种不偏不倚的原则，处理人与人的关系，在政治、法律、伦理道德等关系上保持社会以及社会成员之间追求权利和义务的统一；在物质利益关系上，给一定范围内的社会成员以均衡的条件和机会；其直接目的是以人们之间的关系的某种程度的均衡合理来维持社会的稳定与秩序。”① 也就是说，公正既包含了对待对象在态度、规则上的一致性，也强调了对各种利益的界分结果的分析评价——实行和保护均衡合理的界分（即公正的行为和结果）、排除和矫正非均衡合理的界分（即不公正的行为和结果）。因此，有学者指出，“公正与正义是属种关系，而不是种属关系，也不是交叉关系。正义的内涵比公正丰富，而公正的外延比正义大，是正义的一定公正，公正的未必正义；不公正的一定不正义，不正义的未必不公正。公正与正义不仅有理论差异，还有实践差异：公正是社会制度的首要价值，尽管公正在实践中有相对性，但一个社会如果连起码的公正都做不到，就会人心向背、怨声载道。而正义是一种较高的要求，或者说正义是人生的追求，社会应该提倡正义、弘扬正义、赞颂正义的行为，但是社会不必要求人们的行为一定合乎正义，否则一个社会就会浮夸之风盛行”②。从正义与公正的比较中也可以看出，正义的高阶性、抽象性、概括性、理想性都是显而易见的。

根据这几个概念的历史渊源、演化历程、内在逻辑、使用习惯、现实需要，并结合学界研究的现状，我们有如下认识：

第一，正义既存在个人维度也存在社会维度，既存在理想维度也存在现实维度。

通常来说，关于正义的逻辑起点与归宿有着两种不同的理解。一种理解是以个人作为逻辑起点，以维护个人的利益与发展作为基本导向，其逻辑归宿则是要求一个能够界分与平衡个人权利与利益的社会基本制度，如古代的亚里士多德、现代的罗尔斯的正义观都是如此。另一种理解是以社会公共利益作为逻辑起点，以维护和促进社会公共利益作为基本导向，其逻辑归宿则是要求个人具有为公共利益而奉献的美德，如柏拉图的正义观。至于马克思的正义观则与以上两者都有区别，这主要是因为马克思对

① 洋龙：《平等与公平、正义、公正之比较》，《文史哲》2004 年第 4 期。

② 冯颜利：《公正（正义）研究述评》，《哲学动态》2004 年第 4 期。

人与社会的关系有着全新的理解。马克思认为，个人的利益与社会的利益从根本上来讲应当是一致的。他一方面指出“全部人类历史的第一个前提无疑是有生命的个人的存在”①，在未来社会“每个人的自由发展是一切人的自由发展的条件”②，另一方面又特别阐明了人的根本属性是社会性，人是交互活动的产物，“只有在共同体中，个人才能获得全面发展其才能的手段，也就是说，只有在共同体中才可能有个人自由”③。正因为如此，要使个人获得自由而全面的发展，也就不能从提升作为个人美德的正义入手，而应当致力于构建一种合乎人的本质、符合人与社会辩证关系的基本社会制度与社会结构。从对“正义”一词的习惯用法来说，它既可以表达一种崇高的信念，也可以用来评价现实中的基本的社会经济政治结构和制度。近代以降，“正义”这一概念一方面依然保持了其表达抽象性、普遍性的理想状态的意义，另一方面越来越多地被用来描述人们对于国家或社会这样的宏观结构的评价，体现了人们对社会发展的一种颇具现实性的向往。本书所讲的社会主义正义观也是就此意义而言。

第二，公正、公平与平等是正义的下位概念。

公正因其既包括对动机的评价也包括对结果的评价，所以也具有较大的包容性和概括性。至于人们对于公平与平等关系的看法，则存在一定的分歧。一种观点是公平包含平等，平等是一种特殊的公平，对此上文已作了介绍。④ 另一种观点与此相反，认为公平从属于平等：“如果说公平是指人们对人与人之间的地位及相互关系的一种评价，它主要表达的是人们对人与人之间经济利益关系的合理性的认同，那么，平等则侧重于对人们的地位及其相互关系的一种事实描述，它主要表达的是人们的地位和利益获得的等同性。从一般意义上来讲，平等要比公平宽泛，公平从属于平等，是一种特殊的平等。公平是对一定历史条件下的平等的认同；而平等是公平的理想境界，是最高意义上的公平。公平对平等也有不可忽视的影响，公平总是引起平等的观念，平等是公平的必然结果。”⑤ 虽然公平与平等的从属关系不容易确定，但可以肯定的是，它们同属正义所蕴含的具

① 《马克思恩格斯选集》第 1 卷，人民出版社 1995 年版，第 67 页。

② 同上书，第 294 页。

③ 同上书，第 119 页。

④ 参见贾可卿《“公平”辨正》，《云南社会科学》2006 年第 6 期。

⑤ 洋龙：《平等与公平、正义、公正之比较》，《文史哲》2004 年第 4 期。

体因素或标准，是正义的内在要求。

第三，“正义”、“正义观”、“社会主义正义观”都应有明确的界定。

由前面的分析可以总结出，“正义”是对于社会基本结构对利益关系的划分与平衡的评价，“正义观”是对于这种评价的原则和标准的阐述，而“社会主义正义观”是以实现好、维护好、发展好最广大人民的利益为标准对各种利益关系的划分与平衡。党的文件将“公平”与“正义”连用，称为公平正义，这恰当地突出了公平在正义中的重要地位，反映了对于当今中国社会正义问题重心的科学认识，指明了在当前社会中落实和推进正义的着力点，有很强的针对性和实践性。

三 研究思路与研究方法

（一）研究思路

本书的研究主题设定为“社会主义正义观的理论与实践”。这个主题包括相辅相成的双重意蕴。第一重意蕴是“正义观在社会主义运动中和社会主义制度下的发展状态”。正义作为政治哲学的核心话题之一，是普遍性与特殊性的统一。社会主义的正义观，既带有正义观的共性特征，更鲜明地体现了其社会主义性质这个个性特征，阐明正义观在社会主义运动中和社会主义制度下的发展状态是社会主义正义观研究的首要任务。第二重意蕴是“社会主义相关理论和实践的正义观视角审视”。毋庸讳言，根据马克思主义原理的基本观点，正义观既不是社会历史发展的根本动力，也不是评价社会历史发展状况的根本标准。但是，这并不意味着正义在马克思主义和社会主义及其研究中的缺位和空场，也并不妨碍我们用正义观的视角来分析和评判社会发展的历史和现状。所以，问题的关键不在于马克思主义和社会主义中要不要“正义”、有没有“正义”，而是在于马克思主义和社会主义要的是何种“正义”、这种“正义”是什么样的。因此，从正义观视角审视社会主义的相关理论与实践也是社会主义正义观研究的题中之义。

本研究的总体思路是史论结合、突出重点、逐次展开，在理论准备和史实梳理的基础上追寻社会主义正义观的外在表现和内在特征。

第一章是社会主义正义观研究文献综述。本章在全书中起着引入和铺垫的作用，是一项必不可少的工作。必须承认，只有借助于前人的研究，才有可能获得有意义的成果。前人的研究一方面提出了许多独到的视角和观点，另一方面提供了丰富而有价值的原始材料。将文献综述单列一章的目的就在于，这样有利于在整理、分析前人成果的同时完善自己的研究思路，同时也是交代清楚在本领域哪些内容的研究已经比较成熟，哪些部分的探索刚刚展开，哪些方面的价值尚未发掘，哪些问题的回答有待思考。本章对于研究文献的综述分为两部分。一是正义观研究文献综述，力求从宏观上把握这个相对庞大的论域，勾勒出研究状况的总体轮廓。二是社会主义正义观研究文献综述，将焦点集中于本书选题，描述出研究现状与研究空间。

第二章是对社会主义正义观的理论属性的判定与基本原则的阐释。社会主义正义观建立在马克思主义基本立场、观点和方法的基础之上，是马克思主义宏大而严整的理论体系的一部分。虽然马克思主义创始人对于正义观并无专门的、集中的论述，甚至“正义”在马克思的思想里是否能够成为论题都在国际理论界引起了一场见仁见智的争论，但正义与马克思主义的关系是一个不容回避也无法回避的问题，社会主义正义观的理论基础在于马克思主义的相关理论是一个显而易见的事实。同时，正义观作为一种社会意识，又具有其自成系统、前后相继的历史继承性，经历了一个漫长的发展演变过程。马克思主义发端于西方，是其创始人对人类文明成果（主要是西方文明成果）的继承与创新。具体到正义观来说，古代社会思想家的正义观、近代资产阶级思想家的正义观和空想社会主义者的正义观等这些人类对于正义的不懈探索，都对马克思主义正义观从各个不同的角度产生了重要影响。就马克思主义创始人对于正义问题的认识本身而言，在一些文献中对此有相对集中的论述或比较明显的体现。因此，本章在分别分析这些篇目的相关内容的基础上，总结了马克思主义关于正义的基本观点与主要特点，从而使社会主义正义观的理论属性根基得以确定。

第三章至第五章描述了社会主义正义观在社会主义制度下的发展历程，彰显了社会主义正义观伴随着社会主义从理论到实践的突破，其重点是社会主义正义观在中国的理论与实践，特别是中国改革开放以来社会主义正义观的理论与实践的发展。

第三章是对苏联模式中的社会主义正义观的回顾。俄国十月社会主义革命的胜利，开辟了人类历史的新纪元，使社会主义由一种理论体系和社会运动而增加了作为现实的社会制度的意义，也使社会主义正义观由对旧社会的批判、对新社会的憧憬而增加了在新的社会制度下如何看待正义、发展正义的意义。“正义”在一个由马克思主义为指导思想的无产阶级政党领导的国家中的现实处境与遭遇，是一个以前从来没有过的崭新课题。在列宁、斯大林领导社会主义革命和建设的过程中，他们关于正义观的理论与实践具有开创性的意义。第二次世界大战之后，包括中国在内的亚欧一系列国家走上社会主义道路，苏联和东欧社会主义国家是实行苏联模式的社会主义制度的典型。随着形势的发展，该模式的局限性日渐显露，包括苏联自身在内的各社会主义国家分别进行了不同内容、不同程度的改革和探索，在这期间对于正义问题也出现了一些新观点和新做法。虽然在这个阶段最终没有突破传统模式，甚至发生了苏东剧变这样的悲剧性事件，社会主义在世界范围内暂时陷入低潮，但是其中体现的首创精神和人类对包含正义观在内的理想社会的追求及其经验教训将具有永不磨灭的意义，对于中国的社会主义正义观则可起到历史之鉴的作用。

第四章和第五章是对中国的社会主义正义观理论与实践的展示。中国共产党人根据马克思主义的基本立场、观点和方法，依托中国传统文化中的正义思想，结合现实国情，借鉴其他社会主义国家的正义理论与实践，形成了独具特色的社会主义正义观。毛泽东思想是马克思主义中国化的第一个理论成果，其中蕴含着丰富的社会正义思想。在新民主主义革命时期、社会主义革命时期、社会主义建设时期中国共产党进行了马克思主义正义观、社会主义正义观的生动实践。改革开放以来，逐步开辟了中国特色社会主义发展道路，形成了中国特色社会主义理论体系，确立了中国特色社会主义制度，社会主义正义观在中国也随之获得了前所未有的发展。需要特别指出的是，中国共产党自从十六大以来，对于社会正义问题空前重视，形成了一系列新论点、新认识、新思路、新措施，使社会主义正义观的理论与实践提升到了一个崭新的水平。这两章主要阐述了社会主义正义观在中国的发展脉络、形成的理论成果和实践成果。该部分研究体现了马克思主义正义观中国化的特殊意义与普遍意义。

第六章是关于社会主义正义观的历史经验和历史教训，从行文上看，是对以上内容的理论总结。自从社会主义实现了从理论到现实的飞跃以来，社会主义正义观的命运便与社会主义的兴衰成败紧密联系在一起了，既经历了高歌猛进的发展，也遭遇过急转直下的挫折，又迎来了峰回路转的生机，跌宕起伏，不一而足。社会主义制度和社会主义意识形态的影响并不局限于社会主义国家之内，社会主义正义观作为社会主义理论体系的一部分，其影响当然也是世界性的。历史提供给我们的，不仅仅是既成的史实，更有值得深思的启发。经验须总结，教训当吸取。分析与评判历史的目的是为了获得科学的理论，从对历史的借鉴中把握现实与未来。对于社会主义正义观理论与实践的历史经验教训的总结与梳理，是本书研究的核心内容。对于这样一个重大问题，本书虽不可能做到详尽与精确，但却必须去尝试、探索，因为这正是社会主义正义观研究的最大意义和最终价值所在。

结语是对于中国的社会主义正义观研究的几点理解和体会。通过前面的研究，社会主义正义观的理论内涵、发展脉络和历史价值已大致清楚，在此基础上展望中国的社会主义正义观研究的未来走向，是一件有意义的工作。理论指导实践，实践发展理论。而一种理论发挥作用的范围与程度大小，是与其掌握群众的广度与深度密不可分的。理论为群众所理解、所信仰，它才能够掌握群众，发挥自己指导实践的作用，而这就必须加强理论研究工作，结语部分对此进行了相关的思考。

（二）研究方法

对于一项研究工作来说，研究方法问题是极为重要的，甚至在一定程度上决定着研究的结果。从方法论的角度来说，本研究遵循马克思主义的辩证唯物主义和历史唯物主义。辩证唯物主义和历史唯物主义既是世界观也是方法论，社会主义正义观本身就是其中的一部分，在这里内容与方法是统一的。对于社会主义正义观研究来说，坚持这个方法论就意味着要从客观实际出发、以实事求是的态度对待与其有关的资料和涉及的问题，用全面的、联系的、发展的观点看待其存在状态，在客观规律性与主观能动性的有机统一中把握其发展历程，从以劳动人民为主体的最广大人民的根本利益出发来评价其历史地位与价值，在社会存在与社会意识的辩证关系中认识其成长动因。具体来说，研究时遵循了下列原则：

逻辑与历史相统一。“历史从哪里开始，思想进程也应当从哪里开始，而思想进程的进一步发展不过是历史过程在抽象的、理论上前后一贯的形式上的反映"。[①] 本研究一方面基于社会主义正义观发展的历史和对其发展认识的历史展开思维，以理论思维的抽象性在思想中再现演化轨迹，另一方面自觉地站在逻辑的视角，从总体上把握其运行的内在规律，揭示其发展的必然趋势。

理论与实践相统一。本研究是一项理论性和实践性都很强的课题。从理论上看，社会主义正义观散见于马克思主义经典作家和党和国家领导人的相关著述、文件中，必须仔细研究文献资料。从实践上看，社会主义正义观不是"离开实践的思维"的"经院哲学"[②]，而是来源于实践、服务于实践、被实践所检验、在实践中发展。所以在研究方法上要从社会主义正义观的相关实践中发现问题，运用社会主义正义思想的理论创新成果分析问题，理论联系实际解决问题。

分析与综合相统一。社会主义正义观内容极为丰富，既是一个完整统一的整体，又关涉许多不同的学科和研究领域。该研究必须在对社会主义正义观各个部分、方面、要素、阶段进行分析的基础上，将其各个本质方面的内在联系有机整合成一个统一整体。

静态研究与动态研究相统一。"一个伟大的基本思想，即认为世界不是既成**事物**的集合体，而是**过程**的集合体，其中各个似乎稳定的事物同它们在我们头脑中的思想映象即概念一样都处在生成和灭亡的不断变化中，在这种变化中，尽管有种种表面的偶然性，尽管有种种暂时的倒退，前进的发展终究会实现。"[③] 社会主义正义观的发展在一定阶段具有相对稳定性，但又是一个动态演变的过程，在研究中要把握这个特点。

① 《马克思恩格斯选集》第 2 卷，人民出版社 1995 年版，第 43 页。
② 《马克思恩格斯选集》第 1 卷，人民出版社 1995 年版，第 55 页。
③ 《马克思恩格斯选集》第 4 卷，人民出版社 1995 年版，第 244 页。

第一章

相关研究文献综述

社会主义正义观研究是一个理论内涵丰富、关涉领域众多的研究论题。无论是对社会主义正义观的专门研究，还是其他研究中与此相关的内容，都从不同角度拓展和深化了该研究论题。本章从社会主义正义观研究的外围——正义观研究文献综述入手，采取由外而内的方式分析该论题的研究现状。

一　关于正义观

对于正义相关问题的探讨，无论是在东方还是在西方都有着悠久的历史，虽然各自的话语体系不同、论述方式各异，但都产生了丰富的成果。近年来，正义观研究在东西方都已经成为热点问题，得到了高度重视。

（一）国内正义观研究

国内正义观研究是从20世纪80年代以来译介西方正义观文献而兴起的。在此之前，正义观的研究几乎没有引起我国学术界的重视。这一方面是因为高度集中的政治经济体制所造成的社会基本结构一定程度上抑制了人们对社会正义问题的探讨，另一方面是由于当时人们看待社会发展的侧重点在于马克思主义所揭示的客观规律性，所以正义观这样的带有强烈主观因素和感情色彩的论题，受到了一定的轻视和忽视，甚至被视为资产阶级话语体系而遭到了排斥。20世纪80年代以来，随着我国社会实践和社会结构的变化，人们开始关注、思考和研究正义观。先是西方正义观研究文献的引入，继而将之本土化，与中国实际问题相结合，探寻其带给我们的启发。进入新世纪以来，伴随着马克思主义中国化、时代化、大众化的蓬勃开展，马克思主义正义观中国化研究遂成为新的热点。总地来说，几十年来中国的正义观研究经历了一个“引进—消化—创新”的过程。近几年，研究正义观的专著时有出版，数量和质量都有了很大提高。学术论文方面，正义观研究呈现出跨越式发展的特点。

1. 关于马克思主义正义观的研究

马克思主义正义观的形成背景与基本内容研究。关于马克思主义正义观形成的社会历史背景，叶志华认为是资本主义工业文明早期已明显表现出来的不公平不正义的现实状况，即主要是资产阶级对无产阶级的残酷剥削和压迫。[①] 关于马克思主义正义观的理论渊源，林进平认为马克思早期正义思想“兼具古代和近代特色，又体现了自身的精神特质——实践性和批判性。从其强调人的价值与崇高这一点来说，我们可以说他继承了古代正义思想的传统，从其强调人的普遍自由与平等来说，他又是站在近代的起点上”[②]。关于马克思主义正义观的基本内容，是对由唯物史观基本原则所决定的正义观的具体性、相对性、阶级性、历史性的阐明，包括对资本主义社会正义状况的现实及其根源的分析，对未来社会正义状况的科学预见等。值得指出的是，研究者在深入分析马克思主义正义观的基础上总结概括了其特点：吴忠民认为是将公正理想与历史精神融为一体、将个人与社会有机结合、将公正理论的完整性与开放性有机统一；[③] 倪勇认为是将理想性与现实性相统一、批判性与建设性相统一、价值追求与真理追求相统一；[④] 沈晓阳认为是在价值基点上将正义的社会性内置于正义的个体性、在思想内涵上将正义的形式性服务于正义的实质性、在判断标准上将正义的永恒性体现于正义的历史性、在思维视野上用正义的理想性关照正义的现实性。[⑤]

马克思的正义观的发展轨迹研究。林进平认为“马克思和正义的关系”经历了三个阶段：对正义的追寻与困惑时期（博士论文至《莱茵报》时期）、从政治哲学内部对自由主义正义观的批判时期（即内在批判时期，《黑格尔法哲学批判》至《1844 年经济学哲学手稿》时期）、以历史唯物主义方法对思辨正义的批判时期（即外在批判时期，唯物史观创立

① 叶志华：《试论马克思恩格斯的社会公正观》，《现代哲学》2000 年第 2 期。

② 林进平：《马克思的“正义”解读》，社会科学文献出版社 2009 年版，第 70—71 页。

③ 吴忠民：《马克思恩格斯公正思想初探》，《马克思主义研究》2001 年第 4 期。

④ 倪勇：《马克思主义正义观及其当代走向》，《武汉大学学报》（人文科学版）2007 年第 4 期。

⑤ 沈晓阳：《马克思主义正义观探要》，《马克思主义研究》2006 年第 6 期。

时期及以后)。[①] 徐建文认为，马克思在早期通过创立唯物史观而批判了资产阶级抽象的正义观，把公平正义的实现建立在科学的基础之上；在中期通过政治经济学批判揭示资本主义社会形式的公正和实质的不公正；在晚年通过全面系统批判拉萨尔公平分配劳动所得思想，指出无产阶级要求的公平正义只有在共产主义高级阶段才能实现。[②]

从政治哲学角度对马克思正义观的理解。陶艳华在其专著《马克思政治伦理思想研究》中专辟一章谈了“政治制度的正义追求”，提出了政治制度的正义标准，以此分别评判了封建专制政治制度、资本主义政治制度和社会主义政治制度，进而指出政治制度对“人类解放”的制约，而共产主义社会是超越政治制度的理想制度。[③] 赵甲明、王代月认为马克思把握了正义理论视域从政治到经济的转换，通过对资本主义生产方式的剖析和对政治经济学的批判，实现了正义理论的人性维度与阶级维度的统一，沟通了政治哲学中的规范性和事实性之间的张力。[④] 臧峰宇认为马克思正义观的人性根基是“现实的个人”，马克思从“人类有史以来的正义诉求”和“资产阶级社会的正义诉求”这两重维度来构建正义，从伦理道德、法律与意识形态这三个角度来审视正义。[⑤]

马克思主义正义观的当代启示。龚秀勇认为马克思主义的公平正义思想对于中国来说，提示了“社会主义初级阶段的公平理念必然主张在结果平等与贫富悬殊之间求取一个最佳量度，并以社会发展为基础逐步达到共同富裕，最终实现人的自由全面发展”，必须反对“理想化的架空”和“媚俗化的消解”这两种错误倾向。[⑥] 曹玉涛认为马克思对资本主义“社会正义”批判的当代意义在于有助于人们增强社会主义信念、批判当代新自由主义正义论、提醒人们在研究正义问题时注意对现存经济关系的研究、揭示了人类追求正义事业由个人美德到制度正义的发展趋势、促使人

---

① 参见林进平《马克思的“正义”解读》，社会科学文献出版社 2009 年版，第 4—5 页。

② 徐建文：《马克思公平正义观的发展轨迹》，《唯实》2008 年第 12 期。

③ 参见陶艳华《马克思政治伦理思想研究》，人民出版社 2009 年版。

④ 赵甲明、王代月：《马克思正义理论的两个维度及其政治哲学特征》，《马克思主义与现实》2008 年第 5 期。

⑤ 臧峰宇：《马克思政治哲学的正义视界》，《马克思主义与现实》2008 年第 5 期。

⑥ 龚秀勇：《马克思主义的公平正义思想及其当代意义》，《马克思主义与现实》2008 年第 4 期。

们对正义的关注由形式正义推进到实质正义。[①]

此外，学者们还提出了许多有价值的思想。如倪勇提出马克思主义正义观的当代走向是发展道路多元化、正义标准相对化、正义理想阶段化;[②] 王新生和苗贵山认为马克思（主义）正义观是一种新的正义观、超越了正义的正义观;[③] 何建华思考了马克思主义正义观对于构建与我国现代化进程相一致的公平正义理论的方法论启示;[④] 等等。

马克思主义正义观研究的发展很快，已经从最初的简单介绍推进到了当前的深入发掘阶段，对相关文本的解读也在加强。该研究目前的缺陷，是对马克思之外其他的马克思主义经典作家的正义观研究严重缺乏，对马克思主义正义观形成以来的发展演变的研究明显不够，存在着将马克思主义的正义观等同于马克思的正义观，以及用马克思主义正义观的基本原则取代完整的内容体系和发展过程的偏颇。

2. 关于西方正义观的研究

我国关于西方正义观的研究，发端于对西方经典正义观著作的译介。从最早主要仅引入罗尔斯、诺奇克、麦金太尔等人的相关著作，到今日对各家各派有关正义的论著的大量翻译、出版，这项工作本身就是我国对西方正义观研究工作的一部分，而且对研究深入的促进功不可没。当前我国分门别类地研究西方各个流派、各个人物的正义观的成果是非常多的。鉴于与本书的关系，这里仅简要介绍从整体和宏观的角度研究西方正义观的相关成果。

学术界在对西方正义观的各个部分和各个方面深入研究的基础上产生了一些规律性的认识，这应当说是最重要的成果。廖申白指出西方主流正义概念的发展是一个嬗变与综合的过程，它的种种含义是从产生以来在整个西方历史中逐步增添、发展与补充进去的，即从希腊神话、梭伦、柏拉图、亚里士多德一系的主流希腊思想，接通中世纪基督教的良心观念，经

---

① 曹玉涛:《论马克思对“社会正义”的批判及其当代意义》,《河南师范大学学报》（哲学社会科学版）2005 年第 3 期。

② 倪勇:《马克思主义正义观及其当代走向》,《武汉大学学报》（人文科学版）2007 年第 4 期。

③ 王新生:《马克思超越政治正义的政治哲学》,《学术研究》2005 年第 3 期。苗贵山:《批判与超越：马克思恩格斯对正义的追问》,《河南大学学报》（社会科学版）2006 年第 3 期。

④ 何建华:《马克思的社会正义思想及其启示》,《中共浙江省委党校学报》2008 年第 5 期。

注入自然法的启蒙观念，汇合为自由主义的体系，并在母体上吸收社会主义思想的部分影响，构成西方主流正义思想迄今发展的主脉，罗尔斯公平的正义的理论是西方正义概念在当代的一个最重要的综合。① 袁祖社探讨了西方公正观念的范式沿革，认为正义是对作为主体的人的个体性与社会性的理性平衡。西方历史文化中的正义观，概括起来主要有六种形态：奠立于古代“自然法”基础上的古希腊的理性“正义论”；奠立于基督教神学教义基础之上的中世纪“神学正义观”；奠立于社会“公意”基础之上的西方近代“契约正义观”；奠立于对人性之两面性整合与超越的哲学预设基础之上的“权利正义观”；奠立于未来美好的共产主义（社会主义）价值信念基础之上的马克思主义的“实践正义观”；奠立于自由主义基础之上的罗尔斯的“社会正义论”、诺齐克的“资格正义论”以及麦金太尔的后现代主义的“实用理性正义论”。② 这种划分法的特点是将马克思主义正义观也归结为西方正义观的一个组成部分。钟民援和林毅则认为西方思想史关于公正的定义可以概括为六大流派，即法律秩序说、契约说、公共福利说、道德价值说、价值分配说与自由平等说。③ 林进平借鉴了列奥·施特劳斯的界定，把由苏格拉底创始，为柏拉图、亚里士多德、斯多噶派和基督教思想家（尤其是托马斯·阿奎那）所发展的正义观，称为古典正义；把马基雅维利之后，由霍布斯、洛克、卢梭等人所发展的正义称为自由主义正义。认为前者强调客观必然性和人的神性，是城邦的社会性之人追求德性的完善，正义意味着不平等；后者凸显主观必然性和人的兽性，是利己主义的个人追求世俗利益，正义意味着平等、自由。但是二者又存在共同之处：都在抽象思辨中追寻本真的人，都意味着分化、对立和“得其所应得”，都被诠释为合乎理性。④ 陈驰在回顾和对比西方各流派正义观念的基础上，认为正义观念是个复杂的体系，涉及哲学、政治学、经济学、社会学、伦理学、法哲学等多个学科，但它主要是个道德和法学概念，属于伦理学和法哲学范畴，认为正义观念是相对的、发展变化的，但可以得出其一般性结论：正义即各得其所。具体而言，正义是人们

① 廖申白：《论西方主流正义概念发展中的嬗变与综合》（上、下），《伦理学研究》2002年第2期、2003年第1期；《西方正义概念：嬗变中的综合》，《哲学研究》2002年第11期。

② 袁祖社：《社会秩序·制度理性·公正理想——西方思想文化中公正观念之范式沿革》（上、下），《唐都学刊》2007年第5期、第6期。

③ 钟民援、林毅：《西方公正概念述评》，《武汉大学学报》（社会科学版）2008年第4期。

④ 林进平：《马克思的“正义”解读》，社会科学文献出版社2009年版，第9、38—39页。

在当时的社会物质生活条件下，以社会公共利益为依归，合理分配社会权益和义务的道德理想与法治标准。① 沈晓阳指出西方正义观念最早是作为一种宇宙论的原则而被提出来的，其后经历了从“天道”到“人事”的转变、从信仰到理性的转变、从自然法观念到实证主义的转变，认为正义是自然性与属人性的统一、个体性与社会性的统一、实质性与形式性的统一、永恒性与历史性的统一、理想性与现实性的统一。② 贾中海和温丽娟构筑了当代西方政治哲学关于公平正义论争中涉及的元哲学问题，即主要关涉事实与价值的关系问题和建构论理性主义与渐进论理性主义问题。③ 焦金波认为西方传统的政治正义理念在文艺复兴之前的历史建构大致经历了“自然理性的政治”的理念、“政治理性的政治”的理念、“依法制衡的政治”的理念和“有限君权的政治”的理念四个阶段。④

值得注意的是，在探究西方正义学说的基础上，学术界越来越重视其对于中国的借鉴与启发。王守昌和李进文提出，古希腊正义观强调国家利益和整体利益的首要性，提示了我们在当前社会主义精神文明建设中加强以为人民服务为核心的社会主义思想道德教育，提倡热心公益、扶贫帮困、反对和抵制拜金主义、享乐主义和个人主义，形成有利于社会主义现代化建设的共同理想、价值观念和道德规范；当代西方自由主义阵营内部各种正义理论的争论，尤其是提出来的一些解决市场经济过程中所遇到的社会问题的方法对我们具有借鉴作用。⑤ 乔洪武和柳平生关注了西方经济正义理论的演进对我们的启示，在对比了福利经济学、罗尔斯和阿马蒂亚·森的正义观后，指出我国在促进社会公平正义时，必须跳出功利主义的狭隘视野，科学认识效率优先原则；构建正义的社会基本结构作为实现公平原则应有的制度环境（包括防护性保障制度、政治民主和经济自由制度）；实现经济正义与经济效率协调统一的发展。⑥ 李先桃研究了西方

① 陈驰：《西方正义观念论略——关于正义的法哲学思考》，《四川师范大学学报》（社会科学版）2003 年第 2 期。

② 沈晓阳：《西方正义观念的历史演变及其启示》，《杭州师范学院学报》（社会科学版）2003 年第 3 期。

③ 贾中海、温丽娟：《当代西方公平正义理论及其元哲学问题》，《学习与探索》2008 年第 3 期。

④ 焦金波：《西方传统政治正义理念的历史建构》，《江海学刊》2005 年第 3 期。

⑤ 王守昌、李进文：《西方正义学说的发展与运用》，《广东社会科学》1997 年第 3 期。

⑥ 乔洪武、柳平生：《现代西方经济正义理论的演进及其启示》，《哲学研究》2007 年第 6 期。

社群主义正义观对于我国构建社会主义和谐社会的启示，认为社群主义正义观提倡的尊重个人合法权利、培养公民美德、弘扬集体价值观等是其借鉴意义。① 高玉平从西方制度现代化的角度来考察其社会正义理念，并通过与儒学文化的对比，提出从传统文化视角批判地吸收西方现代性政治价值的观点。② 何正平和胡燕梳理了西方程序公正的发展演进及其内在逻辑规律，并追循其逻辑轨迹提出了程序公正的标准体系，进而为我国程序公正的制度建设提出了路径选择和制度措施。③ 丁先存从行政或政府治理的视角探讨了西方正义理论，认为它对当代我国政府治理的启示是：政府的积极治理是社会正义实现的主导方式；政府治理绩效的考量标准是社会正义；政府治理制度设计基点是注重社会弱势群体；政府治理基本目的是实现社会正义。④

3. 关于中国传统正义观的研究

相对于正义观研究的其他方面来说，中国传统正义观研究成果是比较少的，而高质量的综合性研究成果则是少之又少。关于这一点，刘白明在《近十年来中国古代公正思想研究综述》中有着相当清晰的描述。其实，这篇作为“综述”发表的文章，本身可算是一个比较完整地研究中国传统正义观的成果。

关于中国传统正义观内容的研究。刘白明整理了研究者以先秦公正思想为切入点对中国古代公正思想整体特点的研究。他认为中国古代公正思想，不仅表现为政治概念范畴，还寄予在经济上的“平”、“均”追求中，以及体现在对表述个人德性的“直”的概念的推崇上。有些学者侧重于研究不同流派和人物的公正思想，从先秦诸子公正思想的个性特征角度来探究中国先秦公正思想的多样性特点。他认为中国古代尤其是先秦轴心时代在公正思想的思维样式上，产生过不逊于西方古代公正思想发展水平的各种类型，汉代以后中国古代公正思想主要在儒家思想的基本框架内，糅合法、道、墨家思想，并在具体实践层面展开。关于中国古代公正的诉求方式，刘白明从研究者的意见中总结出理想和现实中的公正原则，以及汉

① 李先桃：《西方社群主义的正义观及其对和谐社会的启示》，《伦理学研究》2008 年第 3 期。

② 高玉平：《从西方制度现代化进程谈社会正义内涵》，《兰州学刊》2009 年第 2 期。

③ 何正平、胡燕：《从西方程序公正的演进逻辑看我国程序公正的制度建设》，《四川师范大学学报》（社会科学版）2009 年第 2 期。

④ 丁先存：《近代西方正义理论对我国政府治理的启示》，《行政论坛》2008 年第 2 期。

代以后统治者在司法、用人、赋役、救济弱者方面以及社会中的行侠仗义等实践方式。① 刘宝才、马菊霞认为，中国传统正义观的核心范畴在先秦争议很大，焦点是儒、墨、道、法各家对“义”的不同态度。“经过秦亡汉兴的历史变化，汉初思想的主流是回归推崇仁义的基本趋向。经过一番探讨，至董仲舒从儒家学说出发，吸收各派思想成果，完成了汉代以下两千年占正统地位的伦理学说体系，义作为这个体系中的基本道德范畴确定下来。”中国传统正义观的中心论题则是“义利之辨”，在先秦，主要有孔孟的重义抑利思想、墨家的义利统一论、韩非的非道德功利主义，儒家义利观经汉代董仲舒发展后成为中国古代正统义利观，在宋明理学中又得到深化，明清之际的启蒙思想家进行了批判总结。②

关于中国传统正义观的评价研究。刘白明整合了现有的研究成果，认为中国古代儒家、道家和法家等的公正思想的积极意义，都可以从历史和现实两个角度来加以审视。另一方面他也总结了研究者对中国古代公正思想的理论缺陷和转型分析的研究，梳理出了一个基本的思考思路。③ 刘宝才、马菊霞在分析中国传统正义观的基本特征的基础上认为，崇高道德理想是中国传统正义观的永恒意义，缺失制度正义是中国传统正义观的根本缺陷，差等思想是中国传统正义观中值得分析的问题。④

刘白明的“综述”已经将从各个具体方面和角度研究中国传统正义观的成果作了较好的梳理，而专门从整体上研究中国传统正义观的成果可谓凤毛麟角。刘文的最具价值之处在于对中国古代公正思想研究的反思，即认为虽然取得了一些可喜的成果，但“对于中国古代公正思想史的研究，由于其不处于公正问题研究的前沿领域，故而其研究还处于乍暖还寒状态”，认为主要不足之处在于研究兴趣不浓、资料梳理不足、研究理论和研究方法欠缺、完整的研究框架尚未建立。⑤ 以上这些意见都是非常中肯的。

---

① 刘白明：《近十年来中国古代公正思想研究综述》，《史学月刊》2009 年第 6 期。

② 刘宝才、马菊霞：《中国传统正义观的内涵及特点》，《西北大学学报》（哲学社会科学版）2007 年第 6 期。

③ 刘白明：《近十年来中国古代公正思想研究综述》，《史学月刊》2009 年第 6 期。

④ 刘宝才、马菊霞：《中国传统正义观的内涵及特点》，《西北大学学报》（哲学社会科学版）2007 年第 6 期。

⑤ 刘白明：《近十年来中国古代公正思想研究综述》，《史学月刊》2009 年第 6 期。

4. 关于正义观的比较研究

近年来随着正义观研究的深入开展，马克思主义正义观与西方近代正义诸理论的比较研究的成果越来越多地涌现出来。

新自由主义正义观对马克思主义正义批判理论的现代回应及其评价问题是一个重要方面。研究者研究了温和自由主义者罗尔斯与马克思正义理论的关系。胡真圣认为，马克思对资本主义自由平等的批判涉及两个问题：一是资本主义市民社会里，公民的自由平等只是形式上的，二是现成的财产所有制在制造着社会和经济的不平等。罗尔斯通过建构自己的正义论对此作出了回应：通过区分基本自由（即基本自由的原则是平等的）与基本自由的价值（即处于不同境况的主体在利用基本自由的现实方面是不平等的）来回应第一个问题，通过区分基本权利与非基本权利、用差别原则来调节经济不平等回应第二个问题。① 姚大志认为马克思和罗尔斯在探讨社会政治问题之时有共同的出发点，即现实的社会环境，但两者的理论之间又存在一种张力，即马克思是“超越的”的革命理论，而罗尔斯是“内在的”正义理论。马克思和罗尔斯在探讨正义问题时有两个共同的基准问题，一是谁受到了不公平的对待，二是他们在哪些方面受到了不公平的对待。对于这两个问题的回答，马克思认为是无产阶级的异化（自由问题）和所遭受的剥削（平等问题）。出于对资本主义社会的否定，马克思提出了“超越的”自由理念和平等理念，认为其真正的实现有待于共产主义社会。罗尔斯认为构成基准问题的是社会的“最不利者”在自由和平等方面的不利遭遇，他提出了著名的“两个正义原则”，试图在不改变资本主义基本制度的前提下用“内在的”的方法来纠正社会正义方面的偏差。②

关于罗尔斯对马克思正义批判的现代回应的有效性问题，胡真圣指出，罗尔斯的“这种努力到底能有多大收获，关键依赖于西方民主体制的现实及未来的成效。因为两个正义原则究其实质是对现成民主体制的道德维护”③。林进平在回顾了罗尔斯对马克思批判自由主义的回应后指出：“从总体上看，……对于马克思从历史唯物主义角度对正义所作出的批判，却没有看到罗尔斯的有效回应。尽管罗尔斯试图努力吸纳马克思的批

---

① 胡真圣：《马克思正义难题的现代回应》，《马克思主义与现实》2003 年第 3 期。

② 姚大志：《正义的张力：马克思和罗尔斯之比较》，《文史哲》2009 年第 4 期。

③ 胡真圣：《马克思正义难题的现代回应》，《马克思主义与现实》2003 年第 3 期。

判成果，但由于其未能放弃形而上学的正义思辨，他也就未能从根本上解决马克思对自由主义正义观的批判。因此，从这一角度上讲，罗尔斯回应马克思对自由主义正义观的批判的限度，也昭示了自由主义从思辨的角度回应马克思的批判的限度。”① 姚大志则思考了罗尔斯的回应对我们的启发，即也要从马克思主义的观点对罗尔斯的正义理论作出两个方面的回应，“一个方面是否定的，即对罗尔斯的正义理论提出批评。另外一个方面应该是肯定的，即按照马克思的基本思想，对社会冲突问题提出一种‘内在的’解决，也就是说，以建设性的方式来探讨马克思的正义理论”②。

激进自由主义者哈耶克在正义观上与马克思的异同也纳入了研究者的视野。林进平认为马克思与哈耶克在对分配正义的看法上“同归”而“殊途”。“同归”是指二者都批判了分配正义，“殊途”则指二者批判分配正义的视角和立场大相径庭。“哈耶克与马克思在此的分歧所在是在哈耶克对商品经济不作批判的地方，马克思却对它作出了深刻的批判；在哈耶克试图把经济范畴永恒化的时候，马克思则对这些经济范畴作了历史的解构；并在哈耶克把分配正义看作与市场秩序水火不容时，马克思却为其找到了关联，指出了它的历史性限度。”③ 林进平明确指出，造成二者对分配正义批判的分歧的原因，除了不同的理论工具之外，必须考虑与他们的批判理论紧密相关的阶级立场。“对于哈耶克来说，对分配正义的批判是缘于他的担忧：分配正义有颠覆资本主义的危险。”④ “双方不同的阶级立场，也使双方在对待来自社会底层的分配正义的追求上表现出了不同的态度。”⑤ 谭扬芳也从唯物史观的角度分析了哈耶克的自由主义社会公平观，认为哈耶克反对社会公平的思想“是对作为人类历史中特定社会经济形态的资本主义生产生活的神圣化、永恒化，从这个意义看，哈耶克的反‘社会公平’的公平观实质上就是超历史的、反社会的”。“马克思主义把公平问题纳入了历史观的视野，把它归结为特定阶级的解放诉求，因此无产阶级的平等要求必定与消灭阶级和私有制、与超越资本主义和实行

① 林进平：《马克思的“正义”解读》，社会科学文献出版社 2009 年版，第 149—150 页。

② 姚大志：《正义的张力：马克思和罗尔斯之比较》，《文史哲》2009 年第 4 期。

③ 林进平：《马克思的“正义”解读》，社会科学文献出版社 2009 年版，第 162 页。

④ 同上书，第 163—164 页。

⑤ 同上书，第 164 页。

每一个人的自由全面发展相联系。”[①]

还有研究者从马克思主义出发审视了社群主义正义理论。刘化军、郭佩惠认为社群主义与马克思主义在正义观上存在一定的相通或相似之处：一是二者都承认正义的重要性；二是都强调个人对社会的依存关系，看到了只有处理好个人与社会整体的关系，正义才能得到更好的解释；三是都强调正义的历史性，批判自由主义抽象的、永恒的正义观。二者的区别在于，马克思主义认识到真正对正义起决定作用的是建立在物质生产资料基础上的历史，其目的是最终实现全人类自由而全面的发展，而社群主义强调的“历史”只是“环境、文化、情感纽带”这些表象，因而其正义是虚幻的、不可能实现的。[②]

东西方文化的交流与碰撞带来了研究者对于中国传统正义观与西方正义观的比较研究的关注。由于中国传统文化中影响最大的是经过数次嬗变的儒家学说，所以这方面的研究主要集中在儒家正义学说与西方正义观的对比上。

关于中西方正义的概念或范畴的认识，论者一致指出西方所用的就是“正义”，在中国传统文化中则比较复杂：尚水利认为是分别用“正”和“义”两词来表示[③]，唐士其认为与西方正义概念相当的是“道”、“礼”、“仁”、“义”所指代的内容[④]，王贺锋、慕旗娟认为涉及“义”、“正”、“直”、“中”这四个既相互联系又存在区别的范畴。[⑤] 范明生指出中西政治文化的核心范畴分别是“礼”和“正义”，他重点分析了二者的不同。[⑥] 但是，从另一个角度来看，“礼”所要求的内容其实就是中国的“正义”。

关于社会正义与个人正义的问题，尚水利认为西方正义观与孔孟正义

---

① 谭扬芳：《马克思主义视阈下的哈耶克社会公正思想》，《理论界》2009 年第 4 期。

② 刘化军、郭佩惠：《社群主义正义理论的马克思主义审视》，《理论与改革》2005 年第 6 期。

③ 尚水利：《当代西方正义理论与中国孔孟正义观之比较》，《黄淮学刊》（社会科学版）1995 年第 1 期。

④ 唐士其：《儒家学说与正义观念——兼论与西方思想的比较》，《国际政治研究》2003 年第 4 期。

⑤ 王贺锋、慕旗娟：《柏拉图与孔孟“正义观”之比较》，《湖南第一师范学报》2009 年第 1 期。

⑥ 范明生：《中西政治文化的核心范畴：礼和正义》，《上海社会科学院学术季刊》1999 年第 2 期。

观都涉及了社会正义，但后者更为强调的是个人的正义感①，唐士其也认为儒家正义观念强调道德主体的自我观照与自我完善理论。② 王贺锋、慕旗娟则认为柏拉图按照“由大见小”的方法讨论个人正义，认为一个正义的个人和一个正义的国家毫无区别，但孔孟是从人性的基础方面来讨论正义问题的。③

关于正义在中西方历史上的发展特点与影响，尚水利认为二者都希望建立一个平等的社会，但西方主张建立一个既平等又自由的社会，孔孟则主张建立一个无差别的大同社会。④ 唐士其提出了建构性的设想：“利用儒家思想中正义论的思维框架，辅之以西方思想中普遍的平等主义因素，完全有可能创造出一种既能够体现法治的原则，又能够充分扩展人的主体精神的新的正义理论。”⑤ 王贺锋、慕旗娟认为，柏拉图的正义论是西方正义理论的源泉，而孔孟正义思想彰显出某种人道主义基础上的精神，它所确立的伦理道德传承着中华文明并植根于世人心中。⑥

（二）西方正义观研究

正义观是当代西方社会科学研究领域的焦点之一，参与讨论的学术流派和思想家为数众多，如何对其分类也说法不一，但公认的影响较大的是自由主义和社群主义的正义观。

自由主义正义观的影响最大，是当代西方正义观的主流，其内部一般又可以分为温和的自由主义和极端的自由主义（激进的自由主义）。温和自由主义的代表人物是以《正义论》而享誉全球的罗尔斯，他的这本书引发了当代正义研究的热潮，以至于诺奇克指出“政治哲学家们现在必

① 尚水利：《当代西方正义理论与中国孔孟正义观之比较》，《黄淮学刊》（社会科学版）1995 年第 1 期。

② 唐士其：《儒家学说与正义观念——兼论与西方思想的比较》，《国际政治研究》2003 年第 4 期。

③ 王贺锋、慕旗娟：《柏拉图与孔孟“正义观”之比较》，《湖南第一师范学报》2009 年第 1 期。

④ 尚水利：《当代西方正义理论与中国孔孟正义观之比较》，《黄淮学刊》（社会科学版）1995 年第 1 期。

⑤ 唐士其：《儒家学说与正义观念——兼论与西方思想的比较》，《国际政治研究》2003 年第 4 期。

⑥ 王贺锋、慕旗娟：《柏拉图与孔孟“正义观”之比较》，《湖南第一师范学报》2009 年第 1 期。

须要么在罗尔斯的理论框架内工作，要么解释不这样做的理由”。[①] 罗尔斯在《正义论》及后续著作中阐明，自由和平等是近代以来西方政治哲学的两大主题，自由问题在西方社会已经基本得到了解决，平等问题则长期以来没有得到很好的解决。与一些人认为平等问题无须解决或无法解决不同，罗尔斯坚持认为平等问题既有解决的必要，也有解决的可能。为此他提出了“两个正义原则”，经过他晚年修正的表述是这样的：“（1）每一个人对于一种平等的基本自由之完全适当体制（scheme）都拥有相同的不可剥夺的权利，而这种体制与适于所有人的同样自由体制是相容的；（2）社会和经济的不平等应该满足两个条件：第一，它们所从属的公职和职位应该在公平的机会平等条件下对所有人开放；第二，它们应该有利于社会最不利成员的最大利益（差别原则）。”[②] 罗尔斯的努力使得契约论的正义论代替功利主义的正义论在西方政治哲学中占据了主导地位，并在世界范围内产生了巨大影响。

诺奇克作为激进的自由主义者，在对罗尔斯《正义论》的回应中提出了以“权利”为核心的正义观。在其代表作《无政府、国家和乌托邦》一书中，诺奇克认为权利高于一切，任何一种“分配”都不可避免地是对权利的侵犯，因而违背了正义。他有针对性地提出了“持有的正义”，即“一是持有的最初获得，即对无主物的占有是否合法；二是持有从一个人手中换到另一个人手中的转让过程是否合法”[③]。诺奇克认为，“如果一个人按获取和转让的正义原则，或者按矫正不正义的原则（这种不正义是由前两个原则确认的）对其持有是有权利的，那么，他的持有就是正义的。如果每个人的持有都是正义的，那么持有的总体（分配）就是正义的”[④]。

哈耶克是另一位激进自由主义的代表人物，他的正义观集中体现在对分配正义的否定上。哈耶克认为“严格地说，惟有人之行为才能被称为

---

① ［美］诺奇克：《无政府、国家和乌托邦》，何怀宏等译，中国社会科学出版社 1991 年版，第 187 页。

② ［美］罗尔斯：《作为公平的正义——正义新论》，姚大志译，上海三联书店 2002 年版，第 20 页。

③ ［美］诺奇克：《无政府、国家和乌托邦》，何怀宏等译，中国社会科学出版社 1991 年版，第 15—16 页。

④ 同上书，第 159 页。

是正义的或不正义的”[1]，“‘社会’不能思考、不能行动、不能评价，亦不能以某种特定的方式‘对待’任何一个人”[2]。分配正义因而被哈耶克视为一种反市场的、属于他所认为的“社会主义”的措施，其实行将危及私有财产、法治和自由，是一条“通往奴役之路”。哈耶克的观点反映出他坚持极端的资产阶级自由主义立场，对可能妨碍资本主义私有制的分配正义的担忧和反对。

德沃金正义观的特点是坚持旗帜鲜明的平等主义，因此被称为“平等的自由主义”的代表人物。他认为“自由与平等之间是没有冲突的，也不应该有冲突；但是，如果两者真的发生冲突，平等将会压倒自由”[3]。德沃金的正义观在一定意义上也是对罗尔斯的回应。他批评罗尔斯所谓“无知之幕”下的契约论的假设性，指出罗尔斯的两个正义原则没有在造成收入和财富不平等的因素中区分出哪些属于先天所致，哪些属于个人的勤奋努力等后天因素。

社群主义正义观是在对自由主义正义观的批判中产生的。与自由主义正义观强调个人主义和自由至上性不同，社群主义坚持历史、传统、社群等因素在人类生活中较之个人因素更具有基础性和必然性的意义。桑德尔认为，罗尔斯的作为社会主体的人是虚构的，没有认识到人是处于各种社会关系、道德理想、传统习惯之中的人。麦金太尔强调了历史因素在正义观中的作用，把关于正义理论本身的研究体现于对正义观念的历史发展的研究，从历史背景中正义观的多元性来批判自由主义正义观的一家独大。沃尔策指出自由主义正义观忽视了社会历史和文化环境，忽视正义观的多元性。他提出了“复合平等”的概念，认为每个人在不同领域的优势是不同的，综合起来看优劣势互相抵消，构成了一种“复合平等”，因而正义标准和分配原则在不同领域也应当是不同的。社群主义正义观从不同的角度对自由主义正义观进行了批判，并有针对性地阐发了自己的观点。其缺陷一是解构多而建构少，缺乏系统化的理论；二是过分重视共同体的价值而有些忽视组成共同体的个人，没有科学地说明个人与社会的关系。

自由主义和社群主义是西方正义观的两大流派。除此之外，还有许多

---

① ［英］哈耶克：《法律、立法与自由》下册，邓正来译，中国大百科全书出版社 2000 年版，第 49 页。

② 同上书，第 183 页。

③ 姚大志：《何谓正义：当代西方政治哲学研究》，人民出版社 2007 年版，第 5 页。

学者的正义观在思想史上有着不容忽视的地位和影响。

哈贝马斯的正义观与自由主义和社群主义的正义观都既有不少相同之处又有许多不同的地方，因此被称为“调和主义的正义论”或综合正义论。根据姚大志的总结，哈贝马斯正义思想的特点是既尊重权利、自由和法治，持有契约论思想，又主张积极自由和人民主权；既重视人们存在于其中的共同体，批判自由主义的个人主义，又将理论的出发点建立在人与人之间的关系即所谓的交往之上；坚持一种纯粹程序主义，对任何价值和善观念都没有先在的承诺。[①] 哈贝马斯主张人们通过交往行动的社会实践，借助于“理想语言”进行沟通，从而达到相互的理解，但是，这并不能解决现实中不同的社会主体在身份、地位等方面的差异，因此他所建构的正义观的形式意义要远超其实际意义。

凯·尼尔森构筑起一套“激进平等主义”的正义观。尼尔森在马克思主义研究方面有着深厚造诣，他接受了马克思主义的阶级分析方法，认为在资本主义社会，作为统治阶级的剥削阶级的存在是社会正义实现的最大阻碍，因而社会正义的实现必须通过对资本主义社会的否定来实现。

西方马克思主义的正义观主要体现在分析马克思主义学派的论点上。该流派主张用分析的方法来重构马克思主义理论，其“规范理论”的研究内容主要是对马克思社会正义理论的重构，包括正义、自由、平等等伦理学和政治哲学问题，提出了一系列争论问题，如马克思对正义的态度是赞成还是反对、马克思批判资本主义是否有正义等伦理学基础、正义是否是共产主义的价值目标等。主要代表人物有柯亨、罗默、埃尔斯特、伍德、胡萨米等人。

另外，布莱恩·巴利表明了某种具有浓烈的平等主义色彩的社会正义观，并结合现实的政策问题，论证和阐释了对正义问题的见解，涉及机会平等、优绩统治、个人责任、全球环境等问题，代表性著作是《作为公道的正义》、《社会正义论》。戴维·米勒在批判综合政治哲学研究的基础上，把正义的三个原则（需要、应得和平等）分别与它们适用的社会关系（团结性社群、工具性联合体和公民身份）结合起来加以探讨，代表性著作是《社会正义原则》。

---

① 姚大志：《何谓正义：当代西方政治哲学研究》，人民出版社 2007 年版，第 13、404—405 页。

综上所述，当代西方正义观在争论自由与平等的关系、探讨如何解决社会正义问题方面提出了许多真知灼见，但是它们大多是以当代资本主义社会为前提，从维护资本主义国家统治的立场出发，且立足于西方的政治文化传统，因而其视域局限在现存社会的框架之内，没有看到社会分配背后的物质资料生产方式这一根本性因素，所以也无法提出解决社会正义问题的根本方法。西方对正义问题的研究，虽然与我们以马克思主义为指导的正义理论研究有着根本原则的区别，但它们对社会问题的分析、对正义新的领域的见解等为我们研究中国特色社会主义的正义思想提供了一定借鉴和启发。

二　关于社会主义正义观

将正义与社会主义联系起来加以研究的成果一般都出现在近年，其特点是将社会主义默认为中国的社会主义，将社会主义正义观通过中国共产党的正义观研究和中国社会主义正义观研究表现出来。

（一）中国共产党的正义观研究

中国共产党正义观的发展历程与演进规律研究。有研究者从长期历史过程的视角，对中国共产党正义观的发展进行了整体性研究。屈琦等认为，马克思主义正义观在中国传播、确立过程中，主要实现了三重转向：即从纯理论传播到指导民族解放的转向，正义的实现模式可归结为“民族自决，国家独立”；从正义理论设想到具体正义制度建构的转向，正义的表征带有浓厚的“义务本位”色彩；从对人的阶级性理解到对人的价值性尊崇的转向，正义模式表现为“权利本位”。[①] 范广军分析了中国共产党社会公正的功能定位。他采用“目的—手段”的二分法，认为从根本上看，中国共产党社会公正的功能定位无疑更具有“目的”意蕴，但由于社会革命的进展程度、经济社会的发展水平对社会公正的实现起着根本性的制约作用，并决定着社会公正的实现程度，所以中国共产党的前三代领导集体为了完成当时的历史任务，不得不把社会公正更多地作为一种

① 屈琦、梁智博：《马克思主义正义观在中国的三重转向》，《湖北社会科学》2008 年第 4 期。

“手段”。目前，中国以实现社会主义和谐社会、促进人的全面发展为依归，实现了中国共产党社会公正功能定位的历史性飞跃，即从侧重“手段”跃进到侧重“目的”。[①] 林国标探讨了新中国成立以来中国共产党公平正义思想的发展，认为大体经历了“一大二公”、“效率优先，兼顾公平”、“以人为本，统筹兼顾”三个重要发展阶段。[②] 江洪明总结了中共历代领导集体社会公平正义思想的演进规律，将其概括为：对社会公平正义内涵的界定日益明晰，社会公平正义地位呈螺旋式上升，促进和实现社会公平正义的路径日趋科学，举措日见合理，人本性愈益浓郁，制度日臻完善等。[③]

中国共产党正义观的当代意义研究。吴忠民认为社会公正观对于中国共产党有效地引领社会主义现代化建设，具有五个方面的意义，即只有基于社会公正观，才能够有效地进行与社会主义市场经济相适应的社会基本制度的设计与安排，才能够有效地协调社会群体之间的利益关系，才能够有效地促进社会政策的制定、促进经济社会的协调发展，才能够有效地确保社会的安全运行，才能够有效地增强中国共产党执政地位的合法性。[④] 单孝虹认为，在人们社会公正意识日益增强、社会发展状况呼唤公正的背景下，将社会公正作为党执政的重要价值理念，有助于激发中国共产党自身的活力并巩固党的执政基础，可以有效地提高党构建社会主义和谐社会的能力，从而提升党的执政能力。[⑤]

中国共产党正义观的基本内容研究。吴忠民将中国共产党公正观的基本内容划分为两部分，一是基本规则，即基本权利的保证、机会平等、按照贡献进行分配、社会再分配亦即社会调剂。二是基本要求，即社会成员共享经济社会发展的成果和各尽所能、各得其所。[⑥] 徐琛认为中国特色社

① 范广军：《中国共产党社会公正的功能定位》，《当代世界与社会主义》2009 年第 2 期。

② 林国标：《当代中国公平正义思想的演变》，《南华大学学报》（社会科学版）2006 年第 5 期。

③ 江洪明：《中共历代中央领导集体社会公平正义思想演进规律探析》，《理论界》2009 年第 3 期。

④ 吴忠民：《关于中国共产党社会公正观的初步研究》，《马克思主义研究》2006 年第 11 期。

⑤ 单孝虹：《社会公正：中国共产党构建社会主义和谐社会的价值目标》，《理论前沿》2005 年第 14 期。

⑥ 吴忠民：《关于中国共产党社会公正观的初步研究》，《马克思主义研究》2006 年第 11 期。

会主义社会公正理论的主要内容包括四个方面：以发展生产力为根本物质手段、以生产资料公有制为制度基础、以人民的根本利益为根本价值标准、以共同富裕为最终价值目标，而基本原则大致可归结为三项：基本权利的平等和保证原则、机会平等原则和按贡献分配原则、补差原则。[①]

中国共产党历代领导集体及其代表人物的正义观研究。侯建明分析了中国早期马克思主义者的公平正义思想，指出中国早期马克思主义者继承了马克思恩格斯关于实现社会公平正义的基本思想并与中国现实结合，提出只有社会主义才能在中国真正实现公平正义，并在继续探索中逐步修正了认识不够确当之处，提出马克思主义要与中国实际相结合，中国建立社会主义具有长期性，要在保持商品货币关系的条件下进行按劳分配等具有一定创新色彩的重要论断。[②] 有的学者研究了毛泽东的正义观。吴忠民、任荣、董建萍等认为毛泽东的正义观主要表现在追求国家独立、建立社会主义制度、主张人民的基本权利、强调结果公正、重视弱势群体等方面，也指出了其重整体轻个人、忽视物质利益、难容收入差别等消极影响。[③] 邓小平的正义观主要体现在对于社会主义本质的认识上。徐锦贤认为邓小平公正思想表现在三个方面：政治公正体现在社会主义制度和人民基本权利的制度化上；经济公正首先是生产资料占有的公正，还包括在经济体制和分配制度上的突破与创新；社会公正则主要体现在对于社会分配差别的控制上。[④] 颜广明总结了邓小平实现社会公正的现实路径：发展社会生产力、完善收入分配、改善社会民生。[⑤] 何光先、方同义注意到邓小平制度正义思想对当代中国制度建设提供了重要的启示。[⑥] 冯颜利则专门研究了邓小平的全球公正观或称国际正义观，认为邓小平“东西南北”问题的

---

① 徐琛：《中国特色社会主义社会公正理论初探》，《毛泽东邓小平理论研究》2007 年第 4 期。

② 侯建明：《中国早期马克思主义者的公平正义思想》，《烟台大学学报》（哲学社会科学版）2008 年第 3 期。

③ 见吴忠民《毛泽东公正思想初探》（《当代世界社会主义问题》2001 年第 2 期）、任荣《论毛泽东社会主义公正思想对中国特色社会公正建设的启示》（《北京行政学院学报》2009 年第 4 期）、董建萍《论毛泽东社会公正思想》（《中共南京市委党校南京市行政学院学报》2007 年第 3 期）。

④ 徐锦贤：《邓小平公正思想论析》，《学海》2006 年第 1 期。

⑤ 颜广明：《浅论邓小平社会公正思想》，《湖南行政学院学报》2009 年第 4 期。

⑥ 何光先、方同义：《邓小平的制度正义思想及启示》，《中共浙江省委党校学报》2006 年第 1 期。

观点，为我们从全球发展视角把握公正问题的主要矛盾提供了新的理路。[①] 邱炳厚、高俊伟认为，江泽民的正义思想主要体现在对于公平与效率问题的论述上，如要坚持注重效率与维护公平相协调、要把效率与公平的统一作为社会主义道德建设的重要目标、努力在全社会形成“注重效率、维护公平”的价值观念。另外，还要注意推进政治体制和司法体制改革，保障在全社会实现公平与正义。[②] 一些学者研究了中国共产党十六大以来正义观的新发展。刘武根认为新发展的主要内容体现在四个方面：丰富和发展了马克思主义公平正义的具体内容；提出了社会公平正义是社会和谐的基本条件，制度是社会公平正义的根本保证的新论断；把公平正义与中国共产党的性质、宗旨联系起来，把公平正义与我国社会主义制度的本质、历史任务联系起来，提出了维护和实现社会公平和正义是我们党立党为公、执政为民的必然要求，是我国社会主义制度的本质要求，是巩固和发展社会主义的两大历史任务之一的新论断；提出了社会主义核心价值体系，并把正义上升为社会主义国家制度的首要价值。[③] 何铁总结了胡锦涛对社会公平正义思想的创新，即社会公平正义观点的新阐述、社会公平正义领域的新拓展、社会公平正义地位的新论说、社会公平正义目标的新设计、效率与公平关系的新认识、实现社会公平正义途径和措施的新探索、建立社会公平正义保障体系的新构想。[④]

总之，关于中国共产党正义观的研究，已经越来越多地引起研究者的重视，不断产生一些较有见地的成果，研究的视角在拓展、内容在完善。而不足之处则主要表现在：一是大型综合性研究较少，没有上升到较为系统、全面的梳理；二是高水平、有分量的评析性成果缺乏，有的对于某些问题的认识和评价不够客观。

（二）当代中国社会正义问题研究

随着正义观研究的深化，正义观应用研究也发展起来，当代中国社会

① 冯颜利：《论全球发展公正性的权利与义务问题》，《哲学研究》2005 年第 1 期。

② 邱炳厚、高俊伟：《江泽民关于维护社会公平与正义思想研究》，《理论界》2005 年第 12 期。

③ 刘武根：《论十六大以来马克思主义公平正义理论的最新发展》，《中共云南省委党校学报》2007 年第 4 期。

④ 何铁：《胡锦涛同志对社会公平正义思想的创新》，《湖南行政学院学报》2008 年第 2 期。

的正义问题逐步纳入研究者的视线。

中国社会正义的现状、问题及对策研究是一个重点。吴忠民认为改革开放以来中国在社会公正方面取得的进展有：从看重结果均等逐渐转向看重起点平等；社会成员的行为取向已经明显地从先赋性转向自致性；社会流动由不规则、半停滞的状态逐渐转向相对正常、有效、畅通的状态；社会财富的初次分配方式逐渐由“人均一份”转向按照贡献进行分配。但社会公正的总体状况不容乐观：贫富差距的拉升幅度过大；社会再分配的力度较弱；社会成员基本权利保障的总体状况偏弱。① 他认为，中国在社会结构层面上出现了比较明显的问题；自由相对有余而平等相对不足；中国社会主要群体的弱势化趋向；精英群体之间出现利益结盟的苗头；公共投入优先顺序颠倒。② 高红和朴贞子也指出，中国阶层分化中的不公正现象主要表现在：市场准入存在许多机会不均等的现象，违背了起点的公正性；初次分配过程中存在着许多不平等的竞争，损害了规则的公正性；现实社会贫富差距日益扩大，违背了结果的公正性。③ 陈绍西认为，当代中国社会公正失衡的原因包括体制不健全引起的资源配置不公平（政治根源）、市场经济自身难以克服的矛盾（经济根源）和社会转型引起的价值观的失范和文化的迷茫（文化根源）。④ 吴忠民指出，如果对于社会公正方面存在的问题不进行强力度调整的话，未来一段时间这些问题将会不断加重、持续、恶化，主要表现为：社会公正方面存在的问题有可能会表现出一种更加明显的“结构化”特征；社会公正方面的问题所产生的负面影响将越来越大，将会引发或加重其他一系列的社会问题和社会风险；社会公正方面的问题在一段时间之内会呈现出一种加速度演化的趋势。⑤ 他认为解决社会不公问题的思路和措施主要是：必须确立共享社会发展成果的基本理念；大力推进经济社会的发展；着手建立初级的社会公正保障体系；形成一个两头小中间大的橄榄型社会分配结构。⑥

有的学者思考了当代中国需要构建何种社会公正理念的问题。李三虎认为我国学者关于公正论题有三种理论线索：最小化公正命题虽然不完全

① 吴忠民：《中国社会公正的现状与趋势》，《江海学刊》2005 年第 2 期。
② 吴忠民：《中国现阶段的社会公正问题》，《河北学刊》2008 年第 2 期。
③ 高红、朴贞子：《中国阶层分化中的社会公正性研究》，《理论探讨》2006 年第 3 期。
④ 陈绍西：《当代中国社会公正失衡原因分析》，《哈尔滨学院学报》2009 年第 2 期。
⑤ 吴忠民：《中国社会公正的现状与趋势》，《江海学刊》2005 年第 2 期。
⑥ 吴忠民：《中国现阶段的社会公正问题》，《河北学刊》2008 年第 2 期。

忽视整个社会公正问题，但出于发展效率或活力考虑，认为资本剥削符合公正理念；最大化公正命题尽管不排斥有活力的物质财富积累，但基于对广泛的社会不公现象的观察，更为强调公正价值理想追求的批判意义；过渡性公正命题则诉诸主流意识形态，把公正价值的实现贯穿于形式公正与实质公正相互统一的公共制度安排。他认为正确的选择是要在承认马克思的唯物史观包含公正观念的理论基础上，沿着过渡性公正命题线索，在实然与应然相统一的辩证道德实践意义上完善马克思中国化的公正理论，以推动公正价值实现的道德实践运动。① 董建萍在区分公正和公平含义的基础上，提出应构建的社会公正理念是，社会公正是一个逻辑递进的规则体系，第一个要求是基本权利人人平等，第二个要求是给所有的人自由以及尊重这种自由所带来的合理差异，第三个要求是以人为本并为了体现社会的共同体性质，进行适当的利益均衡。②

还有从不同视角分析中国社会公正的具体问题的研究。吴忠民梳理了新中国成立以来中国社会政策的演进，认为体现了从“平均”到“公正”的价值转换。他指出现阶段社会政策的不足之处主要表现在：同经济政策相比，社会政策在中国社会当中的地位极不对称；社会政策的整体化、体系化程度还很不够，同一性较弱；社会政策缺乏规范性；社会政策的“应然”与“实然”之间的差距过大。他提出中国社会政策的发展应当特别注意，一是以现代的公正理念作为社会政策的基本立足点，防止两个极端现象的发生，二是既要维护社会成员的基本生活状态，又要维护其基本的权利。③ 石静、胡宏伟分析了中国社会保障制度的公正性，指出改革时期的社会保障制度公正性有所改进，但其覆盖范围狭窄、社会化程度低、保障水平低等问题的改进有限，而城乡社会保障发展分割、失衡状态未能改变，制度公正性提升是较为有限的。认为要通过城乡统筹和加大国家投入，调整投入方向和数量来促进制度的公正性。曾建平、彭立威探讨了包括中国在内的发展中国家的环境正义问题，指出中国现代化进程中面临的环境伦理问题是：发展欲望浓烈，可持续性观念尚在确立；政府的可持续发展意识强烈，民众的可持续发展意识淡漠；环境权利观念发展迅速，环境责任意识相对迟缓；传统伦理观念坚固，环境伦理观念难以践履；工业

① 李三虎：《公正论题：马克思中国化的当下政治话语》，《学术研究》2007 年第 5 期。

② 董建萍：《构建当代中国的社会公正理念》，《中共浙江省委党校学报》2007 年第 6 期。

③ 吴忠民：《从平均到公正：中国社会政策的演进》，《社会学研究》2004 年第 1 期。

文明意识突出，生态文明仍需澄明。他们认为发展中国家在现代化进程中要在人类共同利益的观照下提出实现环境伦理的形式，这种形式不是普遍性的，而是具有适应发展中国家发展的特质。[①] 陈秉公、颜明权研究了农民工在市民化过程中的社会正义问题，认为其诉求内容主要包括政治公正、经济公正、教育公正和阶层关系公正，实现环节和措施可以归结为农村退出、城市进入、城市融入、教育公平，在这个过程中政府要重视履行职责。[②]

总的来说，当前的社会主义正义观研究主要是集中于对中国共产党正义观的研究和当代中国社会公正问题的研究，虽然已经取得了不少重要成果，拓展和深化了该研究领域，但不足之处是综合性、系统化的成果少见，且对已取得成果的抽象和升华不够。至于对社会主义制度史上正义观理论和实践的宏观研究，则更是付之阙如了。

① 曾建平、彭立威：《环境正义：发展中国家的视角》，《哲学研究》2004 年第 6 期。

② 陈秉公、颜明权：《马克思主义公正观与农民工在市民化过程中社会公正的实现》，《政治学研究》2007 年第 3 期。

第二章

社会主义正义观的理论渊源与基本原则

社会主义正义观是马克思主义理论体系的一部分，它的形成和演进贯穿于马克思主义的产生和发展的全过程。因此，社会主义正义观同整个马克思主义理论体系一样，既吸收了人类历史上的优秀成果，又体现了独特的立场、观点和方法。

一 人类对社会正义的不懈探索

从马克思主义关于社会存在与社会意识的辩证关系的角度来看，一方面，正义观作为一种社会意识是由社会存在所决定的，因而它不是固定不变的，而是具有历史的、具体的内容；另一方面，正义观内部各种形式之间也相互影响并具有历史继承性。人类对社会正义的不懈探索，为马克思主义正义观提供了丰富的思想材料。

（一）古代社会改革理想的正义观

在西方，“正义”是一个极其古老的范畴，最早甚至可以追溯到古代希腊神话时期。对正义问题的讨论，在古代西方世界可以说是一个长盛不衰的话题。就其内容和形式的特点尤其是对马克思主义正义观的影响来说，主要有这样几个方面。

第一，正义代表了一种与现实相关但又极为崇高的理想状态。

在人类早期的文明中，自然科学与社会科学具有直接同一性的特点，希腊文明也不例外。荷马史诗时代，人们“都预先假设了一个前提，即宇宙有一种单一的基本秩序，这一秩序既使自然有了一定的结构，也使社会有了一定的结构，所以我们通过自然与社会的对照所划出的分别，依然是无法表达的。要成为正义的（dikaios），就是要按照这一秩序来规导自己的行动和事务”[①]。毕达哥拉斯认为，秩序与和谐是数的特征，是宇宙的最高规律，也是社会所必需遵循的原则，而这也是正义所要求的。人们在生活经验中将自然领域与社会领域联系起来，认为都要受到神意的支配，而服从、遵循这种神启，就是正义。唐士其指出，“古代希腊精神史的发展过程中，有几个概念发挥过关键性的作用，它们就是习俗、自然与理性。在不同的时代，它们被认为是正义的同义语”[②]。这恰当地揭示了西方古代社会对于正义的理解和态度，这种传统甚至在基督教神学家的思想中也有所体现。奥古斯丁和阿奎那对“上帝之城”和“世上之城”的划分与阐述，表达了真正的正义与和平只存在于上帝之城的观念，恐怕不能说没有受到古希腊对正义的现实性与理想性双重理解的影响。今天看来，正义观念从产生起就被赋予了作为连接人事与天意、沟通现实生活与理想状态的管道的作用。

第二，正义与利益的界分和平衡密不可分。

在希腊城邦民主制的建立过程中，梭伦改革具有非常重要的意义。在平民与贵族矛盾激化、阶级关系紧张的形势下，梭伦进行了重大改革。在经济上废除了以往的公私债务并禁止以人身为担保的借债，保护了平民的利益，在政治上按照财产多少将全体公民划分为四个等级，其政治权利依次递减，保护了贵族的利益。梭伦的改革措施，是在他的“正义就是给人以其应得”原则的指导下制定的。亚里士多德认为存在着分配的正义与矫正的正义两种类型，分别遵守比例平等和算术平等的原则，即分配的正义要求根据身份、地位、财产、能力、贡献等因素给人们以相应的对待，矫正的正义则要求在某些方面给一切人以相等的对待。这也就是亚里士多德所说的“所谓平等有两类，一类为其数相等，另一类为比值相等”[③]。我们姑且不论梭伦对于平民和贵族在经济和政治权利上分别有哪些“应得”的认识是否合理，也暂不追究亚里士多德对两种分配方式的探讨有何依据，但是梭伦“通过将正义同关于应得的概念和思想联系起来，使正义成为一个有明确的社会的与德性的意义的概念”[④]，亚里士多

① ［美］麦金太尔：《谁之正义？何种合理性?》，万俊人等译，当代中国出版社 1996 年版，第 19—20 页。

② 唐士其：《西方政治思想史》，北京大学出版社 2002 年版，第 49 页。

③ ［古希腊］亚里士多德：《政治学》，吴寿彭译，商务印书馆 1981 年版，第 234 页。

④ 廖申白：《论西方主流正义概念发展中的嬗变与综合（上）》，《伦理学研究》2002 年第 2 期。

德将正义看作是分配的原则，这些思想对后世包括马克思主义正义观都产生了深远的影响。

第三，正义应该成为国家制度或社会基本结构的属性。

古代思想家并不否认正义作为一种个人美德的意义，但讨论正义的着眼点却是将其作为国家或社会基本结构的属性。从个人正义到城邦正义，人们对正义的理解应当是经历了一个过程。唐士其指出，“在远古时代，正义可能被等同于对城邦传统的生活方式和道德观念的维护。但大概也正是从梭伦的改革开始，人们对于正义的探讨转入了一个新的方向，就是说，从传统上那种把正义等于与诸如‘诚实’、‘守信’等范畴的对于这个概念的实质性的理解逐步转向了对于某种社会制度和安排的‘程序性’的理解”[①]。其实，这个“转向”是与希腊城邦中人与社会的关系决定的。古希腊人的物质生产方式及地理环境因素造成了城邦林立而又相对隔绝的状态，城邦这个共同体与生活于其中的公民是融为一体的。因此，亚里士多德指出，“人类在本性上，也正是一个政治动物”[②]。所以，伦理也主要成为一种政治伦理，成为政治制度及其载体的属性。柏拉图认为一个人的灵魂里有理性、激情和欲望三种不同的品质，如果理性支配激情和欲望，这三种品质就能够相互协调，这样的人就具备应有的美德。“我们每一个人如果自身内在的各种品质在自身内各起各的作用，那他就也是正义的，即也是做他本分的事情的。”[③] 与此类似，一个国家（城邦）的公民也可以分为三类，即统治者（哲学家）、辅助者（军人）和生产者（劳动者），如果他们分别具备智慧、勇敢、节制这三种美德，那么整个国家就实现了正义。柏拉图认为这样的政体是完善的城邦制度，是正义的体现，而与此相对的还有其他四种政体，即斯巴达和特里克政制（即荣誉政制）、寡头政制、民主政制和僭主政制，这些都是违背了正义原则的。[④] 亚里士多德也曾详细讨论了政体的划分及其优劣问题。他根据政体是为城邦共同体利益服务还是为部分人的利益服务作为标准，划分了三种正宗政体（王制政体、贵族政体、共和政体）和三种分别与此对应的变态政体

① 唐士其：《西方政治思想史》，北京大学出版社 2002 年版，第 82 页。

② ［古希腊］亚里士多德：《政治学》，吴寿彭译，商务印书馆 1981 年版，第 7 页。

③ ［古希腊］柏拉图：《理想国》，郭斌和、张竹明译，商务印书馆 1986 年版，第 169 页。

④ 参见［古希腊］柏拉图《理想国》，郭斌和、张竹明译，商务印书馆 1986 年版，第 313 页。

（僭主政体、寡头政体、平民政体）。实际上，为谁的利益服务的问题，也正是亚里士多德对正义问题的理解和考虑。希腊城邦体制被帝国体制取代后，社会成员与国家的关系逐渐发生了变化，个人生活与国家公共生活的关系不再紧密。但是，认为正义应当成为国家和政治制度属性的观念却保存了下来。譬如，“从罗马的自然法理论来说，维护正义，保护公共和私人的利益等等，乃是国家最根本的义务，如果国家或者当权者违反了这些基本的原则，那么用西塞罗的话来说，统治就变成了一种暴政”①。可以说，古代西方正义思想开辟了将正义主要地视为国家制度属性的滥觞，马克思主义正义观也是秉承了这一传统的。

第四，正义体现了一种时有变化的社会秩序。

梭伦改革将城邦公民分为四个等级并给予不同的权利的做法，柏拉图在《理想国》中设想完善的城邦中的三类人各安其位、各尽其力的思想，亚里士多德提出的对于权利和利益的分配要采取算术平等或比例平等的不同原则，都体现了从社会秩序角度对正义的理解，而这些理解有一个共同点，就是认为对不同类的人要不同对待。在希腊城邦社会，现实中的和思想家们讨论的都是一个等级制的社会秩序。正义的社会秩序要求的是等级的区分而不是绝对的“平等”，或者说，“不平等”才是古代思想家认为的“平等”和“正义”，在他们的观念里，如果用同样的原则来对待高等级者和低等级者、公民和奴隶、本邦人和外邦人，这将是不可想象的，用恩格斯的话来说，“这在古代人看来必定是发了疯”，用我国古代典籍的话说，这就叫作“惟齐非齐”。随着狭隘地域的希腊城邦体制向马其顿和罗马这样的多民族、广地域的世界帝国体制的转变，人们对什么是“正义的”社会秩序的看法也在逐渐发生变化。斯多噶派学者克里斯普认为，“世界城邦是一个包括了所有的人和神的共同体。神统治，人服从。人与神之所以能够共存是因为他们拥有共同的正义，这就是‘自然法’，所有的一切都因它而存在”②，自然法思想为罗马人所继承并被更为明显地与正义联系起来。所有人，甚至包括神都共同尊奉自然法，是他们向往的正义的社会秩序。到了基督教思想家那里，每个人都成了上帝的选民，在上帝面前人都是平等的，但这种平等却更多地是精神上的平等，现实中的封

① 唐士其：《西方政治思想史》，北京大学出版社 2002 年版，第 132 页。

② 同上书，第 97—98 页。

建等级制度仍然需要尊重和维护。尘世生活与精神生活的二分法，体现了基督教正义思想对社会秩序的理解。可见，对于什么是“正义”的社会秩序，并不存在一个永恒的标准，而是有继承、有否定、有变革、有创新，这是一个明显的历史事实，至于揭示这些变化背后的动因，则是马克思主义正义观的伟大发现了。

（二）近代资产阶级思想家的正义观

在社会形态的演进过程中，与此相适应的思想观念也在不断地发展与整合，近代许多资产阶级思想家从不同的角度丰富了正义观。虽然他们的观点之间不乏相互矛盾之处，但归纳起来也有一些明显的共同点，体现了近代资产阶级正义观的特色。

第一，追求正义的目的是获取和保持个人利益。

个人不再与生活于其中的共同体（如城邦国家）拥有直接统一性。经过世界帝国时期和中世纪基督教支配下的封建国家的过渡，个人与国家、个人生活与政治生活、政治与道德形成了越来越明显的界限。马基雅维利以来，正义不再是评判政治体制和政治实践的优劣的标准，追求正义也不再是为了设计和实现完善的城邦，而是为了获取和保持个人利益，这种利益首先表现为个人的生存和安全。霍布斯指出，“使人们倾向于和平的激情是对死亡的畏惧，对舒适生活所必需的事物的欲望，以及通过自己的勤劳取得这一切的希望。于是理智便提示出可以使人同意的方便易行的和平条件”①。斯宾诺莎则表述得更透彻一些：“人性的一条普遍的规律就是，凡人断为有利的，他必不会等闲视之，除非是希望获得更大的好处，或是出于害怕更大的祸患；人也不会忍受祸患，除非是为了避免更大的祸患，或获得更大的好处。也就是说，人人是会两利相权取其大，两害相权取其轻。……这条规律是深入人心，应该列为永恒的真理或公理之一。”②从与古代思想家的对比来说，这些观念体现出的特点，就是不再把人理想化、不再把人看得崇高，而是更多地把人看作一种有现实需要的、要满足自己欲望的生物体。用林进平的话讲，就是对人性的看法有一个从“神性”到“兽性”的转变。同时我们也应当意识到，这些观念也是与

① ［英］霍布斯：《利维坦》，黎思复、黎廷弼译，商务印书馆 1985 年版，第 96—97 页。

② ［荷兰］斯宾诺莎：《神学政治论》，温锡增译，商务印书馆 1982 年版，第 214—215 页。

从封建社会对人的压抑和束缚、对人的价值的贬低和蔑视向资本主义社会对人的尊重和张扬、对人的价值的承认和赞美这样一个转变分不开的。

第二，探讨正义的主题是权利、自由和平等。

文艺复兴时期的思想家提出了“天赋人权”的观点，后来的新兴资产阶级思想家和启蒙学者将之转化为“自然权利”，又具体化为公民政治经济权利要求。洛克认为：“自然权利是正当的理性命令，它根据行为是否和合理的自然相谐合，而断定其为道德上的卑鄙，或道德上的必要，并从而指示该一行为是否为创造自然的神所禁止或所命令。”① 他说：“‘权利’一字所指示的，只不过是所谓公道而已。”② 他的自然权利主要指生存权和财产权。狄德罗提出“自由是天赐的东西，每一个同类的个体，只要享有理性，就有享受自由的权利”③，“权利是正义的根据和基本理由。……正义是把原来属于个人的仍旧属于个人的义务”④。也就是说，正义要求个人的归个人，因此自由等权利的行使不能妨碍别人的自由。在平等问题上，思想家们的观点也不尽一致。伏尔泰区分了“天然的平等”和“实际生活中的平等”，认为后者实际上是无法实现的。卢梭被看作是激进的平等主义者，他认为人类社会的发展是一个由平等而步入不平等，又向新的、更高级的平等复归的过程。对此，恩格斯指出卢梭的平等观体现了辩证法：“按本性说是对抗的、包含着矛盾的过程，一个极端向它的反面的转化，最后，作为整个过程的核心的否定的否定。”⑤ 或许，在反对封建专制和资本主义制度建立时期的思想家看来，自由与平等之间是不存在矛盾的，两者都是合理社会的基本原则，但随着社会实践的发展，两者之间的矛盾与冲突日益显现出来。早在法国大革命时期，特别是雅各宾派当政期间按照卢梭的平等观和民主观所开展的政治实践，就已经明显地表现出自由与平等之间的对立，在他们那里是平等压倒了自由。而雅各宾派的垮台和欧洲各国正常的资本主义制度的相继确立，又使得自由相对平等占据了上风。康德将自由和平等与对权利的认识联系起来：“自由是独

① 转引自周辅成《从文艺复兴到十九世纪资产阶级哲学家政治思想家有关人道主义人性论言论选辑》，商务印书馆 1966 年版，第 222—223 页。

② 同上书，第 220 页。

③ 同上书，第 452 页。

④ 同上书，第 446 页。

⑤ 《马克思恩格斯选集》第 3 卷，人民出版社 1995 年版，第 483 页。

立于别人的强制意志，而且根据普遍的原则，它能够和所有人的自由并存，它是每个人由于他的人性而具有的独一无二的、原生的、与生俱来的权利。当然，每个人都享有天赋的平等，这是他不受别人约束的权利，但同时，这种权利并不大于人们可以彼此约束的权利。”① 黑格尔则敏锐地指出：“正是现代国家形式的巨大发展和臻于成熟，在现实生活中产生了个人之间最为具体的不平等；而通过法律的更为合理化和法定国家的更趋稳固，它同时产生了在更大程度上与更加稳定的自由。”② 可以说，自由与平等的张力是一直困扰现代社会的问题，由此成为正义观研究中众说纷纭的话题。

第三，论证正义的方式具有突出的思辨色彩。

资产阶级思想家们设想了各种各样的“自然状态”作为自己理论的出发点。霍布斯的自然状态比较恐怖：“这样一来，举凡土地的栽培、航海、外洋进口商品的运用、舒适的建筑、移动与卸除须费巨大力量的物体的工具、地貌的知识、时间的记载、文艺、文学、社会等等都将不存在。最糟糕的是人们不断处于暴力死亡的恐惧和危险中，人的生活孤独、贫困、卑污、残忍而短寿。”③ 洛克的自然状态则比较美好一些：“那是一种完备无缺的自由状态，他们在自然法的范围内，按照他们认为合适的办法，决定他们的行动和处理他们的财产和人身，而毋须得到任何人的许可或听命于任何人的意志。”④ 但是又缺少明确的法律、得到普遍承认的裁判和保证判决执行的权力。而卢梭的自然状态则是淳朴、美妙的社会，是人类真正的青春：“自然状态是每一个人对于自我保存的关心，最不妨碍他人自我保存的一种状态，所以这种状态最能保持和平，对于人类也是最适宜的。”⑤ 资产阶级思想家们谁也没见过他们以之作为理论基础的所谓“自然状态”到底是什么样子，他们自己也明白这只是一种假想、一种逻辑上的论述起点，对此休谟讲得很明确：“我的意思并不是否认在政府已

---

① ［德］康德：《法的形而上学原理——权利的科学》，沈叔平译，商务印书馆 1991 年版，第 50 页。

② 转引自周辅成《从文艺复兴到十九世纪资产阶级哲学家政治思想家有关人道主义人性论言论选辑》，商务印书馆 1966 年版，第 681 页。

③ ［英］霍布斯：《利维坦》，黎思复、黎廷弼译，商务印书馆 1985 年版，第 94—95 页。

④ ［英］洛克：《政府论》下篇，叶启芳、瞿菊农译，商务印书馆 1983 年版，第 5 页。

⑤ ［法］卢梭：《论人类不平等的起源和基础》，李常山译，法律出版社 1958 年版，第 98 页。

经建立的地方人民的同意是它的一种正义的基础，它的确是最好的也是所有可能的政府的基础中最神圣的一种。我想说的只是，在实际上它以前没有存在过，而且也永远不会获得它完全的实现。”① 休谟虽然这样说，但这并不妨碍他也以类似的思维来建构自己的正义观。休谟是比较集中地论述了正义的近代思想家之一。他辨析了正义观念产生的主客观条件，认为从自然界的角度来说，在资源无限充足的条件下不需要产生正义观，在资源极度匮乏的条件下不可能产生正义观，正义观只有在中等匮乏的条件下才能产生。从人性来说，如果是极端利他主义不需要产生正义观，如果是极端利己主义的贪婪则不可能产生正义观，正义观只有在人性自私自利而又不乏利他之心时才能产生。总而言之，休谟抓住了正义就是人们之间的利益的界分这个关键点，由此设想在何种条件下和何种环境中正义才能产生。同时，他还认为人们对公共利益的承认与同情也是正义产生的根源："正义明显地趋向于促进公共效用和维持公共社会；因而正义这一情感或者导源于我们对这一趋向的反思，或者像饥渴和其他嗜欲、怨恨、对生命的热爱，对子女的眷恋以及其他激情那样起源于大自然为了同样有益的目的而在人类胸怀中植入一种简单的原始的本能。”② 从“自然状态”、“人性”等诸如此类的“原则”出发，运用理论推演来谈论正义观，是资产阶级思想家的一大传统，这个传统的影响是如此之大，在马克思的早期思想中也能找到它的影子，当然，对于这种抽象的理论思辨的克服与扬弃也正是马克思的贡献之一。恩格斯在谈到法国启蒙学者时说：“在法国为行将到来的革命启发过人们头脑的那些伟大人物，本身都是非常革命的。他们不承认任何外界的权威，不管这种权威是什么样的。宗教、自然观、社会、国家制度，一切都受到了最无情的批判；一切都必须在理性的法庭面前为自己的存在作辩护或者放弃存在的权利。思维着的知性成了衡量一切的唯一尺度。”③ 但是，这些启蒙学者没有意识到，“思维着的知性”本身并不是社会存在的基础，而是社会存在的表现。恩格斯指出：“平等的观念，无论以资产阶级的形式出现，还是以无产阶级的形式出现，本身都是一种历史的产物，这一观念的形成，需要一定的历史条件，而这种历史条件本身又以长期的以往的历史为前提。所以，这样的平等观念说它是什么

① 转引自唐士其《西方政治思想史》，北京大学出版社2002年版，第226页。

② ［英］休谟：《道德原则研究》，曾晓平译，商务印书馆2001年版，第52页。

③ 《马克思恩格斯选集》第3卷，人民出版社1995年版，第355页。

都行，就不能说是永恒的真理。”①

（三）空想社会主义者的正义观

空想社会主义思潮的发展经历了一个很长的时间跨度，从16世纪初期产生到19世纪中期渐趋没落，可以分为三个发展阶段，即16和17世纪的早期空想社会主义、18世纪的空想平均共产主义和19世纪初期的批判的空想社会主义，分别与资本主义生产方式的家庭手工业、手工工场和机器大工业三个发展阶段相适应。300多年的时间里，许多空想社会主义者就社会正义问题阐述了自己的见解，有的还付诸了实践，这些理论和实践为马克思主义正义观提供了正反两方面的经验。

第一，要求从根本上变革旧的经济政治制度。

他们批判了资本主义及其以前的生产方式，猜测和设想了社会主义和共产主义的经济问题。将研究与评判社会发展与社会生产方式联系起来，不但对于研究人类社会各个发展阶段的物质生产和分配规律有积极意义，而且对于正义问题的研究转向物质生产领域有重要的启发意义。空想社会主义者将批判的矛头指向建立在私有制基础上的封建专制制度和资产阶级政治制度，揭露了资产阶级自由、民主、平等、博爱等意识形态的虚伪性，精心设计了未来理想的政治制度和政治生活。莫尔说：“我觉得，任何地方私有制存在，所有的人凭借金钱的价值衡量所有的事物，那么，一个国家就难以有正义和繁荣。”②“如不彻底废除私有制，产品不可能公平分配，人类不可能获得幸福。私有制存在一天，人类中绝大的一部分也是最优秀的一部分将始终背上沉重而甩不掉的贫困灾难的担子。”③ 欧文则称：“目前，私有财产是贫困的惟一根源，由于贫困而在全世界引起各种无法计算的罪行和灾难。它在原则上是那样不合乎正义，如同它在实践上不合乎理性一样。”④ 空想社会主义者对于国体和政体问题、国家职能问题、民主和法治问题以及国家消亡问题都提出了不少有价值的见解。他们并不认为资本主义生产方式是取代封建生产方式的唯一合理、可能、进步

① 《马克思恩格斯选集》第3卷，人民出版社1995年版，第448页。

② ［英］莫尔：《乌托邦》，戴镏龄译，商务印书馆1982年版，第43页。

③ 同上书，第44页。

④ ［英］欧文：《欧文选集》第2卷，柯象峰、何光来、秦果显译，商务印书馆1984年版，第13页。

的生产方式，也不认为它是人类社会生产方式发展的巅峰。恩格斯指出："在1816年，圣西门宣布政治是关于生产的科学，并且预言政治将完全溶化在经济中。如果说经济状况是政治制度的基础这样的认识在这里仅仅以萌芽状态表现出来，那么对人的政治统治应当变成对物的管理和对生产过程的领导这种思想，即最近纷纷议论的废除国家的思想，已经明白地表达出来了。"①

第二，从理性论出发描绘对未来社会的设想。

与同时期的资产阶级思想家一样，空想社会主义者也把理性看作是先验的和永恒不变的东西。他们从理性出发批判旧的制度，也从理性出发建构未来社会的原则。他们把现存的不合理的社会看作是对理性的背离，把他们设想的将来社会看作是理性的回归。在这种思维方式方面，空想社会主义者与资产阶级思想家的分歧不在于是否将理想的社会制度看作是理性的回归，而在于把什么样的社会制度视为理想的、视为理性的回归。温斯坦莱的代表作《自由法》，从理性和永恒正义出发揭露和批判了封建专制制度和私有制的不合理，认为公有制既是符合神启更是符合理性和永恒正义的制度。梅叶在批判基督教时也借助了理性和正义的武器："要知道，自然权利、健全理性、法制和天赋的正义都要求对恶行加以回击，在受到不正义的攻击时要自卫，这是毫无疑义的；自然权利、健全理性、法制和天赋的正义都教我们要捍卫自己的身体、生命和财产，不让那些想不公正地抢夺这些东西的人夺去；像仇视恶行是完全自然的一样，仇视那些不正义地对我们行恶的人也是自然的。由此可见，上列基督教道德的教训是和这一切自然准则完全相反的，因而是错误的。"② 摩莱里同样把未来社会看作是理性制度的复归。

第三，关于平等思想提出了一些重要观点。

"平等观是各种空想社会主义体系中的一个极为重要的基本观点，平等是一切空想社会主义者的旗帜。空想社会主义史上的平等要求可以分为两个历史时期来叙述。第一个时期的平等观采取了宗教的形式，是以早期基督教的平等为依据的；第二个时期采取了自然权利的形式，是以资产阶级的平等为依据的。"③ 在早期空想社会主义者如莫尔、康帕内拉等人的

① 《马克思恩格斯选集》第3卷，人民出版社1995年版，第609页。

② ［法］梅叶：《遗书》第2卷，何清新译，商务印书馆1960年版，第79页。

③ 吴易风：《空想社会主义》，北京出版社1980年版，第13页。

著作中，平等就是一个重要的话题，而后来的空想社会主义者对平等的理解愈益深刻。温斯坦莱将他领导的掘地派称为“真正的平均派”，马布利提出改革土地制度和税制、限制和取消财产继承权以利于恢复平均的思想，巴贝夫的理想制度是“平等共和国”，并且提出了超越资产阶级形式平等的实质平等的要求，而布朗基则明确区分了平等和平均，指出用平均的办法来实现平等是不可能实现的。“还在法国资产阶级革命前夕，空想社会主义者的平等要求就已经越出了启蒙学派的政治视野，已经从政治平等中引申出社会平等的结论。他们对于平等的要求不再限于政治权利，而是扩大到每个人的社会地位。他们认为应当消灭的不仅是阶级特权，而且是阶级差别本身。在法国资产阶级革命爆发以后，空想社会主义者抓住了《人权宣言》，抓住了资产阶级关于平等的言论，用无情的事实揭露了这种权利平等的虚伪性和欺骗性。他们提出，不要纸上的平等，而要真正的平等；不要表面的平等，而要实际的平等。不仅要在国家的领域中实行平等，而且要在社会的、经济的领域中实行平等；不仅要消灭阶级特权，而且要消灭阶级差别。资产阶级的共和国也是不平等的，应当代之以平等的共和国。”①

第四，有些空想社会主义者领导、鼓动或参加了变革社会的实践活动。

空想社会主义有两种不同的类型，第一种的主要代表人物包括莫尔、维拉斯、摩莱里、马布利、圣西门、傅立叶和欧文等，从其特点来看是一种理论式的、相对温和的、与革命行动保持一定距离的空想社会主义。这些思想家一方面无情抨击了资本主义社会，设想和描绘了未来社会的概貌，另一方面又一般都否定阶级斗争和实际的革命运动，主张通过理论呼吁、社会实验的示范活动来和平改造社会。这种空想社会主义所表现出的特点与其倡导者的家庭出身、经济地位和生活经历有很大关系，但更重要的是它是尚不成熟的无产阶级及其革命运动的理论表现。与此相对的第二种是以闵采尔、温斯坦莱、巴贝夫、布朗基为代表的空想社会主义，它的特点是不但提出了变革社会的理论和纲领，而且付诸了实践，理论倡导者本人就是社会活动家，是群众运动的组织者和领导者。比如，闵采尔领导了德国农民战争，温斯坦莱是英国资产阶级革命时期最激进的派别——掘

① 吴易风：《空想社会主义》，北京出版社1980年版，第14页。

地派的领袖之一，巴贝夫组织了平等派运动并为此献出了生命，而布朗基则是一生都在为法国的无产阶级革命进行着不屈不挠的努力。正如恩格斯所指出的，“在每一个大的资产阶级运动中，都爆发过作为现代无产阶级的发展程度不同的先驱者的那个阶级的独立运动。例如，德国宗教改革和农民战争时期的再洗礼派和托马斯·闵采尔，英国大革命时期的平等派，法国大革命时期的巴贝夫”①。“巴贝夫的共产主义是从第一次革命时期的民主制度产生的。第二次革命（1830 年革命）却产生了另一种影响更大的共产主义。”② 恩格斯说的“影响更大的共产主义”就是指布朗基的共产主义。

二　马克思主义创始人著作中体现的正义观

在马克思主义创始人的著作中，包含有丰富的正义思想，有的地方直接论述到了“正义”、“公正”、“权利”、“平等”、“公平”，等等理念，有的地方是对他们看待上述理念的政治立场和哲学基础的表述。对涉及以上两个方面的经典著作进行回顾，有利于准确地理解马克思主义创始人的正义思想。

（一）马克思《评普鲁士最近的书报检查令》

马克思的这篇文章写于 1842 年初。普鲁士政府于 1841 年 12 月颁布的新书报检查令在表面上表示不赞成对作家的写作活动加以限制，实际上却变本加厉地加强了已经存在的书报检查制度。针对普鲁士政府“为了造成一种改善的假象而不从本质上去改善事物，才需要把制度本身的**客观缺点**归咎于**个别人**”的欺骗性做法，马克思揭露道：“**虚伪自由主义**的表现方式通常总是这样的：在被迫让步时，它就牺牲人这个工具，而保全事物的本质——当前的制度。这样就转移了表面看问题的公众的注意力。”③

马克思指出，在普鲁士法律名义上给予人民自由权利的幌子掩盖下是实际上的不自由：“法律允许我写作，但是我不应当用**自己**的风格去写，而应当用另一种风格去写。我有权利表露自己的精神面貌，但首先应当给

---

① 《马克思恩格斯选集》第 3 卷，人民出版社 1995 年版，第 721 页。
② 《马克思恩格斯全集》第 1 卷，人民出版社 1956 年版，第 579—580 页。
③ 同上书，第 5 页。

它一种**指定的表现方式**！哪一个正直的人不为这种要求脸红而不想尽力把自己的脑袋藏到罗马式长袍里去呢?"①马克思辛辣地讽刺普鲁士政府的文化专制主义加之于人们精神之上的枷锁，他说："你们赞美大自然悦人心目的千变万化和无穷无尽的丰富宝藏，你们并不要求玫瑰花和紫罗兰散发出同样的芳香，但你们为什么却要求世界上最丰富的东西——精神只能有**一种**存在形式呢？我是一个幽默家，可是法律却命令我用严肃的笔调。我是一个激情的人，可是法律却指定我用谦逊的风格。**没有色彩**就是这种自由唯一许可的色彩。每一滴露水在太阳的照耀下都闪耀着无穷无尽的色彩。但是精神的太阳，无论它照耀着多少个体，无论它照耀着什么事物，却只准产生一种色彩，就是**官方的色彩**！"②

针对书报检查制度越来越注重利用所谓的"礼仪、习尚和外表礼貌"等来加强统治的做法，马克思指出："道德只承认自己普遍的和理性的宗教，宗教则只承认自己特殊的和现实的道德。因此，根据这一检查令，书报检查应该排斥像康德、费希特和斯宾诺莎这样一些道德领域内的思想巨人，因为他们不信仰宗教，并且要侮辱礼仪、习尚和外表礼貌。所有这些道德家都是从道德和宗教之间的根本矛盾出发的，因为**道德的**基础是人类精神的**自律**，而**宗教的**基础则是人类精神的**他律**。"③

马克思在写作该文时还是一位革命民主主义者，信仰的是黑格尔哲学。他批判普鲁士的书报检查制度，也是从"自由"、"权利"之类的原则出发的。但是值得注意的是，马克思这时就已经认识到无视对象抽象地讨论原则是不可能的。他说："同一个对象在不同的个人身上会获得不同的反映，并使自己的各个不同方面变成同样多不同的精神性质；如果我们撇开一切**主观的东西**即上述情况不谈，难道**对象本身的性质**不应当对探讨发生一些即使是最微小的影响吗?"④ 可见，在写这篇文章时，马克思虽然还没有创立唯物史观，但他已经开始注意到抽象的原则与客观现实之间存在的张力。

---

① 《马克思恩格斯全集》第 1 卷，人民出版社 1956 年版，第 7 页。

② 同上。

③ 同上书，第 15 页。

④ 同上书，第 8 页。

（二）马克思《〈黑格尔法哲学批判〉导言》

马克思在《〈黑格尔法哲学批判〉导言》一文中首次表述了无产阶级作为旧制度的破坏者和新制度的创造者的历史使命的思想，体现出无产阶级的政治立场。他指出，德国解放的实际可能性“就在于形成一个被戴上彻底的锁链的阶级，一个并非市民社会阶级的市民社会阶级，形成一个表明一切等级解体的等级，形成一个由于自己遭受普遍苦难而具有普遍性质的领域，这个领域不要求享有任何**特殊的权利**，因为威胁着这个领域的不是**特殊的不公正**，而是**一般的不公正**，它不能再求助于**历史的**权利，而只能求助于**人的**权利，它不是同德国国家制度的后果处于片面的对立，而是同这种制度的前提处于全面的对立，最后，在于形成一个若不从其他一切社会领域解放出来从而解放其他一切社会领域就不能解放自己的领域，总之，形成这样一个领域，它表明人的**完全丧失**，并因而只有通过**人的完全回复**才能回复自己本身。社会解体的这个结果，就是**无产阶级**这个特殊等级”①。

马克思阐述了先进理论的革命性作用：“批判的武器当然不能代替武器的批判，物质力量只能用物质力量来摧毁；但是理论一经掌握群众，也会变成物质力量。”② 马克思指出，要改变这个存在着“一般的不公正”的社会，既需要先进理论的指导作用，也需要先进阶级的主体作用。他说，“哲学把无产阶级当作自己的**物质**武器，同样，无产阶级也把哲学当作自己的**精神**武器”③，“哲学不消灭无产阶级，就不能成为现实；无产阶级不把哲学变成现实，就不可能消灭自身”④。

（三）马克思《1844 年经济学哲学手稿》

《1844 年经济学哲学手稿》是马克思批判地研究德国古典哲学、资产阶级政治经济学和空想社会主义的最初成果。马克思从经济学视域着眼，对正义、平等等范畴进行了探索，对将平等、正义作为共产主义目标作了深层次分析。虽然马克思这时还使用了一些黑格尔法哲学的术语，但却已

---

① 《马克思恩格斯选集》第 1 卷，人民出版社 1995 年版，第 14—15 页。
② 同上书，第 9 页。
③ 同上书，第 15 页。
④ 同上书，第 16 页。

经从经济学层面来分析问题，从而使关于平等、正义的认识更加科学化了。马克思在《手稿》中论证了著名的“四个异化”思想，指出在私有制下，首先，工人同自己的劳动产品相异化，工人生产的产品，作为一种异化的存在物同劳动相对立；其次，工人同自己的生产活动相异化，工人的劳动不属于他自己，而属于别人；再次，人同自己的类本质相异化，因为作为人的类本质的劳动是自由自觉的活动，但在私有制下成为仅仅维持他个人生存的手段；最后，“人同自己的劳动产品、自己的生命活动、自己的类本质相异化的直接结果就是**人同人相异化**”①。

在《1844年经济学哲学手稿》中最能体现马克思对于正义的看法的是他批判私有财产、私有制的思想。马克思指出：“**工资**和**私有财产**是同一的，因为用劳动产品、劳动对象来偿付劳动本身的工资，不过是劳动异化的必然后果，因为在工资中，劳动不表现为目的本身，而表现为工资的奴仆。……强制**提高工资**（且不谈其他一切困难，不谈强制提高工资这种反常情况也只能靠强制才能维持），无非是**给奴隶以**较多**工资**，而且既不会使工人也不会使劳动获得人的身份和尊严。甚至普鲁东所要求的**工资平等**，也只能使今天的工人对自己的劳动的关系变成一切人对劳动的关系。这时社会就被理解为抽象的资本家。”② 既然如此，得出只有扬弃私有财产、消灭私有制才能实现“人向人的本质的复归”的结论就是必然的了。

（四）马克思《〈政治经济学批判〉导言》

如何看待分配关系和分配方式是正义观中的一个重要内容。资产阶级和小资产阶级的经济学家割裂生产与分配之间的内在联系，把资本主义生产看作永恒的“一般生产”，“在分配上，他们则相反地认为，人们事实上可以随心所欲。即使根本不谈生产和分配的这种粗暴割裂以及生产和分配的现实关系，总应该从一开始就清楚地看到：无论在不同社会阶段上分配方式如何不同，总是可以像在生产中那样提出一些共同的规定来，可以把一切历史差别混合或融化在**一般人类**规律之中”③。

马克思明确指出：“分配关系和分配方式只是表现为生产要素的背

① 《马克思恩格斯选集》第1卷，人民出版社1995年版，第47页。
② 同上书，第50—51页。
③ 《马克思恩格斯选集》第2卷，人民出版社1995年版，第5页。

面。个人以雇佣劳动的形式参与生产，就以工资形式参与产品、生产成果的分配。分配的结构完全决定于生产的结构。分配本身是生产的产物，不仅就对象说是如此，而且就形式说也是如此。就对象说，能分配的只是生产的成果，就形式说，参与生产的一定方式决定分配的特殊形式，决定参与分配的形式。”① 在资本主义生产的条件下，只能是资本主义的分配方式，这是不以“正义”、“公平”口号的要求为转移的。要改变资本家和工人取得归自己支配的那一部分劳动产品的数量和方式，就只能变革资本主义制度。

（五）马克思《哥达纲领批判》

马克思在《哥达纲领批判》中较为详尽地谈到了分配问题，特别是共产主义社会的分配问题。马克思驳斥了分配决定论，重申“消费资料的任何一种分配，都不过是生产条件本身分配的结果；而生产条件的分配，则表现生产方式本身的性质。例如，资本主义生产方式的基础是：生产的物质条件以资本和地产的形式掌握在非劳动者手中，而人民大众所有的只是生产的人身条件，即劳动力。既然生产的要素是这样分配的，那么自然就产生现在这样的消费资料的分配。如果生产的物质条件是劳动者自己的集体财产，那么同样要产生一种和现在不同的消费资料的分配”②。

马克思批判了拉萨尔关于社会主义制度下劳动者应当得到不折不扣的劳动所得的论点，指出只有从社会总产品中扣除用于补偿生产资料、扩大再生产、建立后备基金、支付管理费用、满足共同需要、为丧失劳动能力的人设立基金等各部分之后，才谈得上在劳动者之间进行消费资料的分配。马克思详细论述了共产主义社会第一阶段和共产主义社会高级阶段在分配方式上的区别。在共产主义社会第一阶段，“每一个生产者，在作了各项扣除以后，从社会领回的，正好是他给予社会的。他给予社会的，就是他个人的劳动量。……他从社会领得一张凭证，证明他提供了多少劳动（扣除他为公共基金而进行的劳动），他根据这张凭证从社会储存中领得一份耗费同等劳动量的消费资料。他以一种形式给予社会的劳动量，又以另一种形式领回来”③。马克思说，“显然，这里通行的是调节商品交换

---

① 《马克思恩格斯选集》第2卷，人民出版社1995年版，第13页。

② 《马克思恩格斯选集》第3卷，人民出版社1995年版，第306页。

③ 同上书，第304页。

(就它是等价的交换而言)的同一原则","所以,在这里**平等的权利**按照原则仍然是**资产阶级权利**,虽然原则和实践在这里已不再互相矛盾"。①

马克思对"平等的权利"的理解深刻地体现出唯物史观对于正义理念所持的科学态度。马克思指出,在共产主义社会的第一阶段,虽然"平等的权利"的原则和实践已不再互相矛盾,"虽然有这种进步,但这个**平等的权利**总还是被限制在一个资产阶级的框框里。生产者的权利是同他们提供的劳动**成比例的**;平等就在于以**同一尺度**——劳动——来计量。但是,一个人在体力或智力上胜过另一个人,因此在同一时间内提供较多的劳动,或者能够劳动较长的时间;而劳动,要当作尺度来用,就必须按照它的时间或强度来确定,不然它就不成其为尺度了。这种**平等的**权利,对不同等的劳动来说是不平等的权利。它不承认任何阶级差别,因为每个人都像其他人一样只是劳动者;但是它默认,劳动者的不同等的个人天赋,从而不同等的工作能力,是天然特权。**所以就它的内容来讲,它像一切权利一样是一种不平等的权利**。权利,就它的本性来讲,只在于使用同一尺度;但是不同等的个人(而如果他们不是不同等的,他们就不成其为不同的个人)要用同一尺度去计量,就只有从同一个角度去看待他们,从一个**特定的**方面去对待他们,例如在现在所讲的这个场合,把他们**只当作劳动者**,再不把他们看作别的什么,把其他一切都撇开了。其次,一个劳动者已经结婚,另一个则没有;一个劳动者的子女较多,另一个的子女较少,如此等等。因此,在提供的劳动相同,从而由社会消费基金中分得的份额相同的条件下,某一个人事实上所得到的比另一个人多些,也就比另一个人富些,如此等等。要避免所有这些弊病,权利就不应当是平等的,而应当是不平等的"②。

那么,在共产主义社会第一阶段是不是实行"不平等的权利"就能避免上述弊病呢?马克思指出,"权利决不能超出社会的经济结构以及由经济结构制约的社会的文化发展"③。所以,只有"在共产主义社会高级阶段,在迫使个人奴隶般地服从分工的情形已经消失,从而脑力劳动和体力劳动的对立也随之消失之后;在劳动已经不仅仅是谋生的手段,而且本身成了生活的第一需要之后;在随着个人的全面发展,他们的生产力也增

---

① 《马克思恩格斯选集》第3卷,人民出版社1995年版,第304页。
② 同上书,第304—305页。
③ 同上书,第305页。

长起来，而集体财富的一切源泉都充分涌流之后，——只有在那个时候，才能完全超出资产阶级权利的狭隘眼界，社会才能在自己的旗帜上写上：各尽所能，按需分配！"①

（六）恩格斯《英国工人阶级状况》

《英国工人阶级状况》一书是恩格斯1844年9月至1845年3月写成的，它还有一个副标题——"根据亲身观察和可靠材料"。恩格斯根据1842年11月至1844年8月在英国居住期间的经历，写了本书来研究英国工人阶级状况，说明无产阶级在资产阶级社会中的特殊地位和作用。本书对于社会主义正义观研究的意义就在于，它把工人阶级所遭受的苦难看作是资本主义制度的必然后果，指出工人阶级要从根本上改变这种状况，只能寄希望于反对资本主义制度的独立的政治斗争。

本书体现了恩格斯从工人阶级的角度观察和分析问题的立场："我寻求的并不仅仅是和这个题目有关的**抽象的**知识，我愿意在你们的住宅中看到你们，观察你们的日常生活，同你们谈谈你们的状况和你们的疾苦，亲眼看看你们为反抗你们的压迫者的社会的和政治的统治而进行的斗争。我是这样做了。我抛弃了社交活动和宴会，抛弃了资产阶级的葡萄牙红葡萄酒和香槟酒，把自己的空闲时间几乎都用来和普通的工人交往；对此我感到高兴和骄傲。高兴的是这样一来我在获得实际生活知识的过程中有成效地度过了许多时间，否则这些时间也只是在客厅里的闲谈和讨厌的礼节中消磨掉；骄傲的是这样一来我就有机会为这个受压迫受诽谤的阶级做一件应该做的事情，这些人尽管有种种缺点并且处于重重不利的地位，但仍然引起每个人的尊敬，也许只有英国的锱铢必较的商人才是例外；还值得骄傲的是这样一来我就能保护英国人民，使他们不致日益受人鄙视。而来自欧洲大陆的这种鄙视，正是你们国家的当权的资产阶级极端自私自利的政策和全部行为的必然后果。"②

恩格斯在本书中描述了英国工人阶级极端恶劣的生活和工作状况，用大量实例说明了"强者把弱者踏在脚下，一小撮强者即资本家握有一切，而大批弱者即穷人却只能勉强活命"③ 的种种状况，揭露了"在任何地

---

① 《马克思恩格斯选集》第3卷，人民出版社1995年版，第305—306页。

② 《马克思恩格斯全集》第2卷，人民出版社1957年版，第273—274页。

③ 同上书，第304页。

方，一方面是不近人情的冷淡和铁石心肠的利己主义，另一方面是无法形容的贫穷”① 的社会现实，更重要的是把批判的矛头指向资本主义制度：“社会**知道**这种状况对工人的健康和生命是怎样有害，可是一点也不设法来改善。社会**知道**它所建立的制度会引起怎样的后果，因而它的行为不单纯是杀人，而且是谋杀。”②

恩格斯指出了工人阶级与资产阶级之间不可调和的对立，他对工人说：“你们不希望从资产阶级那里得到任何援助是正确的，是完全正确的。他们的利益和你们的利益是完全对立的，虽然他们常在企图证明与此相反的说法，企图使你们相信他们衷心地同情你们的命运。他们所做的驳倒了他们所说的。……资产阶级，不管他们口头上怎么说，实际上只有一个目的，那就是当你们的劳动的产品能卖出去的时候就靠你们的劳动发财，而一到这种间接的人肉买卖无利可图的时候，就让你们饿死。”③ 恩格斯指出了工人阶级反抗斗争的出路，即只有工人阶级独立的政治运动才能实现工人阶级解放的目标。

在本书1892年德文第二版的序言中，恩格斯根据资本主义制度和工人阶级斗争情况的新发展，深化了一系列论点。他指出，随着英国殖民市场的扩大，大工业获得了空前的发展，“与这样发展的同时，大工业看起来也变得讲道德了。工厂主靠对工人偷偷摸摸的办法来互相竞争已经不合算了”④，“工厂主们，尤其是大的工厂主们，就渐渐感染了一种新的精神。他们学会了避免不必要的纠纷，默认工联的存在和力量，最后甚至发现罢工——发生得适时的罢工——是实现他们自己的目的的有效手段”⑤。恩格斯揭露了这种新变化的实质，为工人阶级的斗争指明了方向：“所有这些对正义和仁爱的让步，事实上只是一种手段，可以使资本加速积聚在少数人手中并且压垮那些没有这种额外收入就活不下去的小竞争者。……工人阶级处境悲惨的原因不应当到这些小的弊病中去寻找，而应当到**资本主义制度本身**中去寻找。”⑥

恩格斯重申了工人阶级独立的政治斗争对于工人解放的决定意义。他

① 《马克思恩格斯全集》第2卷，人民出版社1957年版，第304—305页。

② 同上书，第380页。

③ 同上书，第274页。

④ 《马克思恩格斯选集》第4卷，人民出版社1995年版，第420页。

⑤ 同上。

⑥ 同上书，第421页。

说，在 1844 年写作本书时，科学社会主义还没有产生，所以“在本书中到处都可以发现现代社会主义从它的祖先之一即德国古典哲学起源的痕迹。例如本书，特别是在末尾，很强调这样一个论点：共产主义不是一种单纯的工人阶级的党派性学说，而是一种最终目的在于把连同资本家在内的整个社会从现存关系的狭小范围中解放出来的理论。这在抽象的意义上是正确的，然而在实践中在大多数情况下不仅是无益的，甚至还要更坏。只要有产阶级不但自己不感到有任何解放的需要，而且还全力反对工人阶级的自我解放，工人阶级就应当单独地准备和实现社会革命。……现在也还有不少人，站在不偏不倚的高高在上的立场向工人鼓吹一种凌驾于一切阶级对立和阶级斗争之上的社会主义，这些人如果不是还需要多多学习的新手，就是工人的最凶恶的敌人，披着羊皮的豺狼”①。恩格斯高度赞扬了英国工人阶级的斗争，他说：“伟大的阶级，正如伟大的民族一样，无论从哪方面学习都不如从自己所犯错误的后果中学习来得快。虽然过去和现在他们犯过各种各样的错误，而且将来还会犯错误，但是伦敦东头的觉醒仍然是本世纪末最伟大最有成果的事件之一，而我能活到现在，亲眼看到它，实在感到高兴和骄傲。”②

（七）恩格斯《反杜林论》

恩格斯的《反杜林论》一书从批判杜林的观点入手，全面阐述了马克思主义的三个组成部分：哲学、政治经济学和科学社会主义。关于正义观的内容，恩格斯主要是反驳了杜林关于“永恒正义”的观点，批判杜林“这个现在刚出现的预言家在提包里带着已经准备好的最后的终极的真理，永恒道德和永恒正义”。③

恩格斯在反驳杜林的平等观念时说：“一切人，作为人来说，都有某些共同点，在这些共同点所及的范围内，他们是平等的，这样的观念自然是非常古老的。但是现代的平等要求与此完全不同；这种平等要求更应当是从人的这种共同特性中，从人就他们是人而言的这种平等中引申出这样的要求：一切人，或至少是一个国家的一切公民，或一个社会的一切成员，都应当有平等的政治地位和社会地位。要从这种相对平等的原始观念

---

① 《马克思恩格斯选集》第 4 卷，人民出版社 1995 年版，第 423—424 页。

② 同上书，第 432 页。

③ 《马克思恩格斯选集》第 3 卷，人民出版社 1995 年版，第 430 页。

中得出国家和社会中的平等权利的结论，要使这个结论甚至能够成为某种自然而然的、不言而喻的东西，必然要经过而且确实已经经过了几千年。在最古老的自然形成的公社中，最多只谈得上公社成员之间的平等权利，妇女、奴隶和外地人自然不在此列。在希腊人和罗马人那里，人们的不平等的作用比任何平等要大得多。如果认为希腊人和野蛮人、自由民和奴隶、公民和被保护民、罗马的公民和罗马的臣民（该词是在广义上使用的），都可以要求平等的政治地位，那么这在古代人看来必定是发了疯。"①

恩格斯揭露了杜林脱离社会生产而空谈按照正义原则来实行分配的错误论点，指出杜林"把全部分配理论从经济学的领域搬到道德和法的领域中，就是说，从确定的物质事实的领域搬到或多或少是不确定的意见和感觉的领域中。因此，他不再需要去研究或证明，只要随心所欲地夸夸其谈就够了，他可以要求劳动产品的分配不按照其实际原因，而按照他杜林先生所认为的道德的和正义的方式来安排。可是杜林先生认为是正义的东西决不是不变的，所以就远不是真正的真理了，因为真正的真理在杜林先生本人看来'是根本不变的'"②。恩格斯指出杜林认为资本主义生产方式很好、资本主义分配方式很坏的荒谬性："据杜林先生的意见，分配是和生产根本没有联系的，在他看来，分配不是由生产来决定，而是由纯粹的意志行为来决定的——分配是他的'社会炼金术'的再合适不过的用武之地了。"③

恩格斯指出，一定的分配方式是由一定的生产方式决定的。"随着历史上一定社会的生产和交换的方式和方法的产生，随着这一社会的历史前提的产生，同时也产生了产品分配的方式方法。"④"分配就其决定性的特点而言，总是某一个社会的生产关系和交换关系以及这个社会的历史前提的必然结果，只要我们知道了这些关系和前提，我们就可以确实地推断出这个社会中占支配地位的分配方式。"⑤ 具体到资本主义制度的分配方式来说，"期待资本主义生产方式有另一种产品分配，那就等于要求电池的

① 《马克思恩格斯选集》第3卷，人民出版社1995年版，第444—445页。
② 同上书，第499页。
③ 同上书，第649页。
④ 同上书，第490页。
⑤ 同上书，第496页。

电极和电池相联时不使水分解，不在阳极放出氧和在阴极放出氢”①。

恩格斯总结了历史上社会的分配由社会的物质生存条件所决定的一般规律，揭示了从“永恒正义”等道德观念出发来看待分配的非科学性。“一个社会的分配总是同这个社会的物质生存条件相联系，这如此合乎事理，以致经常在人民的本能上反映出来。当一种生产方式处在自身发展的上升阶段的时候，甚至在和这种生产方式相适应的分配方式下吃了亏的那些人也会欢迎这种生产方式。大工业兴起时期的英国工人就是如此。不仅如此，当这种生产方式对于社会还是正常的时候，满意于这种分配的情绪，总的来说，会占支配的地位；那时即使发出了抗议，也只是从统治阶级自身中发出来（圣西门、傅立叶、欧文），而在被剥削的群众中恰恰得不到任何响应。只有当这种生产方式已经走完自身的没落阶段的颇大一段行程时，当它多半已经过时的时候，当它的存在条件大部分已经消失而它的后继者已经在敲门的时候——只有在这个时候，这种越来越不平等的分配，才被认为是非正义的，只有在这个时候，人们才开始从已经过时的事实出发诉诸所谓永恒正义。这种诉诸道德和法的做法，在科学上丝毫不能把我们推向前进；道义上的愤怒，无论多么入情入理，经济科学总不能把它看作证据，而只能看作象征。”②

恩格斯指出，变革资本主义制度和推进社会主义革命的理论和实践，应当建立在对于资本主义制度束缚生产力发展的认识的基础之上，而不能建立在所谓的“正义”观念的指引之上：“如果我们对现代劳动产品分配方式（它造成赤贫和豪富、饥饿和穷奢极欲的尖锐对立）的日益逼近的变革所抱的信心，只是基于一种意识，即认为这种分配方式是非正义的，而正义总有一天一定要胜利，那就糟了，我们就得长久等待下去。……现代资本主义生产方式所造成的生产力和由它创立的财富分配制度，已经和这种生产方式本身发生激烈的矛盾，而且矛盾达到了这种程度，以至于如果要避免整个现代社会毁灭，就必须使生产方式和分配方式发生一个会消除一切阶级差别的变革。现代社会主义必获胜利的信心，正是基于这个以或多或少清晰的形象和不可抗拒的必然性印入被剥削的无产者的头脑中的、可以感触到的物质事实，而不是基于某一个蛰居书斋的学者的关于正

① 《马克思恩格斯选集》第3卷，人民出版社1995年版，第625—626页。

② 同上书，第491—492页。

义和非正义的观念。”①

(八) 恩格斯《社会主义从空想到科学的发展》

在这部被马克思称之为“科学社会主义的入门”的著作中，恩格斯阐明了社会主义从空想到科学的发展历程，我们同样可以从中看出正义观从空想到科学的发展。

恩格斯说，在法国启蒙思想家的头脑里，理性、正义“要求成为人类的一切活动和社会结合的基础……以往的一切社会形式和国家形式、一切传统观念，都被当作不合理性的东西扔到垃圾堆里去了；到现在为止，世界所遵循的只是一些成见；过去的一切只值得怜悯和鄙视。只是现在阳光才照射出来，理性的王国才开始出现。从今以后，迷信、非正义、特权和压迫，必将为永恒的真理，为永恒的正义，为基于自然的平等和不可剥夺的人权所取代”②。但是，“现在我们知道，这个理性的王国不过是资产阶级的理想化的王国；永恒的正义在资产阶级司法中得到实现；平等归结为法律面前的资产阶级的平等；被宣布为最主要的人权之一的是资产阶级的所有权，而理性的国家、卢梭的社会契约在实践中表现为，而且也只能表现为资产阶级的民主共和国”③。

恩格斯接着指出，空想社会主义者的伟大代表人物圣西门、傅立叶和欧文虽然在反对资本主义制度这一点上同启蒙学者不同，但是他们仍然是从“永恒的理性和正义”出发来提出要求，没有把他们的理论建立在科学的基础之上。恩格斯说：“所有这三个人有一个共同点：他们都不是作为当时已经历史地产生的无产阶级的利益的代表出现的。他们和启蒙学者一样，并不是想首先解放某一个阶级，而是想立即解放全人类。他们和启蒙学者一样，想建立理性和永恒正义的王国；但是他们的王国和启蒙学者的王国是有天壤之别的。按照这些启蒙学者的原则建立起来的资产阶级世界也是不合理性的和非正义的，所以也应该像封建制度和一切更早的社会制度一样被抛到垃圾堆里去。真正的理性和正义至今还没有统治世界，这只是因为它们没有被人们正确地认识。所缺少的只是个别的天才人物，现在这种人物已经出现而且已经认识了真理；至于天才人物是在现在出现，

① 《马克思恩格斯选集》第3卷，人民出版社1995年版，第500—501页。

② 同上书，第719—720页。

③ 同上书，第720页。

真理正是在现在被认识到，这并不是历史发展的进程所必然产生的、不可避免的事情，而纯粹是一种侥幸的偶然现象。”①

恩格斯指出，空想社会主义者的见解在社会主义史上影响深远，在一个相当长的时期内抽象的“真理、理性和正义”成了社会主义的基础，成了各个流派都乐于接受、可以接受的东西：“对所有这些人来说，社会主义是绝对真理、理性和正义的表现，只要把它发现出来，它就能用自己的力量征服世界；因为绝对真理是不依赖于时间、空间和人类的历史发展的，所以，它在什么时候和什么地方被发现，那纯粹是偶然的事情。同时，绝对真理、理性和正义在每个学派的创始人那里又是各不相同的；而因为在每个学派的创始人那里，绝对真理、理性和正义的独特形式又是由他们的主观知性、他们的生活条件、他们的知识水平和思维训练水平所决定的，所以，解决各种绝对真理的这种冲突的办法就只能是它们互相磨损。由此只能得出一种折衷的不伦不类的社会主义，这种社会主义实际上直到今天还统治着法国和英国大多数社会主义工人的头脑，它是由各学派创始人的比较不会引起反感的批判性言论、经济学原理和关于未来社会的观念组成的色调极为复杂的混合物，这种混合物的各个组成部分，在辩论的激流中越是磨光其锋利的棱角，就像溪流中圆圆的石子一样，这种混合物就越加容易构成。”②

在批判抽象的正义观的基础上，恩格斯提出了唯物主义历史观的正义观。他说：“一切社会变迁和政治变革的终极原因，不应当到人们的头脑中，到人们对永恒的真理和正义的日益增进的认识中去寻找，而应当到生产方式和交换方式的变更中去寻找；不应当到有关时代的**哲学**中去寻找，而应当到有关时代的**经济**中去寻找。对现存社会制度的不合理性和不公平、对‘理性化为无稽，幸福变成苦痛’的日益觉醒的认识，只是一种征兆，表示在生产方法和交换形式中已经不知不觉地发生了变化，适合于早先的经济条件的社会制度已经不再同这些变化相适应了。同时这还说明，用来消除已经发现的弊病的手段，也必然以或多或少发展了的形式存在于已经发生变化的生产关系本身中。这些手段不应当从头脑中**发明出来**，而应当通过头脑从生产的现成物质事实中**发现出来**。”③

---

① 《马克思恩格斯选集》第3卷，人民出版社1995年版，第721—722页。

② 同上书，第732页。

③ 同上书，第741页。

要变革资本主义制度，不能从抽象的道德要求出发，而要从资本主义生产方式的内在矛盾出发："自从资本主义生产方式在历史上出现以来，由社会占有全部生产资料，常常作为未来的理想隐隐约约地浮现在个别人物和整个整个的派别的脑海中。但是，这种占有只有在实现它的实际条件已经具备的时候，才能成为可能，才能成为历史的必然性。正如其他一切社会进步一样，这种占有之所以能够实现，并不是由于人们认识到阶级的存在同正义、平等，等等相矛盾，也不是仅仅由于人们希望废除阶级，而是由于具备了一定的新的经济条件。"①

三 马克思主义创始人对正义观念的肯定与超越

关于马克思和恩格斯对待正义、公正、公平等观念的态度，研究者众说纷纭。从他们的论述中可以看出，马克思和恩格斯对于正义的态度是辩证的，既承认正义又超越正义。承认正义是基于正义是一种意识形态，它是与一定的经济基础相联系的。超越正义是基于正义本身并不是社会历史变革的根本力量，虽然不同时代和阶级对于正义的具体要求的理解不同，但"只要与生产方式相适应，相一致，就是正义的；只要与生产方式相矛盾，就是非正义的"②，因此不能用抽象的正义原则去评判。

（一）肯定正义观念：基于价值主体性的判断

马克思和恩格斯从认可的角度谈到"正义"的地方不多，比较典型的有以下几段：

马克思有几处地方把正义与工人阶级的斗争联系起来。他在1864年10月起草的《国际工人协会成立宣言》中说，沙皇俄国的侵略行为"给工人阶级指明了他们的责任，要他们洞悉国际政治的秘密，监督本国政府的外交活动，在必要时就用能用的一切办法反抗它；在不可能防止这种活动时就团结起来同时揭露它，努力做到使私人关系间应该遵循的那种简单的道德和正义的准则，成为国际关系中的至高无上的准则。为这样一种对外政策而进行的斗争，是争取工人阶级解放的总斗争的一部分"③。在协

① 《马克思恩格斯选集》第3卷，人民出版社1995年版，第755—756页。
② 《马克思恩格斯全集》第25卷，人民出版社1974年版，第379页。
③ 《马克思恩格斯全集》第16卷，人民出版社1964年版，第14页。

会临时章程中也有这样一段话："他们宣布，这个国际协会以及加入协会的一切团体和个人，承认真理、正义和道德是他们彼此间和对一切人的关系的基础，而不分肤色、信仰或民族。"① 马克思在《日内瓦对建筑工人实行的同盟歇业》中指出："国际工人协会总委员会号召文明世界一切正直的男女工人们从道义上和物质上支援日内瓦建筑工人反对资本专横的正义斗争。"② 他在 1864 年 11 月写给美国总统林肯的信中说："工人阶级到处耐心忍受着棉业危机带给他们的困苦，激烈反对有产者当局竭力想采取的有利于奴隶占有制的干涉行动，——而在欧洲的大多数国家里，工人阶级为了正义的事业已经献出了自己的鲜血。"③ 他在《致合众国全国劳工同盟的公开信》中也说："新战争所带来的贫困的增长，马上会给你们的资本家找到借口和手段，好用常备军的无情的刀剑来迫使工人阶级放弃他们勇敢的和正义的愿望。"④

人们通常认为，是恩格斯明确把正义与共产主义制度联系在一起的，他在《大陆上社会改革的进展》中对英国工人说："你们不要向法国人证明你们的计划切实可行，因为这会使他们变得消极冷淡，漠不关心。但是你们要向他们证明，你们的共产主义移民区不致像不久以前宪章主义者拜尔斯图先生和瓦茨先生争论时所讲的那样，会给人类带上'铁的专制制度'的枷锁。你们要向他们证明，真正的自由和真正的平等只有在共产主义制度下才能实现；而这样的制度是**正义**所要求的；——这样，他们就都会站到你们方面来。"⑤

虽然有马克思和恩格斯使用"正义"一词的以上例证（还包括他们使用"公正"、"公平"等词语的例证），但是研究者已经指出，这并不表明他们支持、主张和倡导工人阶级去争取"正义"，他们使用"正义"仅仅是一种斗争策略。马克思在 1864 年 11 月 4 日致恩格斯的信中说："不过我必须在《章程》引言中采纳'义务'和'权利'这两个词，以及'真理、道德和正义'等词，但是，这些字眼已经妥为安排，使它们不可能为害。""要把我们的观点用目前水平的工人运动所能接受的形式表达

① 《马克思恩格斯全集》第 16 卷，人民出版社 1964 年版，第 16 页。
② 同上书，第 493 页。
③ 同上书，第 21 页。
④ 同上书，第 402 页。
⑤ 《马克思恩格斯全集》第 1 卷，人民出版社 1956 年版，第 582 页。

出来，那是很困难的事情。……这就必须实质上坚决，形式上温和。”① 恩格斯在晚年回顾共产主义者同盟的历史时也指出：“每当问题涉及具体批判现存社会，即分析经济事实的时候，他们的手工业者旧有的成见对于他们就成为一种障碍。我不相信当时在整个同盟里有一个人读过一本经济学书籍。但这没有多大关系；‘平等’、‘博爱’和‘正义’暂时还有助于克服一切理论上的困难。”② 恩格斯这段话已经明白地指出，“平等”、“博爱”和“正义”这些话语并不是社会主义运动的理论根基，也不是应该提倡的工人阶级的追求目标，而是在共产主义运动早期为了帮助工人群众克服“旧有的成见”、在未掌握科学共产主义原理之前鼓舞人们参加工人革命和共产主义运动的暂时策略。

关于反对将抽象正义视为社会主义运动的基础这一点，马克思和恩格斯早在正义者同盟更名为共产主义者同盟时就是清楚的。1847 年 6 月 9 日《共产主义者同盟第一次代表大会致同盟盟员的通告信》中指出：“为了陈述进行修改的理由，我们特作如下说明：正义者同盟更名为共产主义者同盟一事被通过了，因为：第一，由于前面提到的那个门特尔的无耻叛变，旧的名称已被政府知道，因此改变名称是适宜的。第二，而且也是主要的一点，因为旧的名称是在特殊的情况下，并考虑到一些特殊的事件才采用的，这些事件与同盟的当前目的不再有任何关系。因此这个名称已不合时宜，丝毫不能表达我们的意愿。许多人要正义，即要他们称为正义的东西，但他们并不因此就是共产主义者。而我们的特点不在于我们一般地要正义——每个人都能宣称自己要正义——，而在于我们向现存的社会制度和私有制进攻，在于我们要财产公有，在于我们是共产主义者。因此，对我们同盟来说，要有一个合适的名称，一个能表明我们实际是什么人的名称，于是我们选用了这个名称。”③

马克思和恩格斯的这个思想是始终如一的。马克思在 1877 年 9 月 19 日给弗·阿·左尔格的信中严厉批评德国工人阶级政党内有人“想用关于正义、自由、平等和博爱的女神的现代神话来代替它的唯物主义基础”，他说：“这些人想使社会主义有一个‘更高的、理想的’转变，就是说，想用关于正义、自由、平等和博爱的女神的现代神话来代替它的唯

① 《马克思恩格斯全集》第 31 卷，人民出版社 1972 年版，第 17 页。
② 《马克思恩格斯选集》第 4 卷，人民出版社 1995 年版，第 196 页。
③ 《马克思恩格斯全集》第 42 卷，人民出版社 1979 年版，第 430—431 页。

物主义的基础（这种基础要求一个人在运用它以前认真地、客观地研究它）。……几十年来我们做了许多工作和花了许多精力才把**空想**社会主义，把对未来社会结构的一整套构想从德国工人的头脑中清洗出去，从而使他们在理论上（因而也在实践上）比法国人和英国人优越，但是，现在这些东西又流行起来，而且其形式之空虚，不仅更甚于伟大的法国和英国空想社会主义者，也更甚于魏特林。当然，**在**唯物主义的批判的社会主义时代**以前**，空想主义本身包含着这种社会主义的萌芽，可是现在，**在**这个时代**以后**它又出现，就只能是愚蠢的——愚蠢的、无聊的和根本反动的……”[①] 在1879年9月17—18日给奥·倍倍尔等人的通告信中，马克思和恩格斯指出：“在阶级斗争被当做一种不快意的‘粗野的’事情放到一边去的地方，当做社会主义的基础留下来的就只是‘真正的博爱’和关于‘正义’的空话。”[②]

马克思和恩格斯从唯物史观的基本原理出发，反对工人阶级将“正义”之类的抽象的道德语词作为自己奋斗的旗帜，这是历史事实，但是这并不意味着马克思和恩格斯反对一切正义观或否定正义的存在。因为从马克思主义的角度来看，“正义”毫无疑问是属于一种意识形态，而意识形态是在事实上存在的，是否定不了的，只不过每一种意识形态都有自己的经济基础而已。“道德始终是阶级的道德；它或者为统治阶级的统治和利益辩护，或者当被压迫阶级变得足够强大时，代表被压迫者对这个统治的反抗和他们的未来利益。”[③] 正义并非不存在，只是资产阶级有资产阶级的正义观，无产阶级有无产阶级的正义观，所以说，马克思和恩格斯强调了正义观的价值主体性，这也就不难理解为什么他们既把工人阶级的斗争称为正义的斗争，又反对将正义作为社会主义运动的指导观念了。

（二）超越正义观念：基于物质生产性的分析

正义，并不是可以不依赖于任何条件而独立存在的，不可能是永恒的，它为一定时代、一定社会的经济基础所决定并反映该时代的经济基础，又随经济基础的改变而改变。任何正义观念都不是人们随心所欲的产物，正义的原则和观点的形成、改变都基于一定的历史条件。恩格斯曾深

---

① 《马克思恩格斯选集》第4卷，人民出版社1995年版，第627—628页。

② 《马克思恩格斯全集》第34卷，人民出版社1972年版，第382页。

③ 《马克思恩格斯选集》第3卷，人民出版社1995年版，第435页。

刻指出："平等的观念，无论以资产阶级的形式出现，还是以无产阶级的形式出现，本身都是一种历史的产物，这一观念的形成，需要一定的历史条件，而这种历史条件本身又以长期的以往的历史为前提。所以，这样的平等观念说它是什么都行，就不能说是永恒的真理。"① 恩格斯在论述公平问题时说，法学家们的"公平理想""则始终只是现存经济关系的或者反映其保守方面，或者反映其革命方面的观念化的神圣化的表现。希腊人和罗马人的公平认为奴隶制度是公平的；1789 年资产者的公平要求废除封建制度，因为据说它不公平"②。无数事实证明，永恒的、适用于任何时代的正义观是根本不存在的。从唯物史观出发来认识正义问题宣告了一切旧哲学把正义看作超自然存在的唯心主义正义观的破产，使正义理念有了科学的唯物论基础。

鉴于任何正义观念和要求都不是抽象的、空洞的、脱离了具体历史条件的，马克思和恩格斯用了很大的精力批判各种空谈"正义"、"公平"、"权利"等道德观念的"陈词滥调"。在《德意志意识形态》中，马克思和恩格斯指出："至于谈到权利，我们和其他许多人都曾强调指出了共产主义对政治权利、私人权利及权利的最一般形式即人权所采取的反对立场。"③ 因为任何权利都有它赖以产生的物质基础，并且随着这种基础的变更而变更："创造这种权利的，是生产关系。一旦生产关系达到必须改变外壳的程度，这种权利和一切以它为依据的交易的物质源泉，即一种有经济上和历史上的存在理由的、从社会生活的生产过程产生的源泉，就会消失。"④ 马克思揭示了巴枯宁要求"废除继承权"的荒谬及其哲学上的根源："十分明显，如果有可能通过全民投票在一天之内完成社会革命，那么对地产和资本的所有权马上会被废除，因而也就根本没有必要研究**继承权**。另一方面，如果没有这种可能性（当然，设想有这种可能性是荒谬的），那么宣布**废除继承权**就不是一个严肃的举动，而是一种愚蠢的威胁，这种威胁会使全体农民和整个小资产阶级围拢在反动派周围。请设想一下，比如美国佬未能用武力废除奴隶制。那么，宣布**废除奴隶继承权**是多么愚蠢的行为！这全部货色来源于一种陈旧的唯心主义，认为现在的法

① 《马克思恩格斯选集》第 3 卷，人民出版社 1995 年版，第 448 页。

② 同上书，第 212 页。

③ 同上书，第 228—229 页。

④ 《马克思恩格斯全集》第 25 卷，人民出版社 1974 年版，第 874—875 页。

学是我们经济制度的基础，而不是把我们的经济制度看做我们法学的基础和根源！”①

马克思指出：“对现存经济制度完全无知的人，当然更不能理解工人为什么要否定这种制度。他们当然不能理解，工人阶级企图实现的社会变革正是目前制度本身的必然的、历史的、不可避免的产物。”② 马克思和恩格斯认为，争取无产阶级和人类解放的斗争不能建立在为“正义”、“公平”这类语词而奋斗的基础上，而是要建立在改变不合理的生产方式的基础上。恩格斯说：“按照资产阶级经济学的规律，产品的绝大部分不是**属于**生产这些产品的工人。如果我们说：这是不公平的，不应该这样，那末这句话同经济学没有什么直接的关系。我们不过是说，这些经济事实同我们的道德感有矛盾。所以马克思从来不把他的共产主义要求建立在这样的基础上，而是建立在资本主义生产方式的必然的、我们眼见一天甚于一天的崩溃上。”③

在历史上，小资产阶级的代表人物普鲁东由于不了解社会历史发展的根本动力，因此把解决资本主义制度下社会问题的希望寄托在对“公平”、“正义”的追求上。恩格斯在《论住宅问题》一文中集中批判了普鲁东的公平正义观。恩格斯描述和评价了普鲁东对资本主义生产方式所带来的后果的反应：“在普鲁东看来，近百年来的全部工业革命、蒸汽力、用机器代替手工劳动并把劳动生产力增加千倍的大工厂生产，却是一种极其可恶的事情，一种本来不应当发生的事情。小资产者普鲁东向往的世界是这样的：每个人制造各自的产品，可以立即用来消费，也可以拿到市场上去交换；如果那时每个人能以另一种产品补偿自己劳动产品的十足价值，那么‘永恒公平’就得到满足，而最好的世界就建立起来了。但是，这个普鲁东向往的最好的世界在萌芽状态就已经被不断前进的工业发展的脚步踏碎了。这种工业发展早已在大工业的一切部门中消灭了单独劳动，并且在较小的和最小的部门中日益消灭着这种劳动，而代之以依靠机器和已可利用的自然力来进行的社会劳动，它所生产的可以立即用来交换或消费的产品是许多人共同劳动的成果。这种产品必须经过许多人的手才能生

① 《马克思恩格斯选集》第4卷，人民出版社1995年版，第595页。
② 《马克思恩格斯选集》第3卷，人民出版社1995年版，第113页。
③ 《马克思恩格斯全集》第21卷，人民出版社1965年版，第209页。

产出来。”[1] 恩格斯指出了普鲁东正义观在实质上违反历史发展的要求：“整个普鲁东主义都渗透着一种反动的特性：厌恶工业革命，时而公开时而隐蔽地表示希望把全部现代工业、蒸汽机、纺纱机以及其他一切坏东西统统抛弃，而返回到旧日的规规矩矩的手工劳动。哪怕这样做我们会丧失千分之九百九十九的生产力，整个人类注定会陷入极可怕的劳动奴隶状态，饥饿将成为一种常规，那也没什么了不起，只要我们能搞好交换，使每个人都能得到‘十足的劳动所得’并且能实现‘永恒公平’就行了！Fiat justitia，pereat mundus！但有公平常在，哪怕世界毁灭！”[2]

恩格斯指出，普鲁东之所以要求回到小生产状态来摆脱资本主义制度的罪恶，是因为他不明白，只能是正义观念适应生产方式的变化和发展，而不可能根据抽象的、“永恒”的正义原则去改变生产方式。恩格斯说：“描述是一回事，要求则是另一回事。德国科学社会主义与普鲁东之间的本质区别正好就在这里。我们描述……经济状况，描述经济状况的现状和发展，并且严格地从经济学上来证明经济状况的这种发展同时就是社会革命各种因素的发展：一方面是被本身的生活状况必然引向社会革命的那个阶级即无产阶级的发展，另一方面是生产力的发展……相反，普鲁东则要求现代社会不是依照本身经济发展的规律，而是依照公平的规范……来改造自己。”[3]

恩格斯深刻地了解资本主义生产方式带给劳动者物质上和精神上的危害，“但是，我能想到要把这种可能是完全必然的历史发展过程看成一种退步，后退得‘比野蛮人还低下’吗？绝对不能。1872 年的英国无产者的发展程度比 1772 年的有自己的‘家园’的农村织工不知要高出多少。有自己的洞穴的原始人，有自己的土屋的澳洲人，有自己的家园的印第安人，难道能够在什么时候举行六月起义或建立巴黎公社吗？”[4] 恩格斯指出，资本主义生产方式一方面带来了苦难，另一方面带来了生产力的巨大发展，只有在生产力发展的基础上，才有可能消灭一切阶级剥削和阶级统治，实现人的自由全面的发展。他说：“自从资本主义生产被大规模采用时起，工人的物质状况总的来讲是更为恶化了，对于这一点只有资产者才

① 《马克思恩格斯选集》第 3 卷，人民出版社 1995 年版，第 150 页。
② 同上书，第 151 页。
③ 同上书，第 207 页。
④ 同上书，第 149 页。

表示怀疑。但是，难道我们因此就应当渴慕地惋惜（也是很贫乏的）埃及的肉锅，惋惜那仅仅培养奴隶精神的农村小工业或者惋惜'野蛮人'吗？恰恰相反。只有现代大工业所造成的、摆脱了一切历来的枷锁、也摆脱了将其束缚在土地上的枷锁并且被一起赶进大城市的无产阶级，才能实现消灭一切阶级剥削和一切阶级统治的伟大社会变革。"①

（三）肯定与超越的辩证统一：基于社会历史性的思考

马克思和恩格斯的正义观之所以表现出肯定性与超越性的辩证统一的特点，是由其唯物史观的哲学基础决定的。马克思和恩格斯指出："这种历史观就在于：从直接生活的物质生产出发来考察现实的生产过程，并把与该生产方式相联系的、它所产生的交往形式，即各个不同阶段上的市民社会，理解为整个历史的基础；然后必须在国家生活的范围内描述市民社会的活动，同时从市民社会出发来阐明各种不同的理论产物和意识形式，如宗教、哲学、道德等等，并在这个基础上追溯它们产生的过程。"② 这种历史观这样来处理社会存在与社会意识的关系，即认为社会存在决定社会意识，社会意识是社会存在的反映。"这种历史观和唯心主义历史观不同，它不是在每个时代中寻找某种范畴，而是始终站在现实历史的基础上，不是从观念出发来解释实践，而是从物质实践出发来解释观念的东西。"③

对于唯物史观的基本观点，马克思在《〈政治经济学批判〉序言》中有着最完整、最精确、最经典的表述："我所得到的、并且一经得到就用于指导我的研究工作的总的结果，可以简要地表述如下：人们在自己生活的社会生产中发生一定的、必然的、不以他们的意志为转移的关系，即同他们的物质生产力的一定发展阶段相适合的生产关系。这些生产关系的总和构成社会的经济结构，即有法律的和政治的上层建筑竖立其上并有一定的社会意识形式与之相适应的现实基础。物质生活的生产方式制约着整个社会生活、政治生活和精神生活的过程。不是人们的意识决定人们的存在，相反，是人们的社会存在决定人们的意识。社会的物质生产力发展到一定阶段，便同他们一直在其中运动的现存的生产关系或财产关系（这

---

① 《马克思恩格斯选集》第3卷，人民出版社1995年版，第149—150页。

② 《马克思恩格斯全集》第3卷，人民出版社1960年版，第42—43页。

③ 同上书，第43页。

只是生产关系的法律用语）发生矛盾。于是这些关系便由生产力的发展形式变成生产力的桎梏。那时社会革命的时代就到来了。随着经济基础的变更，全部庞大的上层建筑也或慢或快地发生变革。"①对于正义观来说，它必须适应经济基础，随着经济基础变动，因此就不存在"永恒的"正义原则。

马克思又指出："在考察这些变革时，必须时刻把下面两者区别开来：一种是生产的经济条件方面所发生的物质的、可以用自然科学的精确性指明的变革，一种是人们借以意识到这个冲突并力求把它克服的那些法律的、政治的、宗教的、艺术的或哲学的，简言之，意识形态的形式。我们判断一个人不能以他对自己的看法为根据，同样，我们判断这样一个变革时代也不能以它的意识为根据；相反，这个意识必须从物质生活的矛盾中，从社会生产力和生产关系之间的现存冲突中去解释。"② 对于正义观来说，要解决它与社会现实之间的矛盾，就不能使社会物质生活去适应抽象的正义原则，而只能是在物质生活的发展中去解决。

生产方式发展过程中带来的"与我们的道德感相矛盾"的现象，仍然只有通过生产方式的发展才能消除。"如果还没有具备这些实行全面变革的物质因素，就是说，一方面还没有一定的生产力，另一方面还没有形成不仅反抗旧社会的某种个别方面，而且反抗旧的'生活生产'本身、反抗旧社会所依据的'综合活动'的革命群众，那末，正如共产主义的历史所证明的，尽管这种变革的**思想**已经表述过千百次，但这一点对于实际发展没有任何意义。"③ 恩格斯强调，要改变"资本主义生产的各个坏的方面"，只能借助于资本主义对生产力的发展，寄希望于工人阶级对于这个生产力的运用："正像马克思尖锐地着重指出资本主义生产的各个坏的方面一样，同时他也明白地证明这一社会形式是使社会生产力发展到这样高度的水平所必需的：在这个水平上，社会**全体**成员的平等的、合乎人的尊严的发展，才有可能。要达到这一点，以前的一切社会形式都太薄弱了。资本主义的生产才第一次创造出为达到这一点所必需的财富和生产力，但是它同时又创造出一个社会阶级，那就是被压迫的工人大众。他们越来越被迫起来要求利用这种财富和生产力来为全社会服务，以代替现在

① 《马克思恩格斯选集》第2卷，人民出版社1995年版，第32—33页。

② 同上书，第33页。

③ 《马克思恩格斯全集》第3卷，人民出版社1960年版，第43—44页。

为一个垄断者阶级服务的状况。"①

把正义作为一个历史范畴来看待，是马克思恩格斯正义观的一个基本特征。他们从来不从"正义"的角度来批判资本主义社会，虽然资本主义社会是一个极不理想的社会；他们追求共产主义社会，但共产主义社会是一个既实现了"正义"更超越了"正义"的社会。恩格斯在《〈反杜林论〉的材料》中指出，"在共产主义制度下和资源日益增多的情况下，经过不多几代的社会发展，人们就一定会认识到：侈谈平等和权利，如同今天侈谈贵族等等的世袭特权一样，是可笑的；对旧的不平等和旧的实在法的对立，甚至对新的暂行法的对立，都要从现实生活中消失；谁如果坚持要人丝毫不差地给他平等的、公正的一份产品，别人就会给他两份以资嘲笑。甚至杜林也会认为这是'可以预见'的，那末，平等和正义，除了在历史回忆的废物库里可以找到以外，哪儿还有呢？"②

四　社会主义正义观的基本特点

马克思和恩格斯创立了科学社会主义理论，在当时，这种理论在现实中还仅仅表现为一种社会运动，社会主义制度还没有真正建立起来。但是，科学社会主义理论的基本立场、观点已经决定了社会主义正义观的基本特点。

（一）社会主义正义观的人民性

马克思和恩格斯把与生产方式相适应还是相矛盾作为判断正义与非正义的标准，这体现了他们把正义观建立在唯物史观的科学基础之上。但是这并不意味着马克思没有自己的正义观立场。实际上，认为正义观是由一定的生产方式所决定的与站在无产阶级和劳动人民的立场上看问题是不矛盾的。

马克思和恩格斯对资本主义社会的批判本身就构成了社会主义正义观的一部分。恩格斯总结说："至今的全部历史都是在阶级对立和阶级斗争

① 《马克思恩格斯选集》第 2 卷，人民出版社 1995 年版，第 596—597 页。
② 《马克思恩格斯全集》第 20 卷，人民出版社 1971 年版，第 670 页。

中发展的；统治阶级和被统治阶级，剥削阶级和被剥削阶级是一直存在的；大多数人总是注定要从事艰苦的劳动而很少能得到享受。……以致历史的发展只能在这种对立形式中进行，历史的进步整个说来只是极少数特权者的事，广大群众则注定要终身从事劳动，为自己生产微薄的必要生活资料，同时还要为特权者生产日益丰富的资料。”① 至于在资本主义社会，“资产阶级消灭了国内各个现存等级之间一切旧的差别，取消了一切依靠专横而取得的特权和豁免权。他们不得不把选举原则当作统治的基础，也就是说在原则上承认平等；他们不得不解除君主制度下书报检查对报刊的束缚；他们为了摆脱在国内形成独立王国的特殊的法官阶层的束缚，不得不实行陪审制。就这一切而言，资产者真像是真正的民主主义者。但是资产阶级实行这一切改良，只是为了用**金钱**的特权代替已往的一切个人特权和世袭特权。这样，他们通过选举权和被选举权的财产资格的限制，使选举原则成为本阶级独有的财产。平等原则又由于被限制为仅仅在‘法律上的平等’而一笔勾销了，法律上的平等就是在富人和穷人不平等的前提下的平等，即限制在目前主要的不平等的范围内的平等，简括地说，就是简直把**不平等**叫做平等”②。

马克思在《资本论》中尖锐地指出，在资本主义生产方式中，在表面的“自由”、“平等”之下是资本家与工人之间实质上的不平等：“劳动力的买和卖是在流通领域或商品交换领域的界限以内进行的，这个领域确实是天赋人权的真正乐园。那里占统治地位的只是自由、平等、所有权和边沁。自由！因为商品例如劳动力的买者和卖者，只取决于自己的自由意志。他们是作为自由的、在法律上平等的人缔结契约的。契约是他们的意志借以得到共同的法律表现的最后结果。平等！因为他们彼此只是作为商品所有者发生关系，用等价物交换等价物。所有权！因为他们都只支配自己的东西。边沁！因为双方都只顾自己。使他们连在一起并发生关系的唯一力量，是他们的利己心，是他们的特殊利益，是他们的私人利益。正因为人人只顾自己，谁也不管别人，所以大家都是在事物的预定的和谐下，或者说，在全能的神的保佑下，完成着互惠互利、共同有益、全体有利的事业。”③ 马克思分析了这种实质上的不平等赖以存在的条件，即工人与

① 《马克思恩格斯选集》第3卷，人民出版社1995年版，第336页。
② 《马克思恩格斯全集》第2卷，人民出版社1957年版，第647—648页。
③ 《马克思恩格斯全集》第23卷，人民出版社1972年版，第199页。

生产资料的分离："一离开这个简单流通领域或商品交换领域，——庸俗的自由贸易论者用来判断资本和雇佣劳动的社会的那些观点、概念和标准就是从这个领域得出的，——就会看到，我们的剧中人的面貌已经起了某些变化。原来的货币所有者成了资本家，昂首前行；劳动力所有者成了他的工人，尾随于后。一个笑容满面，雄心勃勃；一个战战兢兢，畏缩不前，像在市场上出卖了自己的皮一样，只有一个前途——让人家来鞣。"①

马克思和恩格斯反对用"公平"、"正义"的道德语词来评判资本主义制度，并不是他们认为资本主义制度是公平和正义的，而是为了把自己的理论建立在科学的基础之上。马克思说："什么是'公平的'分配呢？难道资产者不是断言今天的分配是'公平的'吗？难道它事实上不是在现今的生产方式基础上唯一'公平的'分配吗？难道经济关系是由法的概念来调节，而不是相反，从经济关系中产生出法的关系吗？难道各种社会主义宗派分子关于'公平的'分配不是也有各种极不相同的观念吗？"②马克思深刻指出，如果不从根本上改变资本主义生产方式，仅仅在"公平"、"正义"中兜圈子是无济于事的，因为资本主义生产方式产生的只能是有利于资产阶级的公平正义观。马克思说："在雇佣劳动制度的基础上要求**平等的或仅仅是公平的报酬**，就犹如在奴隶制的基础上要求**自由**一样。你们认为公道和公平的东西，与问题毫无关系。问题就在于：一定的生产制度所必须的和不可避免的东西是什么？"③理解了这个问题，工人阶级的斗争便不能再局限于为资本主义制度下虚无缥缈的"公平"、"正义"而奋斗，"他们应当摒弃'**做一天公平的工作，得一天公平的工资！**'这种**保守的**格言，要在自己的旗帜上写上**革命的**口号：'**消灭雇佣劳动制度！**'"④

社会主义正义观的人民性不仅仅体现在要为了无产阶级和劳动群众这个整体而奋斗，还体现在对于人与社会关系的正确处理上，体现在对于具体的个人的发展所给予的关切上。马克思和恩格斯对人与社会的关系、人的解放有着深刻的认识。他们一方面指出"人是最名副其实的政治动物，

① 《马克思恩格斯全集》第23卷，人民出版社1972年版，第200页。
② 《马克思恩格斯选集》第3卷，人民出版社1995年版，第302页。
③ 《马克思恩格斯选集》第2卷，人民出版社1995年版，第76页。
④ 同上书，第97页。

不仅是一种合群的动物，而且是只有在社会中才能独立的动物”①。“只有在共同体中，个人才能获得全面发展其才能的手段，也就是说，只有在共同体中才可能有个人自由。”② 另一方面他们又指出人不是抽象的，而是一个个具体的个人组成了社会，社会的存在和发展有赖于个人的存在和发展。“不言而喻，要不是每一个人都得到解放，社会也不能得到解放。”③ 正因为如此，马克思和恩格斯才提出未来的社会“将是这样一个联合体，在那里，每个人的自由发展是一切人的自由发展的条件”④。

（二）社会主义正义观的现实性

社会主义正义观不可能在资本主义制度下实现。马克思和恩格斯认为，自由、平等、权利这些所谓的“正义”观念的内容和形式不是由自己的原则决定的，而是由一定的生产方式、由生产力的发展程度决定的。“人们每次都不是在他们关于人的理想所决定和所容许的范围之内，而是在现有的生产力所决定和所容许的范围之内取得自由的。”⑤ 社会主义正义观并不是一般地反对谈这些观念，而是要在一定的生产方式之下来看待它们，因为“权利决不能超出社会的经济结构以及由经济结构制约的社会的文化发展”。⑥“至于谈到权利，我们和其他许多人都曾强调指出了共产主义对政治权利、私人权利以及权利的最一般的形式即人权所采取的反对立场。请看一下‘德法年鉴’，那里指出特权、优先权符合于与等级相联系的私有制，而权利符合于竞争、自由私有制的状态；指出人权本身就是特权，而私有制就是垄断。”⑦

分配的问题可以说是任何正义观的核心内容。“随着历史上一定社会的生产和交换的方式和方法的产生，随着这一社会的历史前提的产生，同时也产生了产品分配的方式方法。”⑧ 一个社会采取何种分配方式，既不是随心所欲的，也不是由哪种正义观所能够决定的。“分配就其决定性的

① 《马克思恩格斯选集》第2卷，人民出版社1995年版，第2页。

② 《马克思恩格斯选集》第1卷，人民出版社1995年版，第119页。

③ 《马克思恩格斯选集》第3卷，人民出版社1995年版，第644页。

④ 《马克思恩格斯选集》第1卷，人民出版社1995年版，第294页。

⑤ 《马克思恩格斯全集》第3卷，人民出版社1960年版，第507页。

⑥ 《马克思恩格斯选集》第3卷，人民出版社1995年版，第305页。

⑦ 《马克思恩格斯全集》第3卷，人民出版社1960年版，第228—229页。

⑧ 《马克思恩格斯选集》第3卷，人民出版社1995年版，第490页。

特点而言，总是某一个社会的生产关系和交换关系以及这个社会的历史前提的必然结果，只要我们知道了这些关系和前提，我们就可以确实地推断出这个社会中占支配地位的分配方式。”①

马克思指出，劳动和生产资料都是财富的源泉，要决定分配方式，必须把二者都考虑进去。他说：“种种商品体，是自然物质和劳动这两种要素的结合。如果把上衣、麻布等等包含的各种不同的有用劳动的总和除外，总还剩有一种不借人力而天然存在的物质基质。人在生产中只能像自然本身那样发挥作用，就是说，只能改变物质的形态。不仅如此，他在这种改变形态的劳动中还要经常依靠自然力的帮助。因此，劳动并不是它所生产的使用价值即物质财富的唯一源泉。正像威廉·配第所说，劳动是财富之父，土地是财富之母。”② 但是，劳动和生产资料在分配方式中所起作用的程度是不同的。“凡是社会上一部分人享有生产资料垄断权的地方，劳动者，无论是自由的还是不自由的，都必须在维持自身生活所必需的劳动时间以外，追加超额的劳动时间来为生产资料的所有者生产生活资料，不论这些所有者是雅典的贵族，伊特剌斯坎的僧侣，罗马的市民，诺曼的男爵，美国的奴隶主，瓦拉几亚的领主，现代的地主，还是资本家。”③ 也就是说，生产资料所有制决定了产品分配方式：“一个除自己的劳动力以外没有任何其他财产的人，在任何社会的和文化的状态中，都不得不为另一些已经成了劳动的物质条件的所有者的人做奴隶，他只有得到他们的允许才能劳动，因而只有得到他们的允许才能生存。”④ 而一定的生产方式又决定了所有权：“在每个历史时代中所有权以各种不同的方式、在完全不同的社会关系下面发展着。”“要想把所有权作为一种独立的关系、一种特殊的范畴、一种抽象的和永恒的观念来下定义，这只能是形而上学或法学的幻想。”⑤

在资本主义生产方式中，工人阶级就是因为丧失了生产资料，所以只有在得到资本家“允许”的情况下才能劳动，得到资本家的“允许”才能生存。“资本主义生产的前提是：人必须出卖自己的**劳动**，因为他没有

① 《马克思恩格斯选集》第 3 卷，人民出版社 1995 年版，第 496 页。
② 《马克思恩格斯全集》第 23 卷，人民出版社 1972 年版，第 56—57 页。
③ 同上书，第 263 页。
④ 《马克思恩格斯选集》第 3 卷，人民出版社 1995 年版，第 298 页。
⑤ 《马克思恩格斯全集》第 4 卷，人民出版社 1958 年版，第 180 页。

能力**出卖商品**，从而没有能力**生产**商品；从而，生产商品的手段——劳动的客观条件——作为**他人**的财产同他相对立。一个地方只要以某种形式存在着**私有**权和**商品交换**，存在着这种私有权的产品的交换，那里就可以产生**资本主义生产的条件**：**丧失了**生产资料，劳动条件的**个人**，迫于种种使**他**丧失这种私有权，从而丧失这些生产资料的原因，已经**再也不能取得**这种生产资料。”①

社会主义正义观的现实性不在于它指出了“应该”实行什么样的分配方式（这是任何一种正义观都可以做到，也热衷于做到的），关键在于它指明了如何实现这种分配方式。恩格斯说：“**马克思无论在什么地方都没有提出过‘十足劳动收入权’的要求**，他在他的理论著作中根本没有提出过任何形式的法权要求。……在马克思的理论研究中，对法权（它始终只是某一特定社会的经济条件的反映）的考察是完全次要的；相反地，对特定时代的一定制度、占有方式、社会阶级产生的历史正当性的探讨占着首要地位。任何一个人，只要把历史看作一个有联系的，尽管常常有矛盾的发展过程，而不是看做仅仅是愚蠢和残暴的杂乱堆积，像十八世纪人们所做的那样，首先会对这些问题的研究感到兴趣。”② 要实现社会主义正义观所要求的分配方式，最根本的途径是变革资本主义生产方式。马克思认为工人阶级不应夸大日常斗争的最终效果，他说：“他们不应当忘记：在日常斗争中他们反对的只是结果，而不是产生这种结果的原因；他们延缓下降的趋势，而不改变它的方向；他们服用止痛剂，而不祛除病根。所以他们不应当只局限于这些不可避免的、因资本永不停止的进攻或市场的各种变动而不断引起的游击式的搏斗。他们应当懂得：现代制度给他们带来一切贫困，同时又造成对社会进行经济改造所必需的种种**物质条件和社会形式**。他们应当摒弃‘**做一天公平的工作，得一天公平的工资！**’这种**保守**的格言，要在自己的旗帜上写上**革命的**口号：‘**消灭雇佣劳动制度！**’”③

社会主义革命对生产资料所有制进行的变革将为社会正义的实现开辟广阔的前景。恩格斯指出：“由社会全体成员组成的共同联合体来共同地和有计划地利用生产力；把生产发展到能够满足所有人的需要的规模；结

① 《马克思恩格斯全集》第48卷，人民出版社1985年版，第121页。
② 《马克思恩格斯全集》第21卷，人民出版社1965年版，第557页。
③ 《马克思恩格斯选集》第2卷，人民出版社1995年版，第97页。

束牺牲一些人的利益来满足另一些人的需要的状况；彻底消灭阶级和阶级对立；通过消除旧的分工，通过产业教育、变换工种、所有人共同享受大家创造出来的福利，通过城乡的融合，使社会全体成员的才能得到全面发展；——这就是废除私有制的主要结果。”①

社会主义正义观的现实性还表现在，即使在社会主义制度下，也要反对脱离历史与现实而抽象地谈论正义：恩格斯在就批判哥达纲领而给奥·倍倍尔的信中明确指出：“用‘消除一切社会的和政治的不平等’来代替‘消灭一切阶级差别’，这也很成问题。在国和国、省和省，甚至地方和地方之间总会有生活条件方面的**某种**不平等存在，这种不平等可以减少到最低限度，但是永远不可能完全消除。阿尔卑斯山的居民和平原上的居民的生活条件总是不同的。把社会主义社会看作**平等**的王国，这是以‘自由、平等、博爱’这一旧口号为根据的片面的法国人的看法，这种看法作为当时当地一定的**发展阶段**的东西曾经是正确的，但是，像以前的各个社会主义学派的一切片面性一样，它现在也应当被克服，因为它只能引起思想混乱，而且因为已经有了阐述这一问题的更精确的方法。”②

（三）社会主义正义观的实践性

社会主义正义观不是空谈观念，而是在探索公平正义观念发生、发展的客观规律的基础上将之付诸实践，改造客观世界。社会主义正义观实现了理论与实践的高度统一，使抽象的理论成为具体的、实践的正义观，成为无产阶级和广大劳动人民争取解放斗争的强大思想武器。

马克思和恩格斯多次指出，一定的生产力发展状况产生出一定的社会关系和思想观念：“社会——不管其形式如何——是什么呢？是人们交互活动的产物。人们能否自由选择某一社会形式呢？决不能。在人们的生产力发展的一定状况下，就会有一定的交换（commerce）和消费形式。在生产、交换和消费发展的一定阶段上，就会有一定的社会制度、一定的家庭、等级或阶级组织，一句话，就会有一定的市民社会。”③“适应自己的物质生产水平而生产出社会关系的人，也生产出**各种观念**、**范畴**，即恰恰

① 《马克思恩格斯选集》第1卷，人民出版社1995年版，第243页。

② 《马克思恩格斯选集》第3卷，人民出版社1995年版，第325页。

③ 《马克思恩格斯选集》第4卷，人民出版社1995年版，第532页。

是这些社会关系的抽象的、观念的表现。”①

因为生产力的发展是绝对不可能离开人们的实践的，所以正义观的形成从根源上说也是人们实践的结果。从起源上看，正义观虽然属于一种道德观念或法权观念，但它的真正根源首先是生产实践活动。恩格斯指出：“人们忘记他们的法起源于他们的经济生活条件，正如他们忘记他们自己起源于动物界一样。随着立法进一步发展为复杂和广泛的整体，出现了新的社会分工的必要性：一个职业法学家阶层形成起来了，同时也就产生了法学。法学在其进一步发展中把各民族和各时代的法的体系互相加以比较，不是把它们视为各该相应经济关系的反映，而是把它们视为自身包含自我根据的体系。比较是以共同点为前提的：法学家把所有这些法的体系中的多少相同的东西统称为**自然法**，这样便有了共同点。而衡量什么算自然法和什么不算自然法的尺度，则是法本身的最抽象的表现，即**公平**。于是，从此以后，在法学家和盲目相信他们的人们眼中，法的发展就只不过是使获得法的表现的人类生活状态一再接近于公平理想，即接近于永恒公平。”② 恩格斯由此阐明了公平等法权观念产生的实践基础，也揭示了这一基础被虚幻的“永恒公平”所遮蔽的原因。

马克思和恩格斯在《德意志意识形态》中指出，费尔巴哈不能从人的“感性活动”出发来理解世界，所以只能求助于抽象的道德观念：“他从来没有把感性世界理解为构成这一世界的个人的全部活生生的感性**活动**，因而比方说，当他看到的是大批患瘰疬病的、积劳成疾的和患肺痨的穷苦人而不是健康人的时候，他便不得不求助于‘最高的直观’和观念上的‘类的平等化’，这就是说，正是在共产主义的唯物主义者看到改造工业和社会结构的必要性和条件的地方，他却重新陷入唯心主义。”③

马克思指出：“哲学家们只是用不同的方式**解释**世界，而问题在于**改变**世界。”④ 他在谈到“德国人的解放”时说：“这个解放的**头脑**是**哲学**，它的**心脏**是**无产阶级**”⑤，“哲学把无产阶级当作自己的**物质**武器，同样，无产阶级也把哲学当作自己的**精神**武器”。⑥ 马克思希望“思想的闪电”

---

① 《马克思恩格斯选集》第 4 卷，人民出版社 1995 年版，第 539 页。

② 《马克思恩格斯选集》第 3 卷，人民出版社 1995 年版，第 211—212 页。

③ 《马克思恩格斯选集》第 1 卷，人民出版社 1995 年版，第 78 页。

④ 同上书，第 61 页。

⑤ 同上书，第 16 页。

⑥ 同上书，第 15 页。

击中“朴素的人民园地”，希望包括公平正义理念在内的先进思想为广大人民群众所了解、认同、掌握、运用。正如马克思所说，“理论一经掌握群众，也会变成物质力量”①。“理论掌握群众”与“群众掌握理论”是既有联系又有区别的两个问题。对于人民群众这个历史活动的主体来说，理论只有首先为群众所掌握，然后才能掌握群众。社会主义正义观只有实现大众化，被群众所理解、所接受，然后群众才能成为该理论的信仰者、践行者，大众性才能得到更好地体现。

从这一点出发，马克思和恩格斯反对用历史虚无主义的态度来对待资产阶级社会的正义问题。马克思和恩格斯肯定了资产阶级思想家提倡的自由、平等观念的历史进步性，指出这些观念是“合乎时宜”的，他们认为，资产阶级社会是人类实现社会公平正义的一个重要历史阶段，工人群众争取尽可能的社会公平正义是有必要的、有可能的和有意义的。他们从现实变化出发，有条件地肯定了无产阶级利用资产阶级议会民主制度争取一定的社会正义的可行性和必要性。恩格斯在为《英国工人阶级状况》1892 年德文第二版写的序言中谈道，随着英国议会选举的发展，“在大城市和工业地区的许多选区里，工人都坚决拒绝和两个旧政党进行任何联合，并因此获得了在以前任何一次选举中都不曾有过的直接的和间接的成绩。工人为此所表露的欢欣鼓舞是无法形容的。他们第一次看到和感觉到，如果他们为了自己阶级的利益而利用自己的选举权，就能获得什么东西。……工人们从令人信服的实例中看到：当他们提出要求而且了解到他们要求的是什么的时候，他们在英国就成为一种决定性的力量”。② 当然，马克思和恩格斯无论在什么时候都坚持认为，要获得实质上的社会正义只有推翻资本主义制度。

马克思和恩格斯也不认为到了未来的社会，公平正义就会自然而然地实现。消灭阶级、进入共产主义社会是实现真正的公平正义的唯一途径，只有最终消灭阶级，由阶级对立和阶级差别所导致的社会不公平不正义才能真正消除，但是阶级的消灭需要必备的客观物质条件。社会正义只能随着生产力的发展而阶段性、渐进性地实现，“只有在社会生产力发展到一定程度，发展到甚至对我们现代条件来说也是很高的程度，才有可能把生

① 《马克思恩格斯选集》第 1 卷，人民出版社 1995 年版，第 9 页。
② 《马克思恩格斯选集》第 4 卷，人民出版社 1995 年版，第 433 页。

产提高到这样的水平，以致使得阶级差别的消除成为真正的进步，使得这种消除可以持续下去，并且不致在社会的生产方式中引起停滞或甚至倒退”①。

① 《马克思恩格斯选集》第3卷，人民出版社1995年版，第273页。

第三章

苏联模式中的社会主义正义观

十月社会主义革命的胜利使社会主义实现了从理论到现实的飞跃，在理论和实践中逐渐形成了苏联模式的社会主义。第二次世界大战之后，包括中国在内的一系列国家走上社会主义道路，东欧社会主义国家在内外各种因素作用下确立了典型的苏联模式的社会主义。随着理论和实践的发展，苏东社会主义国家对传统社会主义模式进行了积极的探索和改革，虽然并没有取得突破性的进展，但也积累了许多历史经验。在这个历史时期，社会主义正义观也从马克思和恩格斯对正义问题的原则的制定和阐发，发展到在理论和实践中对社会正义的双重追求。这一时期的社会主义正义观具有与整个社会主义社会和社会主义建设密切相关的突出特点，因此，本章的内容从一定意义上说，也是从正义观的角度来观察和梳理传统社会主义的理论和实践。

一 列宁时期关于社会主义正义观的理论和实践

十月革命的胜利诞生了世界上首个社会主义国家，马克思主义关于科学社会主义的理论开始付诸实践，社会主义正义观由此获得了实现的可能性。列宁领导苏俄（以及后来的苏联）进行社会主义建设的时间虽然不长，只有不到7年的时间，但是他善于把马克思主义的基本原理与实际相结合，不断在实践中检验理论、发展理论，做了许多开创性的工作。应当看到，鉴于保卫和巩固新生的社会主义政权与开始社会主义建设涉及繁重而复杂的具体事务，在这个时期列宁从正面直接论述社会正义、社会公正的情况是比较少的，他的社会主义正义观包含在社会主义建设理论体系之中。列宁的理论与实践为传统社会主义模式下的社会主义正义观奠定了雏形。从理论上看，列宁的观点主要包括以下几点。

（一）奠定社会主义社会正义的物质基础

实现社会主义的社会正义必须发展生产力，发展社会生产。马克思主义并不把社会主义看作是按照“永恒的真理”、“永恒的正义”所建构起来的理想模式，不是一种抽象的人道主义，而是一种不断解放和发展生产力，并在此基础上实现人的全面发展的现实运动。在生产力发展的基础上使人民群众的生活得到持续改善，是最基本和首要的环节。马克思和恩格斯在《共产党宣言》中提出，无产阶级在成为统治阶级之后，就应该利用自己的政治统治，“一步一步地夺取资产阶级的全部资本，把一切生产工具集中在国家即组织成为统治阶级的无产阶级手里，并且尽可能快地增加生产力的总量”①。根据马克思主义的观点，社会主义是高于资本主义的社会形态，因此，具有较高的社会生产力和较发达的社会生产水平，是社会主义的必然要求，是实现社会主义的社会正义的必需条件。列宁也指出：“只有社会主义才可能广泛推行和真正支配根据科学原则进行的产品的社会生产和分配，以便使所有劳动者过最美好、最幸福的生活。只有社会主义才能实现这一点。而且我们知道，社会主义一定会实现这一点，而马克思主义的全部困难和它的全部力量也就在于了解这个真理。”② 应当看到，在革命胜利之前、之初，布尔什维克党并未把发展生产和提高生产力放在突出位置上。这是因为，传统理论认为，只要推翻了资本主义制度，建立了社会主义公有制经济，成为社会主人的劳动群众的积极性就会像火山一样爆发出来，一切都会按照一个社会总计划有条不紊地进行。因此，在传统理论中，认为社会主义能够创造出高于资本主义的社会生产力是一个不言而喻和理所当然的问题，所以，社会主义的根本任务和工作重心，就不是放在发展社会生产和提高生产力上，而是放在与传统所有制以及与传统观念的决裂上，放在消灭私有制、消灭阶级上。列宁在革命之前虽然已经认识到，国家消亡的经济基础不能光靠把生产资料转为公有财产、光靠剥夺资本家来实现，但他也说过“我们看到，资本主义目前已经在令人难以置信地阻碍这种发展，而在现在已经达到的技术水平的基础上本来是可以大有作为的，因此我们可以绝对有把握地说，剥夺资本家一

① 《马克思恩格斯选集》第1卷，人民出版社1995年版，第293页。

② 《列宁选集》第3卷，人民出版社1995年版，第546页。

定会使人类社会的生产力蓬勃发展”①。“消除经济破坏时，发挥群众在这方面的主动性，改善群众的生活状况，实行银行和辛迪加的国有化，俄国就能利用自己的革命和自己的民主制度把整个国家的经济组织水平大大提高。”②

但是现实的情况是，革命前的俄国本来就是资本主义国家体系中发展不充分的落后国家，与西欧发达国家相比社会生产发展水平低，世界大战和国内战争又造成了极度的破坏。更为严重的是，布尔什维克党通过实行战时共产主义政策直接向共产主义过渡的尝试陷入困境，事实表明，继续实行该政策必然导致国民经济和社会的全面崩溃。唯物史观认为，正义是一定历史时期的利益分配的状态，社会主义的正义要求给予人民群众最大的利益。如果不下大力气恢复和发展社会生产，不但不能实现最基本的社会正义，甚至苏维埃政权都难以保存。1921 年 3 月俄共（布）十大之后开始实行新经济政策。列宁提出了“流转自由”、“贸易自由”、“商品交换”在当前具有重要意义，要尽力帮助小农发展，以及通过“国家资本主义”和“私人资本主义”等手段和途径过渡到社会主义的思想。他指出为了“顺利地完成我们直接向社会主义过渡的任务，就必须懂得，需要经过哪些**中间的**途径、方法、手段和辅助办法，才能使**资本主义以前的**各种关系过渡到社会主义。关键就在这里”。③ 列宁十分注意政策对社会利益关系的调整。他在《论合作社》一文中指出：“从实质上讲，在实行新经济政策的条件下，使俄国居民充分广泛而深入地合作化，这就是我们所需要的一切，因为现在我们发现了私人利益即私人买卖的利益与国家对这种利益的检查监督相结合的合适程度，发现了私人利益服从共同利益的合适程度，而这是过去许许多多社会主义者碰到的绊脚石。”④

（二）坚持社会主义社会正义的实践原则

马克思主义正义观的一个重要特点是实践，列宁很好地把握了这一思想。他曾经说过，社会主义是世界历史的结局部分，是世世代代关于公正、善良、幸福的幻想的最终体现。但是他又明确指出：“‘事在人为’，

① 《列宁选集》第 3 卷，人民出版社 1995 年版，第 197 页。

② 同上书，第 268 页。

③ 《列宁选集》第 4 卷，人民出版社 1995 年版，第 509 页。

④ 同上书，第 768 页。

工人和农民应当把这个真理牢牢记住。他们应当懂得，现在一切都**在于实践**，现在已经到了这样一个历史关头：理论在变为实践，理论由实践赋予活力，由实践来修正，由实践来检验；马克思说的‘一步实际运动比一打纲领更重要’这句话，显得尤其正确了，……要知道，‘我的朋友，理论是灰色的，而生活之树是常青的’。”① 社会主义正义观当然有反映其本质特征的“纲领”和“原则”，但要真正实现社会正义，却一定要从实际工作和实际环境出发。列宁在谈到经济建设时说：“实际主义和求实精神在革命者中间是一个不大受欢迎的口号，甚至可以说是最不受欢迎的口号。十分明显，当革命者的任务是摧毁资本主义旧社会的时候，他们应当以否定和嘲笑的态度来对待这个口号”，但是，当主要任务转为经济建设后，“讲求实际和求实精神正是当前的主要口号。”② 列宁深刻地认识到，社会主义建设不可能一蹴而就，“我们只能一步一步地、一寸一寸地前进，否则像我们这样一支‘军队’，在这样困难的道路上，在这样艰难和危险的情况下，现在是**无法**前进的。谁对这一工作‘感觉乏味’，‘没有兴趣’，‘不能理解’，嗤之以鼻，或惊慌失措，或沉溺于大谈什么缺乏‘过去的兴奋’和‘过去的热情’等等，那最好是‘解除他的工作’，让他告退，使他不致造成危害，因为他不愿或者不善于考虑当前斗争阶段的特点”③。

正是考虑到包括实现社会正义在内的社会主义建设不能从教条出发，只能从实践出发，列宁领导苏维埃政权在签订《布列斯特和约》时对德国帝国主义让步，在国内经济建设中对小农经济和私人资本主义让步，恢复资本家在生产中的组织地位，付给专家很高的薪酬，对工人实行严格的劳动纪律，这样做不但没有损害和妨碍对社会主义社会正义的追求，反而在最大程度上实现了社会主义社会正义。

（三）协调经济与政治的辩证关系

根据唯物史观的基本理论，经济属于经济基础的范畴，政治属于上层建筑的范畴，经济基础决定上层建筑，在经济与政治的辩证关系中，经济是政治的基础，政治是经济的集中表现。一方面，正义观对利益的调整与

① 《列宁选集》第3卷，人民出版社1995年版，第381页。

② 《列宁全集》第34卷，人民出版社1985年版，第145页。

③ 《列宁选集》第4卷，人民出版社1995年版，第558—559页。

分配，从根本上说是对经济利益的调整与分配。列宁曾指出，政治就是参与国家事务，给国家定方向，确立国家活动的形式、任务和内容。在不同的历史时期，政治具有不同的内容和形式。在社会主义制度确立以后，进行经济建设就成为主要的政治。他说："现在我们主要的政治应当是：从事国家的经济建设，收获更多的粮食，开采更多的煤炭，解决更恰当地利用这些粮食和煤炭的问题，消除饥荒，这就是我们的政治。"[①] 他还指出："一旦战争使我们有可能不把重心放在同资产阶级、弗兰格尔、白卫分子的斗争上，我们就将转向经济方面的政治。"[②] 可见，如果不把经济建设作为最大的政治，并在经济建设方面取得成功，社会正义是根本就无从谈起的。

另一方面，从"政治是集中了的经济"[③] 这个意义上讲，"政治同经济相比不能不占首位。不肯定这一点，就是忘记了马克思主义的最起码的常识"[④]。"因为问题**只**在于（从马克思主义的观点来看，**也只能**在于）：一个阶级如果不从政治上正确地看问题，就不能维持它的统治，因而也就不能完成**它的生产任务**。"[⑤] 所以，"根据经济利益起决定作用这一点，**决不应当作出**经济斗争（等于工会斗争）具有首要意义的结论，因为总的说来，各阶级最重大的、'决定性的'利益**只有**通过根本的**政治**改造来满足，具体说来，无产阶级的基本经济利益只能通过无产阶级专政代替资产阶级专政的政治革命来满足"[⑥]。所以，要争取社会主义的社会正义，又丝毫也不能忽视政治、放松政治。在这方面，列宁关于民主的认识值得注意。他指出："没有民主，就不可能有社会主义，这包括两个意思：（1）无产阶级如果不通过争取民主斗争为社会主义革命做好准备，它就不能实现这个革命；（2）胜利了的社会主义如果不实行充分的民主，就不能保持它所取得的胜利，并且引导人类走向国家的消亡。"[⑦] 列宁在俄共（布）七大上提出"普遍吸收所有劳动者来管理国家"，但由于落后的经济文化条件限制了人民直接管理国家的实现，列宁认识到苏维埃只能成

---

① 《列宁选集》第4卷，人民出版社1995年版，第308—309页。
② 同上书，第309页。
③ 《列宁全集》第43卷，人民出版社1987年版，第120页。
④ 《列宁选集》第4卷，人民出版社1995年版，第407页。
⑤ 同上书，第408页。
⑥ 《列宁全集》第6卷，人民出版社1986年版，第44—45页。
⑦ 《列宁全集》第28卷，人民出版社1990年版，第168页。

为“通过无产阶级的先进阶层来为劳动群众实行管理而不是通过劳动群众来实行管理的机关”，所以他高度重视群众对党和政权的监督。为此在1917年全俄中央执委会就通过了列宁起草的《工人监督条例》，在1921年和1922年，党的十大和十一大又分别通过了“关于监察委员会的决议”和《监察委员会条例》。

（四）重视社会主义文化建设

重视社会主义文化建设不但是因为正义观本身从一定角度来说是一个文化问题，而且因为文化建设对于经济、政治等其他方面的建设具有重大的影响。列宁高度重视文化建设。他说：“我们的政治和社会变革成了我们目前正面临的文化变革，文化革命的先导。”“现在，只要实现了这个文化革命，我们的国家就能成为完全社会主义的国家了。”① 列宁指出文盲现象对于社会主义建设的消极影响：“在一个文盲的国家里是不能建成共产主义社会的。”② 谈到文化落后对于社会正义的直接影响时，列宁说：“文盲是处在政治之外的，必须先教他们识字。不识字就不可能有政治，不识字只能有流言蜚语、谎话偏见，而没有政治。”③“苏维埃政权在原则上实行了高得无比的无产阶级民主，对全世界作出实行这种民主的榜样，可是这种文化上的落后却限制了苏维埃政权的作用并使官僚制度复活。”④那么，在加强文化建设时如何对待文化遗产，如何处理无产阶级文化与以往文化的关系呢？或者说，社会主义的社会正义在文化领域的表现是怎样的？列宁指出：“应当明确地认识到，只有确切地了解人类全部发展过程所创造的文化，只有对这种文化加以改造，才能建设无产阶级的文化，没有这样的认识，我们就不能完成这项任务。无产阶级文化并不是从天上掉下来的，也不是那些自命为无产阶级文化专家的人杜撰出来的。如果硬说是这样，那完全是一派胡言。无产阶级文化应当是人类在资本主义社会、地主社会和官僚社会压迫下创造出来的全部知识合乎规律的发展。”⑤ 列宁指出：“马克思主义这一革命无产阶级的思想体系赢得了世界历史性的

① 《列宁全集》第43卷，人民出版社1987年版，第368页。
② 《列宁全集》第39卷，人民出版社1986年版，第309页。
③ 《列宁全集》第42卷，人民出版社1987年版，第200页。
④ 《列宁全集》第36卷，人民出版社1985年版，第150页。
⑤ 《列宁全集》第39卷，人民出版社1986年版，第299页。

意义，是因为它并没有抛弃资产阶级时代最宝贵的成就，相反却吸收和改造了两千多年来人类思想和文化发展中一切有价值的东西。”① 因此，必须加强马克思主义的宣传和教育、加强共产主义道德教育，形成新的风气、习惯和信念。

（五）把握社会主义社会正义的国际环境

列宁认为，要从社会主义制度与资本主义制度并存的国际环境中争取社会主义的社会正义。马克思恩格斯曾经设想，社会主义革命会在世界范围内同时爆发，起码是在欧美发达资本主义国家同时爆发，在世界范围从资本主义制度向社会主义制度的过渡只需要一个不太长的历史时期，列宁在起初也是接受这个观点的，并在俄国革命胜利初期采取了许多措施来促成和加速西欧发达资本主义国家的革命。实践中的挫折使列宁很快认识到俄国将在一个相当长的历史时期内单独在一个国家开展社会主义建设。如何在资本主义的汪洋大海中坚持和发展社会主义，是一个现实而紧迫的理论问题和实践问题，历史条件决定了社会主义的社会正义要在社会主义制度与资本主义制度并存中争取，要在社会主义国家与资本主义国家的复杂关系下实现。社会主义制度与资本主义制度有着根本的区别，社会主义正义观与资本主义正义观有着本质的不同，但是，是否能够切断社会主义制度与资本主义制度、社会主义正义观与资本主义正义观之间的联系？列宁的回答是否定的。列宁认为，社会主义中包含着资本主义大生产所创造的物质财富、科学管理方法和组织形式、教育和文化知识等文明成果，他提出了这样一个公式：苏维埃政权＋普鲁士的铁路秩序＋美国的技术和托拉斯组织＋美国的国民教育等等等等＋　＋　＝总和＝社会主义。② 列宁说：“我们不能设想，除了建立在庞大的资本主义文化所获得的一切经验教训的基础上的社会主义，还有别的什么社会主义。”③ 因此，对于共产党人来说，就是要学习资本主义、利用资本主义来建设社会主义。“如果你们不能利用资产阶级世界留给我们的材料来建设大厦，你们就根本建不成它，你们也就不是共产党人，而是空谈家。”④

① 《列宁全集》第39卷，人民出版社1986年版，第332页。
② 《列宁全集》第34卷，人民出版社1985年版，第520页。
③ 同上书，第252页。
④ 《列宁全集》第36卷，人民出版社1985年版，第6页。

社会主义的社会正义要求为劳动群众争取最大的利益，在国际关系中，就是要为社会主义国家争取最大的利益。但是，要向资本主义学习，要利用资本主义，就必须向资本主义让渡一部分利益，只有这样，才能达到学习、利用资本主义的目的，达到最大程度上发展社会主义正义的目的。列宁认识到了，“资本主义列强近年来最迫切、最实际和表现得最突出的利益，要求发展、调整和扩大同俄国的贸易”。[①] 所以，苏维埃政权要坚持利益吸引的原则，善于利用租借制和租让制等方式，不怕多付出金钱和资源，只要能够达到向资本主义学习的目的。

（六）认清社会主义社会正义的发展阶段

社会主义社会正义的发展阶段是与社会主义社会的发展阶段紧密相连的，要从社会主义社会的发展阶段中把握社会主义正义观。马克思恩格斯指出：“共产主义对我们来说不是应当确立的**状况**，不是现实应当与之相适应的**理想**。我们所称为共产主义的是那种消灭现存状况的**现实的**运动。”[②] 恩格斯晚年曾经批判了那种把马克思主义庸俗化，抽象谈论未来社会的产品分配的做法：“分配方式本质上毕竟要取决于**有多少**产品可供分配，而这当然随着生产和社会组织的进步而改变，从而分配方式也应当改变。但是，在所有参加辩论的人看来，‘社会主义社会’并不是不断改变、不断进步的东西，而是稳定的、一成不变的东西，所以它应当也有个一成不变的分配方式。”[③]

列宁在十月革命之前就认识到共产主义的阶段性，他在《国家与革命》中指出：“刚刚从资本主义脱胎出来的在各方面还带着旧社会痕迹的共产主义社会，马克思称之为共产主义社会的‘第一’阶段或低级阶段”，这个阶段“通常叫做社会主义，而马克思称之为共产主义的第一阶段”。[④] 列宁之所以会对共产主义社会的阶段划分问题作出如此明确的阐述，是与他对俄国国情的深刻认识分不开的：“看一下俄罗斯联邦的地图吧。在沃洛格达以北、顿河畔罗斯托夫及萨拉托夫东南、奥伦堡和鄂木斯克以南、托木斯克以北有一片片一望无际的空旷地带，可以容下几十个文

① 《列宁全集》第43卷，人民出版社1987年版，第71页。
② 《马克思恩格斯选集》第1卷，人民出版社1995年版，第87页。
③ 《马克思恩格斯选集》第4卷，人民出版社1995年版，第691页。
④ 《列宁选集》第3卷，人民出版社1995年版，第194页。

明大国。然而主宰这一片片空旷地带的却是宗法制度、半野蛮状态和十足的野蛮状态。那么在俄国所有其余的穷乡僻壤又是怎样的呢？乡村同铁路，即同那连接文明、连接资本主义、连接大工业、连接大城市的物质脉络往往相隔几十俄里，而只有羊肠小道可通，确切些说，是无路可通。到处都是这样。这些地方不也是到处都是宗法制度、奥勃洛摩夫精神和半野蛮状态占优势吗？”① 要在这样的环境下建设社会主义、实现社会正义，与马克思曾经说过的“随着个人的全面发展生产力也增长起来，而集体财富的一切源泉都充分涌流”的共产主义高级阶段的环境和条件有着显而易见的差别。在社会正义方面，无论是财富创造的数量和方式、产品分配原则，还是政治权利与社会权利的实现，在社会主义阶段都不能与共产主义高级阶段相同。“如果不愿陷入空想主义，那就不能认为，在推翻资本主义之后，人们立即就能学会**不要任何权利准则**而为社会劳动，况且资本主义的废除**不能立即为这种**变更**创造**经济前提。”② 只有牢牢抓住社会主义阶段的特征，从实践出发，把对社会正义的要求与社会生产力的发展水平联系起来，才能不断取得实际进步。

二　斯大林时期关于社会主义正义观的理论和实践

在斯大林作为苏联党和国家的最高领导人期间，苏联模式的社会主义得以形成和确立。从正义观的角度来看，斯大林在社会主义建设各个领域的理论和实践主要具有以下特点。

（一）经济建设的成就与缺陷

斯大林时期苏联在经济领域对发展社会主义的生产力比较重视，但是发展生产力的方式方法有缺陷，人民生活水平不能持续提高。

我国学界普遍认为，是斯大林首先给生产力下了比较明确的定义（生产力两因素说）：“用来生产物质资料的**生产工具**，以及有一定的**生产经验**和**劳动技能**来使用生产工具、实现物质资料生产的**人**——所有这些因素共同构成社会的**生产力**。”③ 他还探讨了生产力的结构及其发展规律，

① 《列宁选集》第4卷，人民出版社1995年版，第509页。

② 《列宁选集》第3卷，人民出版社1995年版，第196页。

③ 斯大林：《列宁主义问题》，人民出版社1964年版，第645页。

论述了生产力与生产关系的辩证关系。他把有关理论运用到领导苏联社会主义建设的实践中，开展了以优先发展重工业为方针的社会主义工业化。通过培养工业战线上的优秀干部和技术人员、加强和改善管理、倡导社会主义竞赛运动调动广大群众工业建设的积极性、利用西方国家的经济危机引进一大批先进设备和技术人才等措施，苏联经过两个五年计划多一些的时间，就从农业国转变为一个工业国，在此期间，国民生产总值平均年增长17%以上，苏联用了十多年时间走完西方资本主义国家50年到100年走过的路程，奠定了强大的工业基础，使苏联拥有了强大的经济实力和军事实力，显著改善了人民群众的生活水平，显示了社会主义的优越性。另一方面，斯大林在生产力问题上的理论和实践又是存在严重问题的。他提出的生产力两因素说本身是存在缺陷的，忽视了劳动对象在生产力中的重要作用。他正确地提出了生产关系一定要适应生产力发展的规律，但却长期坚持认为社会主义社会的生产关系与生产力状况完全适合，虽然在晚年间接谈到了社会主义制度下生产关系与生产力之间也存在矛盾，但是仍然没有认识到这个矛盾是推动社会发展的基本动力。马克思主义认为，“人们奋斗所争取的一切，都同他们的利益有关”①，满足人民群众对经济利益的需要，才是社会主义的社会正义的表现。苏联在经济建设上，片面发展重工业，经济结构畸形，农轻重比例严重失调，农产品和轻工业产品长期短缺，使人民生活水平的提高受到很大影响，挫伤了人民的积极性。

（二）政治体制的优越性与弊端

斯大林时期苏联在政治领域高度重视政权建设，但是缺少发扬社会主义民主，人民群众的政治权利在实际上落实不够。

斯大林十分重视共产党在社会主义政权中的地位和作用，把共产党的领导看作是无产阶级政权的领导力量，把工会、合作社、青年团等非党的群众组织看作是政权的传动装置和杠杆。斯大林在论述一党制时谈到了共产党对广大人民群众的利益的代表问题。他在1936年《关于苏联宪法草案》的报告中说：“几个党，也就是政党自由，只有在有利益敌对而不可调和的对抗阶级的社会里，譬如说，在有资本家和工人、有地主和农民、有富农和贫民等等的社会里，才会存在。可是，在苏联已经没有资本家、

① 《马克思恩格斯全集》第1卷，人民出版社1956年版，第82页。

地主、富农等等阶级了。在苏联只有两个阶级，即工人和农民，这两个阶级的利益不仅不彼此敌对，相反地，是互相友爱的。所以，在苏联也就没有几个政党存在的基础，也就是说没有这些政党自由的基础。在苏联只有一个党，即共产党存在的基础。"[①] 在党与苏维埃、政府的关系方面，斯大林承认苏维埃作为人民代议机关的重要性，认为不能把党的领导"理解为党能够或应当代替工会、苏维埃以及其他群众组织。党实现无产阶级专政，但它并不是直接实现这种专政，而是借助于工会，通过苏维埃及其支脉来实现这个专政的"[②]。这些思想应当说对于巩固人民政权，使各种利益的分配有利于劳动群众，从而维护工农群众的根本利益，实现社会正义是有积极作用的。

但是在实际上，斯大林领导下的苏联建立了权力高度集中的一党领导制度，联共（布）中央通过加盟共和国中央实现对全国的集中统一领导，而执政的共产党的权力又高度集中于党中央，集中于书记处尤其是斯大林个人。这些做法在发挥积极作用的同时，也具有相当大的消极影响。在人民实现政治权利方面，作为国家权力机关的苏维埃的权力长期不能真正行使，同时又削弱了作为监督机关的中央监察委员会和工农检察院的职权，使两大监督机关丧失了对上级机关的监督权，只成为上级机关推行政策决议的工具，导致人民参与管理国家的权利弱化和空洞化。另外，斯大林的阶级斗争理论存在偏差，逐步形成了社会主义制度下"阶级斗争尖锐化"的理论，甚至认为"在无产阶级专政的条件下没有而且不可能有一件稍微重大的政治或经济事件不反映出城市中或农村中阶级斗争的存在"，"我们在社会主义建设方面的每一个稍微重大的成就，都是我们国内阶级斗争的表现和结果"。[③] 国家政治生活中的阶级斗争扩大化，不可避免地使人民群众的政治利益和其他利益受到一定的损害，使社会主义的社会正义受到一些影响。

（三）科学文化的发展与问题

斯大林时期苏联在科学与文化领域对发展社会主义的科学、文化和教育的重要性有着清醒认识，但是过多的政治干预使得社会主义文化的发展

① 《斯大林文集（1934—1962）》，人民出版社 1985 年版，第 117—118 页。

② 《斯大林选集》上卷，人民出版社 1979 年版，第 414 页。

③ 参见《斯大林全集》第 11 卷，人民出版社 1955 年版，第 148—149 页。

不够繁荣。

社会主义的社会正义离不开科学的昌明、文化的发达和教育的进步。斯大林认识到苏联与西方发达国家在科技方面的差距，在共青团第八次代表大会上提出了“革命青年向科学大进军”的口号，在工业化进程中提出了“技术决定一切”和“干部决定一切”的口号，并采取措施依靠科技推进工业化进程，重视科学研究，提高科研人员的政治地位和社会地位，极大地影响了苏联人的价值取向，科技工作成为人们尊重和热爱的工作，并且卓有成效地发展了苏联的科技。在文化上特别加强了社会科学阵地，组建了“联共（布）中央马克思恩格斯列宁研究院”，促进了马克思列宁主义的研究与传播。社会科学界在哲学、政治经济学、历史学、文学等方面的研究都取得了许多重要进展。斯大林高度重视教育。他在共青团八大上指出：“要建设，就必须有知识，必须掌握科学。而要有知识，就必须学习。顽强地、耐心地学习。”① 他也重视马克思主义教育和共产主义道德教育在社会建设中的巨大作用，认为这能够促进社会主义建设各项具体任务的解决。

但是，斯大林在领导科技、文化与教育事业中的一个共同问题是，混淆了学术问题与政治问题的界限，并采用阶级斗争的方式来处理学术争端，造成了严重后果。在自然科学领域，认为“科学也是意识形态”，给自然科学贴上阶级标签，运用政治权威干涉学术，甚至出现了将生物学中的摩尔根遗传学视为“孟什维克化的唯心主义”这样的事件。在文化领域经常性地开展批判斗争，经济学领域的批判、哲学领域的批判、史学领域的批判、文学领域的批判此起彼伏。在马克思主义理论教育方面，则产生了模式化、教条化、空想化、形式化、绝对化的失误，导致许多教育活动流于过场，虚假的繁荣和表面的舆论一致代替了细致深入的教育工作，实效性较差。

（四）社会结构的积极影响与消极影响

斯大林时期苏联在社会领域通过对社会资源的分配调整，造成社会阶层分化较小的格局，具有积极和消极的双重影响。

社会阶级阶层结构（简称为社会结构）的理论与实践，是社会正义

① 《斯大林全集》第11卷，人民出版社1955年版，第65页。

的一个突出的表现方面。马克思指出："在人们的生产力发展的一定状况下，就会有一定的交换（commerce）和消费形式。在生产、交换和消费发展的一定阶段上，就会有相应的社会制度、相应的家庭、等级或阶级组织，一句话，就会有相应的市民社会。"① 那么，社会制度与社会结构的关系是怎样的呢？一方面，社会制度通过对社会资源的分配而决定社会结构，相应的社会结构是对一定的社会制度和体制的保障。另一方面，社会结构也不仅仅是被动地适应、保障社会制度和体制，还通过利益矛盾的积累与变动推动社会制度和体制的变革。斯大林在社会结构方面有一系列独创性的观点，深刻影响了苏联社会主义模式的社会结构的理论与实践。总地来说，斯大林认为社会主义的社会结构应当是一个单一性的社会结构，其基本特点是剥削阶级被消灭，而人民内部工农之间、体力劳动与脑力劳动之间存在着本质与非本质的差别，社会主义要消灭其本质差别——工业的生产资料全民所有制与农业集体所有制之间的差别，消灭这个本质差别对于苏联具有头等重要的意义。20 世纪 20 年代末期以来，斯大林领导苏联通过社会主义工业化排挤和彻底消灭了资产阶级残余，通过农业集体化消灭了富农和个体农民阶级，通过扩大全民所有制、缩小集体所有制力图为消灭商品经济创造条件，从而消灭工农之间、体力劳动与脑力劳动之间的本质差别。30 年代中期，苏联社会结构的单一性已经形成了："在工业方面已经没有资本家阶级了。在农业方面已经没有富农阶级了。在商品流转方面已经没有商人和投机者了。因而，所有的剥削阶级都消灭了。

剩下了工人阶级。
剩下了农民阶级。
剩下了知识分子。②

斯大林指出，这两个阶级一个阶层之间的距离、经济矛盾和政治矛盾正在缩小，正在消失，"阶级界限正在消除"。在这一理论的基础上，斯大林进一步指出："与任何资本主义社会不同，现在的苏联社会的特点就在于，在苏联社会中再也没有对抗的敌对阶级了，剥削阶级已被消灭了，

① 《马克思恩格斯选集》第 4 卷，人民出版社 1995 年版，第 532 页。
② 《斯大林文集（1934—1962）》，人民出版社 1985 年版，第 103 页。

而构成苏联社会的工人、农民和知识分子是在友爱合作基础上生活和工作的。……摆脱了剥削羁绊的苏联社会……没有阶级冲突，呈现出一幅工人、农民以及知识分子友爱合作的图景。在这种共同性的基础上，象苏联社会在道义上和政治上的一致、苏联各族人民的友谊以及苏维埃爱国主义这样一些动力也得到了发展。”①

斯大林“单一性”社会结构的理论与实践在社会主义正义观上的进步意义是显而易见的。它以马克思主义关于消灭剥削、消灭三大差别、实现无阶级的共产主义社会的理论为基础，勾勒了一幅未来社会的美好图景，并通过生产资料的社会主义所有制改造、大力发展经济、提高科学与文化水平等措施，使工农差别、城乡差别和脑体差别大大缩小，使劳动群众获得了前所未有的利益。这些努力和成就充分体现了社会主义社会正义的理念，其首创精神永远在社会主义正义观的发展史上闪耀着光芒。同时，斯大林社会结构理论与实践也有着消极的一面。一是在一定意义上超越了社会发展阶段。近乎单一的生产资料所有制结构（全民所有制）超出了生产力的发展水平，为消灭三大差别而人为拉平的收入分配差距滋生了保守主义、平均主义、懒惰心理、怨恨情绪、对劳动集体的漠不关心等消极现象，都在一定程度上影响了社会正义。二是在社会结构单一性掩盖下的两极化。从对于生产资料的关系来说，社会成员的地位是相同的，这也是根本的一面，但同时还存在着另一面，即作为管理者的社会成员与作为一般劳动者的社会成员的分化。前者由于控制着各种社会资源的分配，从而处于比较有利的地位，又在一定条件下滋生出了官僚主义、特权阶层与利益集团等腐败现象，严重影响了社会正义。

三　苏东改革时期关于社会主义正义观的理论和实践

第二次世界大战以后的东欧各国走上社会主义道路，为在本国实现社会主义的社会正义创造了根本条件。起初东欧各国都照搬了苏联模式的社会主义制度，并取得了骄人的成就。但是在经济恢复以后，苏联模式的弊端逐渐显露，出现了许多社会问题，阻碍了社会主义事业的顺利发展，而且同样的情况在苏联本国也有所显现。因此，从 50 年代开始，苏东社会

① 《斯大林文集（1934—1962）》，人民出版社 1985 年版，第 263 页。

主义国家进行了改革的探索，社会主义正义观的理论和实践也具有了一些与以往不同的特点。

（一）东欧国家社会主义道路选择中的社会正义追求

东欧社会主义国家对适合本国实际情况的社会主义道路的探索中蕴含着对社会主义的社会正义的追求。移植苏联模式对社会发展造成了障碍，这显然违反了人民群众的根本利益和意志，是不利于追求和实现社会正义的，而探索适合本国国情的社会主义道路，从正义观的角度来讲则是对社会正义的促进。

第一个独立探索社会主义发展道路的是南斯拉夫。由于反对苏联的干涉与控制，苏南关系于40年代末开始恶化，南斯拉夫被视为社会主义的“异端”。面对政治上的孤立、经济上的封锁以及自然灾害造成的极端困难局面，南共摆脱了苏联模式的束缚，根据对马克思主义相关理论的理解并从本国国情出发，探索出一条以自治为中心的社会主义发展道路。南共认为，马克思恩格斯指出无产阶级夺取政权以后将采取措施促使国家逐渐消亡，未来社会是生产资料的社会占有，是自由人的联合体，要吸收全体劳动人民参加国家管理，防止官僚主义的产生，这些思想为实行自治制度提供了理论依据。南斯拉夫的自治制度从1950年开始实行，到70年代末基本形成。其主要内容包括，在经济上，国家下放直至取消生产权、投资权、分配权，发挥市场的调节作用，建立工人委员会管理工厂，工厂企业有权自主经营，使所有权与经营权适当分开，实行“工人自治”。在政治上，改变党的名称和结构，并把党的领导作用改为引导作用，建立非集中制的政治体制，实行国家机关和社会事业单位的自治。南斯拉夫自治制度取得了明显的成效：合理地调节了生产关系，提高了组织生产的科学性和劳动者的积极性，从而解放了社会生产力，促进了国民经济的快速发展；较好地解决了民族关系问题，加强了国家的团结统一；落实了劳动者管理国家和社会事务的权利，使政权与人民群众的结合更加紧密。

除南斯拉夫之外，波兰、匈牙利和捷克斯洛伐克也探索了本国的社会主义道路。波兰在经历了波兹南事件和十月事件的冲击后认识到照搬苏联集权体制的危害性，提出要走适合波兰情况的社会主义道路。在经济方面，扩大了企业自主权，加强经济核算，注重经济效益，注意运用经济杠杆管理经济，在国营企业建立工人委员会，发动职工参加企业管理。在政治方面，加强了议会的权力，强调使议会真正成为国家最高权力机关，加强了统一工人党与其他民主党派的合作，调整了国家与教会的关系，扩大了工会、合作社等社会组织的民主权利。上述改革改善了经济形势，增强了社会凝聚力，促进了社会正义。匈牙利在1956年匈牙利事件之后也开始了对适合本国的社会主义道路的探索，在经济上实行以计划经济为主、市场经济为辅的新经济体制，下放了国家管理经济的权力，扩大了企业自主权，在政治上提出要实行党政分开，完善党的民主集中制和集体领导体制等。匈牙利改革后国民经济发展较快，提高了人民的物质文化生活水平，社会也比较稳定，增进了社会正义。捷克斯洛伐克在60年代面临着经济停滞、政治僵化、人民群众强烈不满的状况，遂于1968年4月的中央全会上通过了实行政治、经济体制改革的《行动纲领》，提出改革党的领导体制和执政方式，实行党内生活民主化；改革国家政治体制，建立真正的选举制度，确立国民议会为最高国家权力机关和唯一立法机关的地位；实行有计划的市场经济，政企分开；实行广泛的社会自治等。捷克斯洛伐克的改革由于苏联的干涉而夭折。

上述东欧国家对适合本国国情的社会主义道路的探索在不同程度上突破了苏联模式，在提高人民群众物质文化生活水平、发展社会正义方面取得了不小的成就。但是也要看到，这些改革是存在许多问题和不足的。南斯拉夫的自治制度超越了社会发展阶段，没有处理好党的领导与群众自治、集中与分散的关系，在80年代以后造成了经济停滞、社会危机、民族对立、国家解体的结局。波兰和匈牙利的改革是在不触动苏联模式总体框架的前提下的修补和完善，改革并不彻底，在80年代同样造成了困难局面并最终改变了社会主义制度。捷克斯洛伐克改革没有注意国际形势的变化，没有注意引导舆论导向，更严重的是改革在一定程度上偏离了社会主义原则，最终导致了悲剧的结果。这些是在认识东欧各国探索适合本国国情的社会主义道路对社会正义的推进时所应该看到的。

（二）苏东国家经济体制改革中的社会正义实践

苏东各国改革经济体制、发展社会生产体现了社会主义的社会正义。在苏联，赫鲁晓夫试图通过经济改革来克服斯大林时期在经济发展上存在的问题。在工业方面主要是改变高度集中的管理体制，把多数中央直属企业下放到加盟共和国管理，扩大加盟共和国的管理权限；同时变条条管理为块块管理，设立经济行政区，设立区域性的国民经济委员会，并对工业企业进行改组；扩大企业权限，加强经济刺激，充分发挥商品货币关系和各种经济杠杆的作用。在农业方面的主要措施是减轻国营农场和集体农庄的负担，降低国家干预的程度，提高农产品收购价格，刺激农业单位的生产积极性；开垦荒地，增加谷物产量；改组机器拖拉机站为机器修配站，将拖拉机等农业机器卖给集体农庄。勃列日涅夫时期又对经济体制进一步进行了改革。在工业方面，苏共中央 1965 年 9 月全会指出，赫鲁晓夫实行的按地区原则管理工业的做法，“妨碍了部门性专业化和各经济地区之间的合理的生产联系的发展”，决定撤销国民经济委员会，重建中央各工业部；提出要“完善计划工作”，减少国家下达的计划指标；提出要加强经济刺激，采用物质利益的方法不断提高工作人员对改善企业工作的关心。在农业方面，勃列日涅夫在 1965 年 3 月党中央的会议上指出农业落后的基本原因是“破坏集体农庄庄员和国营农场工人在提高公有经济方面的物质利益原则以及破坏社会利益和个人利益正确结合的原则”。采取的主要措施有：固定收购指标，提高农畜产品的收购价格；扩大农业投资，改进农村技术装备，促进农业向专业化和集约化发展；对集体农庄庄员实行有保障劳动工资制；放松对私人副业的限制，鼓励私人经济，给予多方面的支持；建立农工综合体。

东欧国家在经济发展遭受挫折后，也相继对高度集中的经济体制进行了不同程度的改革，改革的内容大体上有一些共同的特征，即调整经济发展战略，改革经济结构；实行经济方法和行政方法相结合的管理原则，注重劳动生产率的提高；注意改善人民群众的物质文化生活，发挥劳动者的积极性；调整计划与市场的关系，发挥商品、市场的作用，扩大企业生产、经营的自主权，实行灵活多样的经营方式等。

苏东国家为发展经济进行的改革适应了客观需要，改革在初期取得了明显成效，经济发展速度增快，为满足人民群众的利益需求、增进社会正义作出了贡献。但是，这些并没有从根本上改变经济发展的集中管理体制，虽然对经济发展起了某种促进作用，但不是突破性的改革。尤其是苏联面对工农业的发展同美国的差距缩小的有利时机，并没有适时调整国民经济，大幅度提高人民生活水平，而是把大量人力物力资源投入同美国的军备竞赛，严重阻碍了苏联经济的正常发展。到 20 世纪 80 年代，苏东国家的经济状况重新陷入困境，在新一轮的改革中，受众多因素的影响而逐步放弃了社会主义原则，给劳动群众的利益、社会主义社会正义事业造成了重大损失。

（三）苏联社会主义发展阶段理论对社会正义的影响

苏联的社会主义发展阶段理论对社会主义社会正义有着较大的影响。斯大林在1936年宣布苏联已经建成社会主义社会，以后的任务是向共产主义社会过渡，从此苏共对社会主义发展阶段的认识便超越了现实的发展阶段，而赫鲁晓夫把这个错误发展到了顶峰。赫鲁晓夫在苏共二十大上提出苏联要在历史上极短的时间内“在按人口计算的产量方面赶上并超过最发达的资本主义国家”，在二十一大上提出了“共产主义全面建设论”，即“苏联人民在党的领导下达到了这样的高峰，在经济生活和社会生活的各方面实现了这样宏伟的改造，这就使我国现在能够进入一个新的、极其重要的时期——全面展开共产主义社会建设的时期”。在二十二大上，赫鲁晓夫宣布“在二十年内我们将基本上建成共产主义社会”，至此，苏共在社会主义发展阶段认识上的冒进错误发展到了登峰造极的地步。鉴于赫鲁晓夫的理论和实践已经给苏联社会主义建设所造成的巨大危害，勃列日涅夫提出了“发达社会主义论”，在一定程度上纠正了“共产主义全面建设论”，但却仍然是一个超越现实发展阶段的理论。所以继任的安德罗波夫继续“后退”，又提出了“发达社会主义起点论”，认为苏联处于发达社会主义漫长历史阶段的起点上，发达社会主义需要完善。这一思想为契尔年科所继承，并被戈尔巴乔夫把“完善发达社会主义”进一步修改为“完善社会主义”，更加接近了现实发展阶段。

社会主义发展阶段理论对苏联的社会主义社会正义的影响是深远的。对发展阶段的判断，衍生出经济、政治、文化、社会各方面的纲领和政策，这些纲领和政策被付诸实施后，塑造了整个社会的面貌。苏共二十二大通过的党纲规定，20年后“苏维埃社会将紧紧地接近于实现按需分配的原则，将逐渐过渡到单一的全民所有制”，赫鲁晓夫在《关于苏联共产党纲领》的报告中说，到1980年，苏联“将消除阶级之间还存在的差别的残余，各阶级将融合为共产主义劳动者的无阶级社会，将基本上消除城乡之间的，而后是体力劳动和脑力劳动之间的本质差别，各民族在经济上和思想上的共同性将增长，共产主义社会的人的特征将得到发展”。苏共纲领规定：“社会主义国家组织的发展，将逐渐导致这种国家组织改造为社会的共产主义自治机构，苏维埃、工会、合作社以及劳动者的其他群众团体将联合在这个机构里面。这一过程将意味着民主的进一步发展，使社会一切成员都能够积极参加社会事务的管理。”赫鲁晓夫则宣布“当我们进入了全面展开共产主义建设时期的时候，需要无产阶级专政的条件消失了”，“全民国家——这是社会主义国家发展中的新阶段，是社会主义国家组织转变为共产主义社会自治的道路上极其重要的里程碑”，“作为工人阶级政党而产生的马克思列宁主义的政党，成了全体人民的党。”在勃列日涅夫“发达社会主义”理论的指导下，苏联盲目扩大全民所有制而缩小集体所有制，将大批集体农庄改造为国营农场，把农庄庄员变为农业工人，进一步增强了社会结构的单一性特征；不切实际地压缩各种职业之间、脑力劳动与体力劳动之间的收入差距，甚至出现“脑体倒挂”的现象；社会流动的主客体单一——生产资料国有制单位的社会成员在生产资料国有制单位之间流动，社会流动驱动力单一——由国家根据国家利益和发展战略进行调控，社会流动渠道单一——国家劳动与人事机关通过招工、招生、分配、提干等方式进行调配，社会流动方向单一——国家以制度保障上升到某些位置的人们社会地位的稳定；[①] 超越实际认为各民族日益接近，形成了新的人们的历史共同体——苏联人民……总之，超越社会发展阶段的错误对于社会主义物质文明、政治文明和精神文明建设都造成了严重的损害，阻滞了经济社会发展，人民群众长期无法享有本该享有的成果，社会成员之间、社会阶层之间的关系中的消极方面日益显露出来，影响了社会正义的实现。

① 参见黄立茀《苏联社会阶层与苏联剧变研究》第四章，社会科学文献出版社 2006 年版。

第四章

中国改革开放以前的社会主义正义观

中国共产党人根据马克思主义的基本立场、观点和方法，依托中国传统文化中的正义思想，结合现实国情，借鉴其他社会主义国家的正义理论与实践，形成了独具特色的社会主义正义观。这里需要特别指出的是，如何看待中国共产党在新民主主义革命时期关于社会正义的理论和实践。严格地讲，社会主义革命和社会主义建设时期的正义观才能算是社会主义正义观。但是，如果不谈新民主主义革命时期中国共产党的正义观的话，就割裂了完整事物的历史联系，加之中国革命又具有分民主主义革命和社会主义革命这“两步走”的特点，这一历史联系就更为明显，因此，本书对这一历史时期的内容必须有所涉及。

一　毛泽东思想中的社会主义正义观

毛泽东思想是马克思主义中国化的第一个理论成果，其中蕴含着丰富的社会正义思想。

（一）追求社会主义制度

毛泽东思想中的社会主义正义观的核心，是建立、巩固与发展社会主义制度。

马克思主义认为，正义观作为一种意识形态，既有其超越性，也有其现实性。资本主义制度下也有其正义观，那是与资本主义生产方式相适应的正义观，维护的是资本家阶级的权利和利益。只有推翻资本主义制度，建立社会主义制度，才能为实现和维护劳动群众的利益提供最根本的条件，为社会主义正义观开辟现实的道路。近代以来中国人民争取国家独立、民族解放的历史充分证明，只有接受马克思主义、以社会主义社会为奋斗目标，才能摆脱帝国主义、封建主义和官僚资本主义的压迫和奴役，获得比资本主义的“社会正义”更高级的社会正义，这是以毛泽东等为代表的中国共产党人的共识。马克思主义认为，以生产资料公有制代替资本主义生产资料私有制，从而消灭剥削，是实现劳动群众利益、实现社会正义的必由之路。毛泽东在革命年代就指出：“中国的经济，一定要走‘节制资本’和‘平均地权’的路，决不能是‘少数人所得而私’，决不能让少数资本家少数地主‘操纵国民生计’，决不能建立欧美式的资本主义社会，也决不能还是旧的半封建社会。”① 在新中国成立后，由新民主主义社会向社会主义社会过渡的过程中，毛泽东又指出：“资本主义道路，也可以增产，但时间要长，而且是痛苦的道路，我们不搞资本主义，这是定了的。”② 毛泽东等领导集体认为，中国要由落后的国家变为先进的国家，要实现自由、平等、民主的正义社会必须要搞社会主义，中国的前途和希望在于社会主义：“关于中国的前途，就是搞社会主义。要使中国变成富强的国家，需要 50 年到 100 年的时光。”③

要实现根本的社会正义要走社会主义道路，而社会主义社会是以大工业为基础的，因此社会主义制度建立以后必须建立社会主义大工业，在农业上也要发展集体经济。在中国共产党领导下的各解放区以及新中国成立初期的广大农村地区，进行了实现“耕者有其田”的土地改革，农民获得了土地，生产积极性大大提高，农业生产力得到发展。但是，土地私有不可避免使农村重新出现两极分化。毛泽东认为，要真正解决农村地区的社会正义，只有建立社会主义制度。这一方面是发展生产力的问题：“中国的情况是：由于人口众多，已耕的土地不足、时有灾荒和经营方法落后，以致广大农民的生活，虽然在土地改革以后，比较以前有所改善，或者大为改善，但是他们中间的许多人仍然有困难，许多人仍然不富裕，富裕的农民只占比较的少数……对于他们来说，除了社会主义，再无别的出路。这种状况的农民，占全国农村人口的百分之六十到七十。这就是说，全国大多数农民，为了摆脱贫困，改善生活，为了抵御灾荒，只有联合起来，向社会主义大道前进，才能达到目的。”④ 他还从工业与农业之间的关系以及改善农民生活的角度考虑农业合作化的问题，在中央制定关于农

① 《毛泽东选集》第二卷，人民出版社 1991 年版，第 678—679 页。

② 《毛泽东文集》第六卷，人民出版社 1999 年版，第 299 页。

③ 《毛泽东文集》第七卷，人民出版社 1999 年版，第 124 页。

④ 《毛泽东文集》第六卷，人民出版社 1999 年版，第 429 页。

业合作社的决议时指出："逐步实现农业的社会主义改造，使农业能够由落后的小规模生产的个体经济变为先进的大规模生产的合作经济，以便逐步克服工业和农业这两个经济部门发展不相适应的矛盾，并使农民能够逐步完全摆脱贫困的状况而过上共同富裕和普遍繁荣的生活。"① 另一方面是消除两极分化的问题："在最近几年中间，农村中的资本主义自发势力一天一天地在发展，新富农已经到处出现，许多富裕中农力求把自己变为富农。许多贫农，则因为生产资料不足，仍然处于贫困地位，有些人欠了债，有些人出卖土地，或者出租土地。这种情况如果让它发展下去，农村中向两极分化的现象必然一天一天地严重起来。失去土地的农民和继续处于贫困地位的农民将要埋怨我们，他们说我们见死不救，不去帮助他们解决困难。向资本主义方向发展的那些富裕中农也将对我们不满，因为我们如果不走资本主义的道路的话，就永远不能满足这些农民的要求。在这种情况之下，工人和农民的同盟能够继续巩固下去吗？显然是不能够的。"②

（二）发展人民群众利益

毛泽东思想中的社会主义正义观的主旨，是维护和发展人民群众的权利与利益。

任何一种正义观都是对权利与利益的界分与平衡，不同之处在于以哪部分社会成员的权利和利益为基准。社会主义正义观就是要给最广大人民群众以最大权利和利益。毛泽东十分重视为劳动群众争取权利和利益，他在建党初期就已经指出"请注意到劳工的三件事：一、劳工的生存权，二、劳工的劳动权，三、劳工的劳动全收权"，"一个人在'老''少'两段不能做工的时候应该都有一种取得保存他生命的食物的权利，这就是生存权。一个人在18岁以上60岁以下有气有力的时候，除开他自己发懒不做工可以让他饿死不算数外，在理都应该把工给他们做，工人就有种要求做工的权利。若是工人有力而社会无事可以买他的力事实上工人不得不'赋闲'时，社会就应该本着罪不在工人的理由而给与他们平常的工资，这就是劳动权。工人做的东西应该完全归工人自己，这就是劳动全收权"。③ 在抗日战争时期，"人民"这个历史范畴的外延扩大了，毛泽东又

---

① 《毛泽东文集》第六卷，人民出版社1999年版，第442页。

② 同上书，第437页。

③ 《毛泽东文集》第一卷，人民出版社1993年版，第8—9页。

指明要“保证一切抗日人民（地主、资本家、农民、工人等）的人权，政权，财权及言论、出版、集会、结社、信仰、居住、迁徙之自由权”。①新中国成立以后，在借鉴苏联社会主义建设经验的过程中，针对苏联比较重视干部、专家在建设中的领导和管理地位而忽视一般劳动者管理国家和社会事务的权利的做法，毛泽东指出劳动者参与管理的权利应当作为人民基本权利的重要内容：“实际上，这是社会主义制度下劳动者最大的权利，最根本的权利。没有这种权利，劳动者的工作权、休息权、受教育权等等权利，就没有保证。”②

毛泽东关心人民的物质和精神文化生活，一贯重视人民群众的物质利益，他说：“领导农民的土地斗争，分土地给农民；提高农民的劳动热情，增加农业生产；保障工人的利益；建立合作社；发展对外贸易；解决群众的穿衣问题，吃饭问题，住房问题，柴米油盐问题，疾病卫生问题，婚姻问题。总之，一切群众的实际生活问题，都是我们应当注意的问题。”“我们应该深刻地注意群众生活的问题，从土地、劳动问题，到柴米油盐问题。……一切这些群众生活上的问题，都应该把它提到自己的议事日程上。应该讨论，应该决定，应该实行，应该检查。”③ 他反对唯心主义的空谈和官僚主义作风，认为“一切空话都是无用的，必须给人民以看得见的物质福利”。④ 毛泽东把维护和发展人民群众的权利和利益作为社会主义正义观的主旨，认为共产党要领导人民前进，就必须保护人民的利益：“共产党员是一种特别的人，……他们每时每刻地总是警戒着不要脱离群众，他们不论遇着何事，总是以群众的利益为考虑问题的出发点，因此他们就能获得广大群众的衷心拥护，这就是他们的事业必然获得胜利的根据。”⑤

（三）实现公平与平等

毛泽东思想中的社会主义正义观的主题，是社会各个领域的公平与平等思想。

---

① 《毛泽东文集》第二卷，人民出版社 1993 年版，第 335 页。
② 《毛泽东文集》第八卷，人民出版社 1999 年版，第 129 页。
③ 《毛泽东选集》第一卷，人民出版社 1991 年版，第 138 页。
④ 《毛泽东著作选读》下册，人民出版社 1986 年版，第 563 页。
⑤ 《毛泽东文集》第三卷，人民出版社 1996 年版，第 47 页。

追求人民政治地位和政治关系的平等，是毛泽东的理想和奋斗目标。要实现人民政治地位和政治关系的平等，关键是要处理好干群、党群关系。毛泽东坚持人民群众是创造历史的主体，“人民，只有人民，才是创造世界历史的动力”。[①] 在社会主义国家，人民拥有参与国家管理的权利。毛泽东认为1954年宪法草案之所以能够得人心的理由之一，“就是起草宪法采取了领导机关的意见和广大群众的意见相结合的方法。这个宪法草案，……公布之后，还要由全国人民讨论，使中央的意见和全国人民的意见相结合。过去我们采用了这个方法，今后也要如此。一切重要的立法都要采取这个方法”。[②] 处理好干群、党群关系的重点在于严格要求与管理共产党员尤其是干部：“共产党员在政府工作中，应该是十分廉洁、不用私人、多做工作、少取报酬的模范。共产党员在民众运动中，应该是民众的朋友，而不是民众的上司，是诲人不倦的教师，而不是官僚主义的政客。共产党员无论何时何地都不应以个人利益放在第一位，而应以个人利益服从于民族的和人民群众的利益。因此，自私自利，消极怠工，贪污腐化，风头主义等等，是最可鄙的；而大公无私，积极努力，克己奉公，埋头苦干的精神，才是可尊敬的。”[③] 他批判有些干部脱离群众：“我们有些干部是老子天下第一，看不起人，靠资格吃饭，做了官，特别是做了大官，就不愿意以普通劳动者的姿态出现。这是一种很恶劣的现象。”[④] 他要求党员和干部要以普通劳动者的身份和姿态，深入群众，遇事同群众商量，向人民群众学习真理：“我们共产党人好比种子，人民好比土地。我们到了一个地方，就要同那里的人民结合起来，在人民中间生根开花。我们的同志不论到什么地方，都要把和群众的关系搞好，要关心群众，帮助他们解决困难。团结广大人民，团结得越多越好。”[⑤] “共产党员要善于同群众商量办事，任何时候也不要离开群众。党群关系好比鱼水关系。如果党群关系搞不好，社会主义制度就不可能建成，社会主义制度建成了，也不可能巩固。”[⑥] 毛泽东指出：“凡属正确的任务、政策和工作作风，都是和当时当地的群众要求相适合，都是联系群众的；凡属错误的任务、政策

① 《毛泽东选集》第三卷，人民出版社1991年版，第1031页。
② 《毛泽东文集》第六卷，人民出版社1999年版，第325页。
③ 《毛泽东选集》第二卷，人民出版社1991年版，第522页。
④ 《毛泽东文集》第七卷，人民出版社1999年版，第378页。
⑤ 《毛泽东选集》第四卷，人民出版社1991年版，第1162页。
⑥ 《毛泽东文集》第六卷，人民出版社1999年版，第547页。

和工作作风，都是和当时当地的群众要求不相适合，都是脱离群众的。教条主义、经验主义、命令主义、尾巴主义、宗派主义、官僚主义、骄傲自大的工作态度等项弊病之所以一定不好，一定要不得，如果什么人有了这类弊病一定要改正，就是因为它们脱离群众。"[①] 他说，我们一定要警惕，不要滋长官僚主义作风，不要形成一个脱离人民的贵族阶层。谁犯了官僚主义，不去解决群众的问题，骂群众，压群众，总是不改，群众就有理由把他革掉。我说革掉很好，应当革掉。可见，毛泽东认为正义的社会关系和政治关系，是以人民群众为基准点的，要求党员干部不是高居于群众之上，而是深入群众之中，了解和学习群众、引导和组织群众。

重视性别平等，是毛泽东公平与平等观的一个鲜明特征。毛泽东指出，在我国两千多年的封建社会中，妇女所受压迫尤重：中国的男子普遍要受政权、族权、神权这三种有系统的权力的支配，"至于女子，除受上述三种权力的支配以外，还受男子的支配（夫权）。政权、族权、神权、夫权，代表了全部封建宗法的思想和制度，是束缚中国人民特别是农民的四条极大的绳索"。[②] 毛泽东深刻分析了性别歧视现象，认为是严重的社会问题。他说对妇女的"这种歧视，是社会的歧视，而不是两性间的问题；这种压迫，是社会的压迫，也不是两性间的问题"。[③] 而社会问题必须通过社会革命来解决："妇女解放与社会解放是密切地联系着的，……离开了社会解放运动，妇女解放是得不到的；同时，没有妇女运动，社会解放也是不可能的。因此，要真正求得社会解放，就必须发动广大的妇女群众来参加；同样，要真正求得妇女自身的解放，妇女们就一定要参加社会解放的斗争。"[④] 争取性别平等，一方面是因为妇女本身所具有的权利使然："妇女要同男子一样，有自由，有平等。"[⑤] "就是女子有办事之权，开会之权，讲话之权，没有这些权利，就谈不上自由平等。"[⑥] 另一方面，解放妇女也是解放与发展社会生产力的必然要求。妇女不仅是平等的社会成员，而且还是宝贵的社会资源。新中国成立以后，毛泽东又进一步指出，"中国的妇女是一种伟大的人力资源。必须发掘这种资源，为了建设

① 《毛泽东选集》第三卷，人民出版社 1991 年版，第 1095 页。
② 《毛泽东选集》第一卷，人民出版社 1991 年版，第 31 页。
③ 《毛泽东文集》第二卷，人民出版社 1993 年版，第 168 页。
④ 同上书，第 169 页。
⑤ 同上书，第 169 页。
⑥ 同上书，第 171 页。

一个伟大的社会主义国家而奋斗。要发动妇女参加劳动，必须实行男女同工同酬的原则。”①

社会主义的社会正义要求社会成员在社会权利方面的平等。毛泽东十分关注教育和卫生的人民性问题。他说：“中国教育史有人民性的一面。孔子的有教无类，孟子的民贵君轻，荀子的人定胜天，屈原的批判君恶，司马迁的颂扬反抗，王充、范缜、柳宗元、张载、王夫之的古代唯物论，关汉卿、施耐庵、吴承恩、曹雪芹的民主文学，孙中山的民主革命，诸人情况不同，许多人并无教育专著，然而上举那些，不能不影响对人民的教育，谈中国教育史，应当提到他们。但是就教育史的主要侧面说来，几千年来的教育，确是剥削阶级手中的工具，而社会主义教育乃是工人阶级手中的工具。”② 因此，社会主义社会的教育不能办成贵族教育、特权阶层教育，而要办成人民的教育、工农群众的教育。新中国成立初期他就指出“干部子弟学校，第一步应划一待遇，不得再分等级；第二步，废除这种贵族学校，与人民子弟合一”。③ 为了使人民群众能够从教育中获得最大的成果，毛泽东还特别重视教育的具体内容、形式。他从现实国情出发，提出农村应当制定“文化教育规划，包括识字扫盲，办小学，办适合农村需要的中学，中学里面增加一点农业课程，出版适合农民需要的通俗读物和书籍，发展农村广播网、电影放映队，组织文化娱乐等等”。④ 他又指出：“农民的学习技术，应当同消灭文盲相结合，由青年团负责一同管起来。技术夜校的教员，可以就地选拔，并且要提倡边教边学。”⑤ 毛泽东针对医疗卫生资源的分布和投入上农村与城市之间的巨大差距，以及少数享受劳保医疗和公费医疗的人滥用福利的现象，作出“把医疗卫生工作的重点放到农村去”的指示，指出医疗卫生工作要为广大农民服务，解决长期以来农村缺医少药的问题，保障人民群众的健康。

收入分配的公平和平等是毛泽东思想中社会主义正义观的一个重要方面。在长期的剥削社会里，存在着大量收入分配不合理的现实，社会主义制度的建立消灭了剥削，为在社会成员中实行新的收入分配方式创造了条

---

① 《毛泽东文集》第六卷，人民出版社 1999 年版，第 458 页。

② 《毛泽东文集》第七卷，人民出版社 1999 年版，第 398 页。

③ 《毛泽东文集》第六卷，人民出版社 1999 年版，第 232 页。

④ 同上书，第 475 页。

⑤ 同上书，第 450—451 页。

件。毛泽东强调："按劳分配和等价交换这样两个原则，是在建设社会主义阶段内人们决不能不严格遵守的马克思列宁主义的两个基本原则。"① 毛泽东认为，在收入分配方面既要避免过分悬殊，又要反对平均主义。早在红军时期，毛泽东就指出"绝对平均主义的来源，和政治上的极端民主化一样，是手工业和小农经济的产物，不过一则见之于政治生活方面，一则见之于物质生活方面罢了"。"绝对平均主义不但在资本主义没有消灭的时期，只是农民小资产者的一种幻想；就是在社会主义时期，物质的分配也要按照'各尽所能按劳取酬'的原则和工作的需要，决无所谓绝对的平均。红军人员的物质分配，应该做到大体上的平均。例如官兵薪饷平等，因为这是现时斗争环境所需要的。但是必须反对不问一切理由的绝对平均主义。"② "反对平均主义，是正确的；反过头了，会发生个人主义。过分悬殊也是不对的。我们的提法是既反对平均主义，也反对过分悬殊。"③ 他提出国家、集体与个人利益三结合的物质利益分配原则，指出："国家和工厂、合作社的关系，工厂、合作社和生产者个人的关系，这两种关系都要处理好。为此，就不能只顾一头，必须兼顾国家、集体和个人三方面，也就是我们过去常说的'军民兼顾'、'公私兼顾'。"④ 毛泽东很重视分配中的"兼顾"思想，他在不同时期提出一系列"兼顾"，如"军民兼顾"、"城乡兼顾"、"劳资两利（兼顾）"、"公私兼顾"，等等。他指出："工人的劳动生产率提高了，他们的劳动条件和集体福利就需要逐步有所改进"⑤，"在合作社的收入中，国家拿多少，合作社拿多少，农民拿多少，以及怎样拿法，都要规定得适当。"⑥ 他批评了斯大林只顾整体利益、不顾个体利益的错误，认为苏联的办法是把农民生产的东西拿走太多，给的代价又极低。⑦ 1959 年毛泽东在《郑州会议上的讲话》里指出，"必须首先检查和纠正自己的两种倾向，即平均主义倾向和过分集中倾向。所谓平均主义倾向，即是在否认各个生产队和各个个人的收入应当有所差别。而否认这种差别，就是否认按劳分配、多劳多得的社会主义原

---

① 《建国以来毛泽东文稿》第十册，中央文献出版社 1996 年版，第 8 页。

② 《毛泽东选集》第一卷，人民出版社 1991 年版，第 91 页。

③ 《毛泽东文集》第八卷，人民出版社 1999 年版，第 130 页。

④ 《毛泽东著作选读》下册，人民出版社 1986 年版，第 726 页。

⑤ 《毛泽东文集》第七卷，人民出版社 1999 年版，第 28 页。

⑥ 同上书，第 30 页。

⑦ 《毛泽东著作选读》下册，人民出版社 1986 年版，第 727—728 页。

则。所谓过分集中倾向，即否认生产队的所有制，否认生产队应有的权利，任意把生产队的财产上调到公社来”。[①] 同时他也反对过分悬殊，因为过分悬殊就无法体现社会主义的性质。

（四）维护国家主权

毛泽东思想中的社会主义正义观的特色，是把维护民族独立、国家主权放在正义观中的重要位置。

中国走上社会主义道路，在很大程度上是中国人民为争取民族独立与国家解放而作出的历史选择。在中国共产党的社会主义正义观里，国格与人格、国权与人权，具有同等重要的意义。以毛泽东为核心的中共领导集体认为，在帝国主义压迫下的近代中国，不能为国家争得自由平等便不能为个人争得自由平等。毛泽东在革命胜利前夕指出：“中国人民革命军事委员会和人民政府愿意考虑同各国建立外交关系，这种关系必须建立在平等、互利、相互尊重主权和领土完整的基础上，首先是不能帮助国民党反动派。”[②] 在 1949 年 6 月 15 日的中国人民政治协商会议筹备会上，毛泽东重申了新中国的外交立场：“任何外国政府，只要它愿意断绝与中国反动派的关系，不再勾结或援助中国反动派，并向人民的中国采取真正的而不是虚伪的友好态度，我们就愿意同它在平等、互利和互相尊重领土主权的原则的基础之上，谈判建立外交关系的问题。中国人民愿意同世界各国人民实行友好合作，恢复和发展国际间的通商事业，以利发展生产和繁荣经济。”[③] 毛泽东坚持维护国家主权与国家间平等的立场：“国家不应该分大小。我们反对大国有特别的权利，因为这样就把大国和小国放在不平等的地位。大国高一级，小国低一级，这是帝国主义的理论。一个国家无论多么小，即使它的人口只有几十万或者甚至几万，它同另外一个有几万万人口的国家，也应该是完全平等的。这是一个基本原则，不是空话。既然说平等，大国不应该损害小国，不应该在经济上剥削小国，在政治上压迫小国，不应该把自己的意志、政策和思想强加在小国身上。既然说平等，相互就要有礼貌，大国不能像封建家庭里的家长，把其他国家看成是它的子弟，不论大国小国，互相之间都应该是平等的、民主的、友好的和互助

① 《毛泽东文集》第八卷，人民出版社 1999 年版，第 11 页。

② 《毛泽东外交文选》，中央文献出版社、世界知识出版社 1994 年版，第 1461 页。

③ 同上书，第 1466 页。

互利的关系，而不是不平等的和互相损害的关系。”①

二　改革开放前中国共产党关于社会主义正义观的实践

中国共产党自从成立以来，就以马克思主义为指导，为争取人民群众的根本利益而不懈奋斗。无论是在革命战争年代还是和平建设时期，马克思主义的社会正义、社会主义的社会正义，都是其重要的价值目标。中国共产党自成立至改革开放前的实践，从社会主义正义观的角度来考察，可以作如下概括。

（一）建立社会主义制度

中国共产党领导人民推翻剥削制度，建立社会主义制度，是在根本制度变革方面的社会主义正义观实践。

近代以来中国处于半殖民地半封建社会，中国人民深受帝国主义、封建主义和官僚资本主义这“三座大山”的压迫。寻求救国救民道路的先进分子接受了马克思主义，创建了中国共产党。党的第二次全国代表大会制定了党在现阶段的奋斗目标即党的最低纲领：消除内乱，打倒军阀，建设国内和平；推翻国际帝国主义的压迫，达到中华民族完全独立；统一中国为真正民主共和国。大会规定党的最终奋斗目标即最高纲领是：组织无产阶级，用阶级斗争的手段，建立工农专政的政治，铲除私有财产制度，渐次达到一个共产主义的社会。

推翻剥削制度的斗争不是一帆风顺的。在第一次国内革命战争和第二次国内革命战争的艰苦探索中，中国共产党逐渐学会将马克思主义基本原理与中国国情相结合，马克思主义中国化取得重要进展。到抗日战争时期，党在对长期斗争所积累的正反两个方面经验的对比与思考中，认识了中国民主革命和社会主义革命的区别和联系，把两个革命阶段，比作文章的上篇和下篇，强调只有上篇作好，下篇才能作好，坚决地领导民主革命，是争取社会主义胜利的条件。1939 年 10 月至 1940 年 1 月，毛泽东先后发表了《〈共产党人〉发刊词》、《中国革命和中国共产党》、《新民主

① 《毛泽东外交文选》，中央文献出版社、世界知识出版社 1994 年版，第 1191—1192 页。

主义论》三篇重要著作，标志着中国新民主主义革命的理论已经完整地形成。1948年，毛泽东在《在晋绥干部会议上的讲话》中第一次全面、系统地提出了新民主主义革命的总路线和总政策，即“无产阶级领导的，人民大众的，反对帝国主义、封建主义和官僚资本主义的革命”。这是新民主主义革命总路线完整的科学表述。

中国人民政治协商会议的召开，标志着中国新民主主义革命的胜利。中国至此进入由新民主主义社会向社会主义社会过渡的历史时期。从新中国成立至1952年，党领导人民完成了民主革命的遗留任务和迅速恢复了国民经济。彻底完成民主革命的任务，为进一步开展社会主义革命和建设，走上社会主义道路创造了良好条件：通过追歼残敌，剿匪作战，消灭了国民党残余势力；通过抗美援朝，挫败了帝国主义侵华的图谋；通过土地改革，基本上消灭了农村封建剥削制度；通过镇压反革命运动，肃清了一大批特务、土匪、恶霸、反动党团骨干分子、反动会道门头子等破坏分子；通过没收官僚资本，肃清了官僚资产阶级。恢复国民经济使国家财政取得根本好转，工农业生产达到并超过历史最高水平：没收了官僚资本，建立了国营经济；稳定了物价，统一了财经；合理调整了工商业；完成了土地改革，实行了工矿企业民主改革和生产改革。

1953年中国共产党制定了过渡时期总路线，即：从中华人民共和国成立，到社会主义改造基本完成，这是一个过渡时期。共产党在过渡时期的总路线和总任务，是要在一个相当长的时期内，逐步实现国家的社会主义工业化，并逐步实现国家对农业、对手工业和对资本主义工商业的社会主义改造。“这条路线是照耀我们各项工作的灯塔，各项工作离开它，就要犯右倾或‘左’倾的错误。”12月，中共中央批准并转发了《为动员一切力量把中国建设成为一个伟大的社会主义国家而斗争——关于共产党在过渡时期总路线的学习和宣传提纲》，标志着总路线的最终形成。1954年2月中共七届四中全会通过决议，正式批准了过渡时期总路线，并于同年9月载入第一部《中华人民共和国宪法》。过渡时期总路线的特点是社会主义工业化和社会主义改造同时并举，以工业化为主体，三大改造为两翼，二者相互适应，相互促进，协调发展。这条总路线的实质是把生产资料的资本主义私有制改造为社会主义公有制。

从1953年至1956年，我国对农业、手工业和资本主义工商业进行了社会主义改造。三大改造的完成标志着我国基本上实现了从新民主主义到社会主义的转变，标志着社会主义制度在中国全面确立。社会主义制度的建立，对于社会主义正义观的实现有着最为根本的意义。一是我国的所有制结构发生了根本变化，社会主义公有制已成为我国的经济基础。这表明，几千年来以生产资料私有制为基础的剥削制度已被消灭，从而人们在生产中的地位和相互关系、产品分配形式也必将发生革命性的变革。二是剥削阶级作为阶级已经被消灭或正在消亡。帝国主义势力、官僚资产阶级和封建地主阶级在民主革命中已被消灭，剩下的民族资产阶级和富农阶级，由于失去了赖以剥削他人的制度，也正处在消亡的过程中。工人阶级已成为国家的领导阶级。农民已经由个体农民转变为合作化的农民。三是社会主义工业化的基础已经初步奠定。三大改造的胜利完成，使生产关系更加适合生产力水平，极大地解放了生产力。特别是第一个五年计划提前完成，改变了国民经济结构，奠定了社会主义工业化的初步基础。由此可见，社会主义制度的建立，为我国的社会主义正义观的实现开辟了极为广阔的前景。

（二）发展经济和社会生产力

中国共产党领导人民进行经济建设，发展社会生产力，是在物质文明方面的社会主义正义观实践。

在土地革命战争时期，中国共产党领导了严峻的战争条件下的根据地经济建设，支援革命战争，满足和改善群众生活的需要。当时各个根据地亟待解决的主要问题是：建立新型的财政金融，保障革命军队和各级政府工作人员的供给；发展贸易，打破经济封锁；恢复和发展工农业生产，加强根据地的物质基础。为尽快完成上述任务，1931 年 11 月，第一次全国苏维埃代表大会通过了《关于经济政策的决议案》，为苏维埃政权规定了有关工业、商业、财政、金融等项经济政策的基本方针和依据。毛泽东也对此形成了精辟的经济思想：从实际出发，正确处理革命战争与经济建设的辩证关系；首要任务是发展农业生产；发展国营经济和合作经济与保护私人经济同时并进；提出经济建设的正确方针；关心群众生活，注意工作方法。经过艰苦的努力，苏区的农业生产得到发展，形成了以军需工业为主体的公营工业，如被服厂、印刷厂、造币厂和军械处；由国营、集体和私营三大类构成的商业结构，其中国营商业主要是各级对外贸易局和国家粮食调剂局经营的业务，对于个体商业，党和苏维埃政府给予了保护和鼓励；对外贸易指红色区域对白色区域的商品交换，政府采取“对外管理、对内自由”的贸易，并实行优惠的关税政策，保存和扩大了苏区的外贸。经济建设对于打破敌人的经济封锁和改善人民生活起了极其重要的作用，使人民群众深切感受到了根据地的社会正义性。

抗日战争时期，中国共产党领导人民进行了更大规模的经济建设。毛泽东将发展经济、保障供给，作为根据地经济工作和财政工作的总方针。他针对我国农村人力物力分散的具体情况，提出生产和供给采取“统一领导，分散经营”的方针，积极发展解放区带有新民主主义性质的农工商业经济。面对困难的局面，党在根据地发动党政军民开展大生产运动，要求“各级党政军机关学校一切领导人员都须学会领导群众生产的一全套本领”，并提出帮助农民解决生产上的困难，交流生产经验，在各行各业举行生产竞赛，奖励劳动英雄，组织生产展览会，发动群众的创造力和积极性。根据地经济建设的成就和意义是巨大的：发展了生产，克服了严重的经济困难，解决了军民生活与战争的需要，同时减轻了人民负担，改善了党和军队同人民群众的关系，并为抗日战争的胜利奠定了坚实的物质基础；形成了新的生产方式，根据地建立了国营经济，组织了为群众服务的包括生产、消费、运输、信用和手工业的合作社，组织群众自愿参加建立在个体（私有财产）经济基础上的初级合作社，包括变工队、扎工队等农业劳动互助组织，这是变革生产关系的伟大创造；各级领导机关“学会了经济工作”，军队、机关、学校都学会了生产和经济工作。经济建设的成就不但在很大程度上改善了根据地的经济状况，提高了人民群众的物质福利，也部分地改变了根据地的生产方式和社会结构，在社会正义的发展上具有双重的意义。

解放战争时期，中国共产党领导的经济建设较之以往规模更大，也更复杂，取得的成就也更巨大：农业方面，各解放区进行了土地改革，得到土地等农业生产资料的农民生产积极性提高，迅速发展了农业生产；工业方面，随着战争胜利进程的推进，一些大中城市相继解放，党加强了对城市的接管工作和对工业的领导，加强了工业的计划性，管理工作实行企业化和民主化，重视和培养技术、管理干部，使工业得到较快恢复和发展；财政方面，采取了清理资财、统一货币、整顿金融、稳定物价等措施，保证了军需民用，保障了工农业的稳定发展。解放战争时期的经济建设，对于巩固老解放区、建设新解放区、促进解放战争在全国的胜利具有重要意义。

新中国成立之后，在三年之内恢复了被长期战争破坏的国民经济，并在新解放区进行了民主改革。从 1953 年起，开始了有计划地全面经济建设时期。“从 1949 年到 1978 年的近 30 年间，新中国在‘一穷二白’的基础上以资本主义发达国家望尘莫及的速度，逐步建立了独立的比较完整的工业体系和国民经济体系。……我国从 1949 年到 1978 年的社会总产值从 557 亿元增加到 6846 亿元，即 29 年间增长 11.29 倍，年均增长 9%。若以可比价格计算，社会总产值的指数以 1952 年为 100，到 1978 年则为 725.8%，即由 1952 年国民经济恢复任务基本完成之后到改革开放前的 26 年之间，增长了 6.26 倍，年均增长 7.3%。其中 1958—1962 年的‘二五’时期前两年是大跃进，后三年是困难时期，生产一度下滑，以致年均负增长 0.4%，除此之外，其余各个时期每年平均都保持了很高的增长速度。即在 1953—1957 年开始大规模经济建设的‘一五’时期年均增长 11.3%；1963—1965 年在克服严重困难之后的恢复时期年均增长 15.5%，达到了最快的速度；在‘文革’前期，即 1966—1970 年的‘三五’时期年均增长 9.3%；‘文革’后期即 1971—1975 年的‘四五’时期，也达到了年均增长 7.3% 的水平。在社会总产值快速增长中，工农业总产值的增长速度尤为迅速。工农业总产值从 1949 年的 466 亿元增加到 1978 年的 5690 亿元，按可比价格计算增长 12.82 倍，年均增长 9.5%。”①

社会主义是与不断发展的社会生产相联系的。中国共产党领导人民在经济建设上的成就，既是社会主义正义观的实践在经济领域的表现，也为其他领域的社会正义的实现奠定了基础。

（三）实现人民政治权利

中国共产党领导人民管理国家和社会，实现人民当家作主，是在政治文明方面的社会主义正义观实践。

民主法制建设既是正义观实践的内容，也是重要手段。在革命战争时期的根据地和解放区，党就十分重视民主法制建设。在土地革命时期，各根据地由工人、农民和士兵选出自己的代表，建立各级工农兵苏维埃政府。1931 年 11 月 7 日，在江西瑞金召开了第一次全国苏维埃代表大会，

① 丁冰：《新中国前三十年生产建设的伟大成就》，《高校理论战线》1999 年第 10 期。

通过了《中华苏维埃共和国宪法大纲》，成立了中华苏维埃中央临时政府。宪法大纲规定苏维埃政权是属于工人、农民、红色战士及一切劳苦民众的，只有军阀、官僚、地主、豪绅、资本家、富农、僧侣及一切剥削人的人和反革命分子没有选举代表参加政权和政治上自由的权利；规定实行民主集中制，即“议行合一”的工农兵苏维埃代表大会制度；确定工农兵专政的目的是消灭一切封建残余，赶走帝国主义列强的在华势力，统一中国；规定了苏维埃公民的基本权利，如参政权，工农群众的武装自卫权，言论、出版、集会、结社、婚姻、宗教信仰的自由权等。抗日战争时期，陕甘宁边区1937年6月20日提出了《民主政府施政纲领》。其主要内容是，动员一切人力物力财力准备抗日战争；实行民主普选制度和议会制度；保障人民言论集会结社出版等民主自由；保障农民已分得的土地，实行耕者有其田等。中共中央在《抗日根据地的政权问题》的指示中提出，我们所建立的政权的性质，是民族统一战线的，是一切赞成抗日又赞成民主的人们的政权，是几个革命阶级联合起来对于汉奸和反动派的民主专政。1941年5月1日中共中央批准了边区中央局起草的《陕甘宁边区施政纲领》（又称“五一施政纲领”），提出在政权建设上规定实行“三三制”原则，即共产党员占三分之一，非党的左派进步人士占三分之一，中间派占三分之一，突出体现了边区政权的统一战线性质。纲领还规定了抗日人民的各项自由权利，即“保证一切抗日人民（地主、资本家、农民、工人等）的人权、政权、财权及言论、出版、集会、结社、信仰、居住、迁徙之自由权”。解放战争时期，各解放区制定了“宪法原则”、“施政纲领”等文件，其特点是确立了人民民主政权的阶级基础，在政治制度上由抗日战争时期的参议会制度发展到人民代表会议制度，在经济制度上由抗日战争时期削弱封建剥削发展到以消灭封建剥削为主的全面的经济制度，规定了人民的各项权利。

新中国成立后，政治文明的实践有了更大的发展。1954年宪法规定了新中国国家性质是“工人阶级领导的、以工农联盟为基础的人民民主国家”；规定了我国的政权组织形式是实行民主集中制的人民代表大会制度；确认了单一制的国家结构，在统一的多民族国家内部实行民族区域自治的基本制度。宪法所确认的人民民主原则与一切资产阶级民主有着根本的区别，它是一种新型的民主，即广大人民的民主。宪法确认国家的“一切权力属于人民”，人民通过各级人民代表大会代表人民行使国家权力。人民民主原则在国家生活中体现在，一是人民选举产生人民代表组成各级人民代表大会，人民有权监督并依法撤换不称职的人民代表；二是各级人民代表大会产生本级政府，政府必须向人民代表大会负责并报告工作；三是一切国家机关都要实行民主集中制，接受群众的监督，努力为人民服务。1954 年宪法赋予公民广泛的权利和自由，如平等权，选举权和被选举权，言论、出版、集会、结社、游行、示威的自由，宗教信仰自由，人身自由不受侵犯，住宅不受侵犯，通信秘密受保护，居住和迁徙的自由，劳动权，休息权，物质帮助权，受教育权，青年智体的发展权，控告权等各项权利、自由。1954 年宪法赋予公民广泛的权利和自由，对于我国社会主义社会正义的发展具有划时代的意义。

官僚主义和特权思想是剥削制度的残余，是对社会正义的极大破坏。中国共产党还把反对官僚主义和特权思想作为政治文明建设的重要内容。抗战时期的《陕甘宁边区施政纲领》规定："厉行廉洁政治，严惩公务人员之贪污行为，禁止任何公务人员假公济私之行为，共产党员有犯法者从重治罪"，同时提出"实行俸以养廉原则"。在延安时期的"黄克功事件"中，毛泽东指出"共产党与红军，对于自己的党员与红军成员不能不执行比较一般平民更加严格的纪律"。[①] 新中国成立前夕召开的党的七届二中全会上，毛泽东指出："因为胜利，党内的骄傲情绪，以功臣自居的情绪，停顿起来不求进步的情绪，贪图享乐不愿再过艰苦生活的情绪，可能生长。……可能有这样一些共产党人，他们是不曾被拿枪的敌人征服过的，他们在这些敌人面前不愧英雄的称号；但是经不起人们用糖衣裹着的炮弹的攻击，他们在糖弹面前要打败仗。我们必须预防这种情况。"[②] "刘青山、张子善事件"发生后，毛泽东对此事极为关注，亲自过问和批准了对刘青山、张子善贪污案的处理，下决心坚决予以严惩。

（四）改善劳动群众生活

中国共产党领导人民建立符合国情的收入分配制度，进行社会建设，是在社会生活方面的社会主义正义观实践。

毛泽东指出："世界上没有什么超功利主义，在阶级社会里，不是这

① 《毛泽东文集》第二卷，人民出版社 1993 年版，第 39 页。

② 《毛泽东选集》第四卷，人民出版社 1991 年版，第 1438 页。

一阶级的功利主义，就是那一阶级的功利主义。我们是无产阶级的革命的功利主义者，我们是以占全人口百分之九十以上的最广大群众的目前利益和将来利益的统一为出发点的，所以我们是以最广和最远为目标的革命的功利主义者，而不是只看到局部和目前的狭隘的功利主义者。”① 通过收入分配制度和社会建设，调节社会资源在社会成员间的分配，是社会主义正义观建设的重要内容。

在民主革命的不同时期，中国共产党根据当时的任务，提出了不同的利益分配原则。比如，在土地政策方面，1931 年制定土地革命路线是：依靠贫雇农，联合中农，限制富农，保护中小工商业者，消灭地主阶级，变封建半封建的土地所有制为农民的土地所有制。这条土地路线调动了一切反封建的因素，使农民在政治上、经济上翻了身，为保卫胜利果实，农民积极参军参战，支援革命战争，巩固了红色政权。在抗战时期，“毛泽东要求政府站在执行减租法令和调节东佃利益的立场上。土地所有权和财产所有权仍属于地主，实行地主减租减息、农民部分地交租交息的政策。一般以二五减租为原则；减息，不要减到超过社会借贷关系所许可的程度，造成因减息而使农民借不到债。不要因清算老账而无偿收回典借的土地。还提出不准擅自变更一切已分配土地房屋和已经废除过的债务，以保护贫苦农民既得利益。在劳资关系上，毛泽东主张实行适当改善工人生活和不妨碍资本主义经济正当发展的两重性政策，既改善工人、职员待遇，又切忌过左。加薪减时，不应过多。工人必须遵守劳动纪律，使资本家有利可图。既改良工人、农民的生计，又利于根据地内私营企业较快发展、生活必需品的满足和经济的恢复”。② 社会主义改造时期对民族资本主义工商业利润分配，也采取了“兼顾”的形式。1953 年国家规定，私营企业每年结算盈余，其利润分配依照“四马分肥”的方式，即将利润分为国家所得税、企业公积金、工人福利费、资方红利四个方面进行分配，资方红利大体只占四分之一，企业利润的大部分归国家和工人，基本上是为国计民生服务的。在全行业公私合营后采取定息制度，即按合营时的资本家股份资产，由国家在一定年限内，每年付给资本家一般为资产总额 5% 的利息，同时对资方从业人员保留高薪。“赎买政策”的实行，不但减少

① 《毛泽东选集》第三卷，人民出版社 1991 年版，第 864 页。

② 仓林忠：《毛泽东抗战时期根据地经济建设的思想与实践》，《世纪桥》2008 年第 20 期。

了资产阶级对社会主义改造的阻力，而且有利于逐步把资本家改造成为自食其力的劳动者。

社会主义制度建立以后，确立了按劳分配的主体分配方式。既反对平均主义，也反对过分悬殊。在当时的历史条件下，这在分配领域实现了最大的社会正义。但是，由于主客观方面的原因，当时的主要认识是反对“过分悬殊”，比如，1957 年毛泽东在《论十大关系》一文中就指出：“关于工资，最近决定增加一些，主要加在下面，加在工人方面，以便缩小上下两方面的距离。”① 这在当时是有合理性的。但是，在实践中产生的平均主义的倾向，对社会正义造成了一定的损害。

在社会建设方面社会主义正义观主要体现在：一是妇女解放和妇女权益的保障。早在 1950 年 5 月 1 日新中国颁布实施的第一部基本法《中华人民共和国婚姻法》就规定，新中国废除包办强迫、男尊女卑、漠视子女利益的封建主义婚姻，实行男女婚姻自由、一夫一妻、男女权利平等、保护妇女和子女合法利益的新民主主义婚姻制度。1954 年宪法明确规定：“中国人民共和国妇女在政治的、经济的、文化的、社会的和家庭的生活方面，享有与男子平等的权利。”宪法以及一系列相关法律规范打碎了几千年来封建制度对女性的束缚，保障了妇女的权益。妇女的劳动权得到保障，妇女就业人数大幅度提高。妇女的健康保健得到重视，对女职工采取了全面的劳动保护措施。妇女还全面参与国家和社会事务的管理，积极参加人民代表大会、政治协商会议、人民政府和司法机构的活动。1954 年，参加第一届全国人民代表大会的女代表占代表总数的 11.9%；1956 年第二次基层人民选举中，女代表占代表总数的 20.3%。② 二是在就业方面。新中国十分重视社会就业，采取各种措施减少和消除失业现象。“在城镇就业的具体措施上，主要是采取了劳动力的统一招收和调配制度。从 50 年代中期以后，取消了企业和事业单位在招工、用工方面的权限，将调配劳动力的权限集中于劳动部门。这就在宏观方面完成了在全国范围内劳动力的统一配置，同时，在微观层面上则形成了企业用工中的固定工制度。其最大特点是企业在用工方面‘能进不能出’，不能以任何经济性原因裁

① 《毛泽东文集》第七卷，人民出版社 1999 年版，第 28 页。

② 中华全国妇女联合会：《中国妇女运动历史资料汇编》第 2 册，中国妇女出版社 1987 年版，第 15 页。

减其多余的职工。"[①] 这些措施保障了公民的劳动权，但也产生了一些消极后果。三是在大众教育方面。新中国采取教育"向工农开门"的方针，通过举办扫盲班、速成学校、补习学校开展扫盲运动，大力加强了中小学教育。"显然，中国的大众教育在后发国家尤其是后发大国中走在了前列。这不仅提升了整个民族的文化素质，而且为以后高等教育的正常发展、为中国整个教育事业的协调发展乃至为中国社会经济今天的全面发展奠定了比较扎实的基础。"[②] 与此同时，党和政府还在医疗卫生、社会救助等方面实行了对劳动群众有利的社会资源分配，极大地促进了社会正义的发展。

① 吴忠民：《从平均到公正：中国社会政策的演进》，《社会学研究》2004 年第 1 期。

② 同上。

第五章

中国改革开放以来的社会主义正义观

改革开放以来，中国共产党领导中国人民在社会主义现代化建设的实践中形成了包括邓小平理论、“三个代表”重要思想和科学发展观在内的中国特色社会主义理论体系，走出了一条中国特色社会主义道路。在这个历史时期，党关于社会主义正义观的理论日益清晰和科学，关于社会主义正义观的实践日见丰富和有效。中国改革开放以来的社会正义的理论和实践，从多方面和多角度丰富和发展了社会主义正义观。

一　邓小平理论对于社会主义正义观的认识

在邓小平的谈话和著作中，直接谈到“社会正义”、“社会公正”的地方并不是很多，但是其中却处处渗透着他对正义的理解和追求。

（一）发展生产力

发展生产力，提高人民的生活水平，才符合社会主义的要求，符合社会主义正义观。

邓小平关于社会主义要解放生产力、发展生产力的观点来自于马克思主义基本理论与现实国情的结合。从理论上说，“按照历史唯物主义的观点来讲，正确的政治领导的成果，归根结底要表现在社会生产力的发展上，人民物质文化生活的改善上”。[①] 邓小平思考了怎样建设社会主义的问题，认为社会主义不是空洞的口号，搞社会主义不能越搞越穷，“不能因为有社会主义的名字就光荣，就好”。[②] 同时，邓小平对我国生产力落后、物质财富匮乏的国情有着深刻的认识。他说：“我们的生产力发展水

① 《邓小平文选》第二卷，人民出版社1994年版，第128页。

② 同上书，第313页。

平很低，远远不能满足人民和国家的需要，这就是我们目前时期的主要矛盾，解决这个主要矛盾就是我们的中心任务。”① 因此，“社会主义现代化建设是我们当前最大的政治，因为它代表着人民的最大的利益、最根本的利益。”② 邓小平鲜明地指出：“贫穷不是社会主义，社会主义要消灭贫穷。不发展生产力，不提高人民的生活水平，不能说是符合社会主义要求的。”③ 社会主义正义观是建立在一定的生产力发展水平的基础上的，生产力发展水平与社会主义正义观的实现程度具有内在的联系。社会主义之所以具有生命力，从根本上来说是因为它能够更快地发展生产力，从而使人与社会都得到更好更快的发展，而这正是社会正义所追求的最终目的。

邓小平把生产力革命提高到“历史发展的根本”这样一个极其重要的地位。在阶级社会里，阶级斗争是社会发展的直接动力，推动了社会的进步，这一点邓小平并不否认，同时他又强调：“革命是要搞阶级斗争，但革命不只是搞阶级斗争。生产力方面的革命也是革命，而且是很重要的革命，从历史的发展来讲是最根本的革命。”④ 邓小平认识到革命的目的、社会主义的目的不是国困民贫，而是国强民富，而这要通过提高生产力来实现。他指出：“我们革命的目的就是解放生产力，发展生产力。离开了生产力的发展，国家的富强、人民生活的改善，革命就是空的。”⑤ 邓小平敏锐地认识到人民群众所期待的正义社会，是一个生产力发展、收入增加的社会。只有具备了生产力发展的物质基础，才能推进社会各项事业，满足人民群众不断增长的物质文化生活的需要，社会主义才能获得人民群众的信任和拥护。他在会见几内亚总统杜尔时说：“根据我们自己的经验，讲社会主义，首先就要使生产力发展，这是主要的。只有这样，才能体现社会主义的优越性。社会主义经济政策对不对，归根到底要看生产力是否发展，人民收入是否增加。这是压倒一切的标准。空讲社会主义不行，人民不相信。”⑥

解放生产力、发展生产力是一项历史任务，改善人民生活也要有计划、分步骤地稳步推进，一蹴而就的幻想和不切实际的冒进都是不可取

① 《邓小平文选》第二卷，人民出版社 1994 年版，第 182 页。
② 同上书，第 163 页。
③ 《邓小平文选》第三卷，人民出版社 1993 年版，第 116 页。
④ 《邓小平文选》第二卷，人民出版社 1994 年版，第 311 页。
⑤ 同上书，第 231 页。
⑥ 同上书，第 314 页。

的。1980 年 1 月，邓小平在《目前的形势和任务》一文中指出：“我们也反对现在要在中国实现所谓福利国家的观点，因为这不可能。我们只能在发展生产的基础上逐步改善生活。发展生产，而不改善生活，是不对的；同样，不发展生产要改善生活，也是不对的，而且是不可能的。”①

认识了发展生产力的重要性还不等于一定能够在现实中把生产力发展好，还必须抓住发展生产力的关键措施。邓小平对如何发展生产力也有深远的考虑。他说：“我们国家要赶上世界先进水平，从何着手呢？我想，要从科学和教育着手。”② 邓小平提出了“科学技术是第一生产力”的观点，他在 1992 年南巡时又说：“经济发展得快一点，必须依靠科技和教育。我说科学技术是第一生产力。近一二十年来，世界科学技术发展得多快啊！高科技领域的一个突破，带动一批产业的发展。我们自己这几年，离开科学技术能增长得这么快吗？要提倡科学，靠科学才有希望。”③ 关于教育的重要性，邓小平强调：“我们国家，国力的强弱，经济发展后劲的大小，越来越取决于劳动者的素质，取决于知识分子的数量和质量。一个十亿人口的大国，教育搞上去了，人才资源的巨大优势是任何国家比不了的。有了人才优势，再加上先进的社会主义制度，我们的目标就有把握达到。”④ 在当代历史条件下，生产力的发展越来越显示出需要科学技术来带动的特点，而科学的昌明、技术的发达，乃至劳动者素质的提高，又要通过教育来实现，这充分证明了邓小平的远见卓识。

（二）促进共同富裕

社会主义维护的是最广大人民群众的根本利益，社会主义要最终实现共同富裕，这是社会主义正义观的鲜明特征。

社会正义需要丰富的物质财富，这从邓小平关于社会主义本质的表述中可以清晰地看出。1992 年，他在视察南方的谈话中明确指出了社会主义的本质：“社会主义的本质，是解放生产力，发展生产力，消灭剥削，消除两极分化，最终达到共同富裕。”⑤ 资本主义建立在社会化大生产的

① 《邓小平文选》第二卷，人民出版社 1994 年版，第 257—258 页。
② 同上书，第 48 页。
③ 《邓小平文选》第三卷，人民出版社 1993 年版，第 377—378 页。
④ 同上书，第 120 页。
⑤ 同上书，第 373 页。

基础之上，社会主义也是建立在社会化大生产的基础之上；资本主义要创造发达的生产力，社会主义也要创造发达的生产力。但是二者的区别正如邓小平所指出的，“社会主义发展生产力，成果是属于人民的”①。邓小平多次指出社会主义的富裕与资本主义的富裕的本质区别所在。1990 年，邓小平在同几位中央负责同志谈话时也强调：“社会主义不是少数人富起来、大多数人穷，不是那个样子。社会主义最大的优越性就是共同富裕，这是体现社会主义本质的一个东西。”②

邓小平认为，一个公正的社会是大多数人都能富裕起来，能够得到发展的社会。我们搞社会主义建设，实行改革开放，目的是让大多数人受益而不是让少数人受益，这个目的只有走社会主义道路才能实现。他说：“如果走资本主义道路，可能在某些局部地区少数人更快地富起来，形成一个新的资产阶级，产生一批百万富翁，但顶多也不会达到人口的百分之一，而大量的人仍然摆脱不了贫穷，甚至连温饱问题都不可能解决。只有社会主义制度才能从根本上解决摆脱贫穷的问题。”③ 邓小平多次谈到要防止经济发展过程中出现两极分化的问题。他明确指出：“社会主义的目的就是要全国人民共同富裕，不是两极分化。如果我们的政策导致两极分化，我们就失败了；如果产生了什么新的资产阶级，那我们就真是走了邪路了。”④ 他在 1993 年的谈话中指出：“我们讲要防止两极分化，实际上两极分化自然出现。要利用各种手段、各种方法、各种方案来解决这些问题。”“少部分人获得那么多财富，大多数人没有，这样发展下去总有一天会出问题。分配不公，会导致两极分化，到一定时候问题就会出来。这个问题要解决。过去我们讲先发展起来。现在看，发展起来以后的问题不比不发展时少。”⑤

邓小平对于两极分化的严重后果也有清晰的认识：“一旦中国全盘西化，搞资本主义，四个现代化肯定实现不了。中国要解决十亿人的贫困问题，十亿人的发展问题。如果搞资本主义，可能有少数人富裕起来，但大量的人会长期处于贫困状态，中国就会发生闹革命的问题。”⑥ “共同致

---

① 《邓小平文选》第三卷，人民出版社 1993 年版，第 255 页。
② 同上书，第 364 页。
③ 同上书，第 208 页。
④ 同上书，第 110—111 页。
⑤ 《邓小平年谱（一九七五——九九七）》下卷，中央文献出版社 2004 年版，第 1364 页。
⑥ 《邓小平文选》第三卷，人民出版社 1993 年版，第 229 页。

富，我们从改革一开始就讲，将来总有一天要成为中心课题。社会主义不是少数人富起来、大多数人穷，不是那个样子。社会主义最大的优越性就是共同富裕，这是体现社会主义本质的一个东西。如果搞两极分化，情况就不同了，民族矛盾、区域间矛盾、阶级矛盾都会发展，相应地中央和地方的矛盾也会发展，就可能出乱子。”① 邓小平的认识是富于洞见性的。当前我国贫富分化比较严重，已对社会持续发展、和谐发展造成了很大的影响。要推进社会主义的社会正义，就必须高度重视这个问题，并切实加以解决。

收入分配政策决定了社会成员取得收入的方式和数量，对于社会正义在各个领域的实现都有着重大影响，采取何种收入分配政策是社会正义的重要内容，而这又是与对于利益问题的认识有关的。邓小平指出，一方面“我们从来主张，在社会主义社会中，国家、集体和个人的利益在根本上是一致的，如果有矛盾，个人的利益要服从国家和集体的利益。为了国家和集体的利益，为了人民大众的利益，一切有革命觉悟的先进分子必要时都应当牺牲自己的利益”。② 另一方面还要承认和鼓励物质利益、个人利益的存在。建设社会主义不仅要讲革命精神，还得讲个人的物质利益、物质鼓励，“必须把国家、集体和个人利益结合起来，才能调动积极性，才能发展社会主义的生产”。③ 他在中央工作会议上指出：“如果只讲牺牲精神，不讲物质利益，那就是唯心论。”“为国家创造财富多，个人的收入应该多一些，集体福利就应该搞得好一些。不讲多劳多得，不重视物质利益，对少数先进分子可以，对广大群众不行，一段时间可以，长期不行。”④

邓小平对于反对平均主义以调动劳动者的积极性的认识非常透彻。他说：“人的贡献不同，在待遇上是否应当有差别？同样是工人，但有的技术水平比别人高，要不要提高他的级别、待遇？技术人员的待遇是否也要提高？如果不管贡献大小、技术高低、能力强弱、劳动轻重，工资都是四五十块钱，表面上看来似乎大家是平等的，但实际上是不符合按劳分配原

① 《邓小平文选》第三卷，人民出版社 1993 年版，第 364 页。
② 《邓小平文选》第二卷，人民出版社 1994 年版，第 337 页。
③ 同上书，第 351 页。
④ 同上书，第 146 页。

则的，这怎么能调动人们的积极性？”① 平均主义看似公平、平等，但它不考虑人们的工作态度、效率与成果，片面追求结果平等，实际上并不是社会正义的体现。“搞平均主义，吃‘大锅饭’，人民生活永远改善不了，积极性永远调动不起来。我们现在采取的措施，都是为社会主义发展生产力服务的。”“过去搞平均主义，吃‘大锅饭’，实际上是共同落后、共同贫穷，我们就是吃了这个亏。改革首先要打破平均主义，打破‘大锅饭’，现在看来这个路子是对的。”②

邓小平指出，共同富裕不是同时富裕、同步富裕，而是一个有先有后、先富带动后富的过程。“允许一部分地区、一部分企业、一部分工人和农民，由于辛勤努力成绩大而收入先多一些，生活先好起来。……这样，就会使整个国民经济不断地波浪式地向前发展，使全国各族人民都能比较快地富裕起来。”③ 在共同富裕的进程中，“我们一定要坚持按劳分配的社会主义原则。按劳分配就是按劳动的数量和质量进行分配。根据这个原则，评定职工工资级别时，主要看他的劳动好坏、技术高低、贡献大小。”④ “要有奖有罚，奖罚分明。对干得好的、干的差的，经过考核给予不同的报酬。”⑤ “我们提倡按劳分配，对有特别贡献的个人和单位给予精神奖励和物质奖励；也提倡一部分人和一部分地方由于多劳多得，先富裕起来。这是坚定不移的。”⑥ 事实证明，按劳分配的社会主义原则适应社会主义社会生产力的发展水平，既促进了社会经济的发展，也改善了人民的生活水平，有力地增进了社会正义。

允许一部分人、一部分地区先富起来，最终目的还是要实现共同富裕，因为先富不是社会主义本质的体现，而共富才是社会主义本质的体现。邓小平指出：“我们提倡一部分地区先富裕起来，是为了激励和带动其他地区也富裕起来，并且使先富裕起来的地区帮助落后的地区更好地发展。提倡人民中有一部分人先富裕起来，也是同样的道理。对一部分先富裕起来的个人，也要有一些限制，例如，征收所得税。还有，提倡有的人

---

① 《邓小平文选》第二卷，人民出版社 1994 年版，第 30—31 页。
② 《邓小平文选》第三卷，人民出版社 1993 年版，第 155 页。
③ 《邓小平文选》第二卷，人民出版社 1994 年版，第 152 页。
④ 同上书，第 101 页。
⑤ 同上书，第 102 页。
⑥ 同上书，第 258 页。

富裕起来以后，自愿拿出钱来办教育、修路。”① 他提出“两个大局”的战略构想，统筹了沿海和内地的发展：“沿海地区要加快对外开放，使这个拥有两亿人口的广大地带较快地先发展起来，从而带动内地更好地发展，这是一个事关大局的问题。内地要顾全这个大局。反过来，发展到一定的时候，又要求沿海拿出更多力量来帮助内地发展，这也是个大局。那时沿海也要服从这个大局。”②

（三）建设制度正义

制度正义是社会主义正义观的一个重要内容，它有两个层面，一是制度要具有社会主义正义属性，二是社会主义社会正义需要制度来保障。

“所谓制度正义就是直接作用于人们的社会生活行为的社会规则系统所具有的对应于、相洽于人们正义需要、要求的性状和作用。”③ 制度是历史的产物。符合历史发展规律、能够满足人类社会进步需要的制度才是正义的制度。邓小平指出：“我们评价一个国家的政治体制、政治结构和政策是否正确，关键看三条：第一是看国家的政局是否稳定；第二是看能否增进人民的团结，改善人民的生活；第三是看生产力能否得到持续发展。”④

制度的正义属性，首先应当表现为根本社会制度的正义属性。在一定历史时期符合历史发展规律的根本社会制度，就是那个时期的正义的根本社会制度。在人类社会发展的历史上，无论是奴隶制度、封建制度还是资本主义制度都曾经适应了当时社会生产力的发展要求，体现了社会发展方向，起到过进步的历史作用，因而曾经是“正义”的根本社会制度。随着社会化大生产的发展，资本主义越来越成为生产力发展的桎梏，社会主义制度应运而生，并且相对于以往任何一种社会制度都显示出无与伦比的先进性，体现了当今时代的正义性。邓小平指出：“封建社会代替奴隶社会，资本主义代替封建主义，社会主义经历一个长过程发展后必然代替资本主义。这是社会历史发展不可逆转的总趋势。”⑤ 近代以来，中国长期

---

① 《邓小平文选》第三卷，人民出版社 1993 年版，第 111 页。

② 同上书，第 277—278 页。

③ 张恒山：《略论制度正义——执政党的至上价值目标》，《学习时报》2007 年 10 月 12 日。

④ 《邓小平文选》第三卷，人民出版社 1993 年版，第 213 页。

⑤ 同上书，第 382—383 页。

陷入半殖民地半封建社会的深渊，历史事实证明，向西方学习，走资本主义道路不能挽救中国的危亡，实现最基本的社会正义。邓小平指出：“中国自鸦片战争以来的一个多世纪内，处于被侵略、受屈辱的状态，是中国人民接受了马克思主义，并且坚持走从新民主主义到社会主义的道路，才使中国的革命取得了胜利。”①社会主义制度的正义性既体现在能够促进社会生产力的快速发展上，更体现在能够增进最广大人民群众的利益上，是二者的有机统一。邓小平说：“我们为社会主义奋斗，不但是因为社会主义有条件比资本主义更快地发展生产力，而且因为只有社会主义才能消除资本主义和其他剥削制度所必然产生的种种贪婪、腐败和不公正现象。”②他分析指出：“社会主义的经济是以公有制为基础的，生产是为了最大限度地满足人民的物质、文化需要，而不是为了剥削。由于社会主义制度的这些特点，我国人民能有共同的政治经济社会理想，共同的道德标准。以上这些，资本主义社会永远不可能有。资本主义无论如何不能摆脱百万富翁的超级利润，不能摆脱剥削和掠夺，不能摆脱经济危机，不能形成共同的理想和道德，不能避免各种极端严重的犯罪、堕落、绝望。”③ 因此，他旗帜鲜明地指出：“我们建立的社会主义制度是个好制度，必须坚持。”④

社会主义制度的建立为社会主义社会正义的实现提供了根本制度的保障，但是在社会主义的政治生活和社会生活中还需要一系列具体的制度保障。邓小平深刻分析了党在领导社会主义建设中的经验教训，指出：“我们过去发生的各种错误，固然与某些领导人的思想、作风有关，但是组织制度、工作制度方面的问题更重要。这些方面的制度好可以使坏人无法任意横行，制度不好可以使好人无法充分做好事，甚至会走向反面。”⑤ 他在《解放思想，实事求是，团结一致向前看》的讲话中说，“为了保障人民民主，必须加强法制。必须使民主制度化、法律化，使这种制度和法律不因领导人的改变而改变。现在的问题是法律很不完备，很多法律还没有制定出来。往往把领导人说的话当做‘法’，不赞成领导人说的话就叫做

① 《邓小平文选》第三卷，人民出版社 1993 年版，第 62 页。

② 同上书，第 143 页。

③ 《邓小平文选》第二卷，人民出版社 1994 年版，第 167 页。

④ 《邓小平文选》第三卷，人民出版社 1993 年版，第 116 页。

⑤ 《邓小平文选》第二卷，人民出版社 1994 年版，第 333 页。

‘违法’，领导人的话改变了，‘法’也就跟着改变。所以，应该集中力量制定刑法、民法、诉讼法和其他各种必要的法律，……做到有法可依，有法必依，执法必严，违法必究。”[①] 邓小平这段话是针对改革开放前夕的情况讲的，今天我们的法制建设有了很大的进步，但这段话体现出的基本思想仍然有着深远的意义。

社会主义民主是社会主义社会正义的重要体现，而民主不仅是一种工作方法和工作作风，更是一种国家制度，本身也需要法制来保障。邓小平指出：“肃清封建主义残余影响，重点是切实改革并完善党和国家的制度，从制度上保证党和国家政治生活的民主化、经济管理的民主化、整个社会生活的民主化，促进现代化建设事业的顺利发展。”[②] 他说，“要继续发展社会主义民主，健全社会主义法制。这是三中全会以来中央坚定不移的基本方针，今后也绝不允许有任何动摇。我们的民主制度还有不完善的地方，要制定一系列的法律、法令和条例，使民主制度化、法律化。”[③] 在保障民主的制度建设中，邓小平尤其重视宪法在切实保障人民行使民主权利中的根本地位。他提出“要使我们的宪法更加完备、周密、准确，能够切实保证人民真正享有管理国家各级组织和各项企业事业的权力，享有充分的公民权利”。[④] 我们是社会主义国家，中国共产党是领导核心，党规党法的地位和作用不容忽视。对此，邓小平明确指出：“国要有国法，党要有党规党法。党章是最根本的党规党法。没有党规党法，国法就很难保障。”[⑤]

社会主义的制度正义还要求从实际出发对旧的具体制度、体制、机制进行创新。在建立社会主义市场经济体制的过程中，针对人们的疑虑，邓小平指出计划和市场都是方法，“只要对发展生产力有好处，就可以利用”。[⑥] 在解决香港问题时，邓小平创造性地提出“一国两制”的构想。他说：“采用和平方式解决香港问题，就必须既考虑到香港的实际情况，也考虑到中国的实际情况和英国的实际情况，就是说，我们解决问题的办法要使三方面都能接受。如果用社会主义来统一，就做不到三方面都接

① 《邓小平文选》第二卷，人民出版社 1994 年版，第 146—147 页。
② 同上书，第 336 页。
③ 同上书，第 359 页。
④ 同上书，第 339 页。
⑤ 同上书，第 147 页。
⑥ 《邓小平文选》第三卷，人民出版社 1993 年版，第 203 页。

受。勉强接受了，也会造成混乱局面。即使不发生武力冲突，香港也将成为一个萧条的香港，后遗症很多的香港，不是我们所希望的香港。”① “一国两制”在港、澳回归问题中的实施，充分证明了制度创新对于社会主义社会正义的促进作用；今后在推进国家完全统一并维护统一和稳定问题上，仍需重视根据实际情况采取创新性的制度措施。

（四）推进社会主义民主

社会主义社会正义还鲜明地体现在社会主义民主上，要使人民有更多的民主权利，要反对腐败、特权思想和官僚主义。

邓小平总结了中外社会主义建设的经验教训，得出一个著名的论断：“没有民主就没有社会主义，就没有社会主义的现代化。”② 邓小平抓住了社会主义正义观在政治正义方面的本质特征，多次从各个不同的角度和方面提出发展社会主义民主的举措。他在《解放思想，实事求是，团结一致向前看》的讲话中专门谈了“民主是解放思想的重要条件”一节，提出“宪法和党章规定的公民权利、党员权利、党委委员的权利，必须坚决保障，任何人不得侵犯”③，“要切实保障工人农民个人的民主权利，包括民主选举、民主管理和民主监督”。④ 值得注意的是，邓小平的民主思想是与法制思想密切联系在一起的。他认为民主与法制是相辅相成的两个方面，是形成理想政治局面的必要条件。这一思想邓小平曾经多次强调。在改革开放之初的1979年，邓小平在人民政协第五届全国委员会第二次会议的开幕词中指出：“为了实现四个现代化，必须发扬社会主义民主和加强社会主义法制。”⑤ 1980年12月，邓小平在中央工作会议上再一次强调：“要继续发展社会主义民主，健全社会主义法制。这是三中全会以来中央坚定不移的基本方针，今后也绝不允许有任何动摇。”⑥ 1987年邓小平又指出，搞社会主义建设，除了对内开放和对外开放，“还要使人民有更多的民主权利，特别是要给基层、企业、乡村中的农民和其他居民以更多的自主权。在发扬社会主义民主的同时，还要加强社会主义法制，做到

① 《邓小平文选》第三卷，人民出版社1993年版，第101—102页。

② 《邓小平文选》第二卷，人民出版社1994年版，第168页。

③ 同上书，第144页。

④ 同上书，第146页。

⑤ 同上书，第187页。

⑥ 同上书，第359页。

既能调动人民的积极性，又能保证我们有领导、有秩序地进行社会主义建设”。[①] 可以看出，邓小平的民主法制思想是随着实践在不断发展的。

改革开放以来，我国经济发展很快，社会发展呈现出新气象，另一方面腐败和特权思想也蔓延开来，对社会主义社会正义造成非常严重的消极影响，人民群众意见很大。邓小平对此有着清醒的认识、高度的重视，他在政治局常委会议上指出：“风气如果坏下去，经济搞成功又有什么意义？会在另一方面变质，反过来影响整个经济变质，发展下去会形成贪污、盗窃、贿赂横行的世界。”[②] 1989 年他还谆谆告诫第三代领导集体“不惩治腐败，特别是党内的高层的腐败现象，确实有失败的危险”[③]，而“我们一手抓改革开放，一手抓惩治腐败，这两件事结合起来，对照起来，就可以使我们的政策更加明朗，更能获得人心”。[④] 邓小平对反对腐败和特权思想作出了许多具体的指示。在 1985 年他看到“有的党政机关设了许多公司，把国家拨的经费拿去做生意，以权谋私，化公为私”等不正之风，提出整党要“应该首先把这些不正之风整一整”。[⑤] 同年他在中国共产党全国代表会议上的讲话中又说要“对群众所反映的不合理现象及时纠正”[⑥]，“对一些严重危害社会风气的腐败现象，要坚决制止和取缔。一切企业事业单位，一切经济活动和行政司法工作，都必须实行信誉高于一切，严格禁止坑害勒索群众”。[⑦]

邓小平认识到反腐斗争的严峻形势，也对克服腐败现象充满信心。他说，“我们有信心，我们的党、我们的国家有能力逐步克服并最终消除这些消极现象”。[⑧] 邓小平的信心建立在科学的工作方法上。首先需要明确的是，反腐败是长期性的任务，不是临时性的任务。他强调指出：“我们要反对腐败，搞廉洁政治。不是搞一天两天、一月两月，整个改革开放过程中都要反对腐败。”[⑨] 1992 年在视察南方的谈话中他又强调“在整个改

① 《邓小平文选》第三卷，人民出版社 1993 年版，第 210 页。
② 同上书，第 154 页。
③ 同上书，第 313 页。
④ 同上书，第 314 页。
⑤ 同上书，第 112 页。
⑥ 同上书，第 144 页。
⑦ 同上书，第 145 页。
⑧ 同上书，第 148 页。
⑨ 同上书，第 327 页。

革开放过程中都要反对腐败。在整个改革过程中都要反腐败，对于干部和党员来说，廉政建设要作为大事来抓。还是要靠法制，搞法制靠得住些”。[①] 依靠法制来反对腐败、特权主义等消极现象，是邓小平在此问题上的又一突出思想。早在1980年他就明确提出“我们要在全国坚决实行这样一些原则：有法必依，执法必严，违法必纠，在法律面前人人平等”。[②] 有法可依是依靠法制消除腐败和特权现象的前提条件，但有了法律和制度并不等于那些消极现象可以自动被清除，更重要的是如何实施和执行法律制度的问题。有法不依、执法不严、违法不纠和在制度、纪律、法律面前享有特权的现象是严重违反社会主义原则和社会主义社会正义的表现，为广大人民群众所深恶痛绝。因此，“在法律面前人人平等”是邓小平一贯坚持和强调的思想。他说：“克服特权现象，要解决思想问题，也要解决制度问题。公民在法律和制度面前人人平等，党员在党章和党纪面前人人平等。人人有依法规定的平等权利和义务，谁也不能占便宜，谁也不能犯法。不管谁犯了法，都要由公安机关依法侦查，司法机关依法办理，任何人都不许干扰法律的实施，任何犯了法的人都不能逍遥法外。谁也不能违反党章党纪，不管谁违反，都要受到纪律处分，也不许任何人干扰党纪的执行，不许任何违反党纪的人逍遥于纪律制裁之外。”[③] 他说对于腐败、贪污、受贿这样的案件，“要雷厉风行地抓，要公布于众，要按照法律办事。该受惩罚的，不管是谁，一律受惩罚”。[④]

官僚主义是我们党和国家政治生活中广泛存在的影响社会主义民主的一个问题，与社会主义正义观是不相容的。邓小平对于反对官僚主义有相当多的论述，总结了官僚主义的表现和危害，分析了它产生的原因，指出了解决的主要途径。邓小平说官僚主义的“主要表现和危害是：高高在上，滥用权力，脱离实际，脱离群众，好摆门面，好说空话，思想僵化，墨守陈规，机构臃肿，人浮于事，办事拖拉，不讲效率，不负责任，不守信用，公文旅行，互相推诿，以至官气十足，动辄训人，打击报复，压制民主，欺上瞒下，专横跋扈，徇私行贿，贪赃枉法，等等”。[⑤] 邓小平分

---

① 《邓小平文选》第三卷，人民出版社1993年版，第379页。

② 《邓小平文选》第二卷，人民出版社1994年版，第254页。

③ 同上书，第332页。

④ 《邓小平文选》第三卷，人民出版社1993年版，第297页。

⑤ 《邓小平文选》第二卷，人民出版社1994年版，第327页。

析官僚主义在我国长期存在的根源，主要是高度集中的管理体制，除此之外，“官僚主义的另一病根是，我们的党政机构以及各种企业、事业领导机构中，长期缺少严格的从上而下的行政法规和个人负责制，缺少对于每个机关乃至每个人的职责权限的严格明确的规定，以至事无大小，往往无章可循，绝大多数人往往不能独立负责地处理他所应当处理的问题，只好成天忙于请示报告，批转文件。有些本位主义严重的人，甚至遇到责任互相推诿，遇到权利互相争夺，扯不完的皮。还有，干部缺少正常的录用、奖惩、退休、退职、淘汰办法，反正工作好坏都是铁饭碗，能进不能出，能上不能下。这些情况，必然造成机构臃肿，层次多，副职多，闲职多，而机构臃肿又必然促成官僚主义的发展。因此，必须从根本上改变这些制度。当然，官僚主义还有思想作风问题的一面，但是制度问题不解决，思想作风问题也解决不了”。[①] 解决制度问题，是消除官僚主义的关键问题，从改变促成官僚主义的制度入手，抓住了解决官僚主义的关键环节。

（五）坚持独立自主

社会主义正义观还体现在反对霸权主义和强权政治、维护世界和平的对外政策上，第三世界国家要坚持独立自主地使自己发展起来。

邓小平分析了国内形势和国际格局，指出“要实现四个现代化，搞好改革和开放，在国内需要有安定团结的政治局面，在国际上需要一个和平环境，根据这个情况提出了我们的对外政策，概括地说，就是反对霸权主义和维护世界和平”。[②] 反对霸权主义与维护世界和平是相辅相成的两个方面：反对霸权主义促进维护世界和平，维护世界和平要求反对霸权主义。邓小平指出：“要争取和平就必须反对霸权主义，反对强权政治。”[③] 邓小平曾提出和平与发展是当今世界的两大主题，但是“世界和平与发展这两大问题，至今一个也没有解决。社会主义中国应该用实践向世界表明，中国反对霸权主义、强权政治，永不称霸。中国是维护世界和平的坚定力量”。[④] 中国作为社会主义国家应当坚持反对霸权主义和维护世界和平，为国际正义作出自己的贡献：“我们奉行独立自主的正确的外交路线

① 《邓小平文选》第二卷，人民出版社 1994 年版，第 328 页。
② 《邓小平文选》第三卷，人民出版社 1993 年版，第 228 页。
③ 同上书，第 56 页。
④ 同上书，第 383 页。

和外交政策，高举反对霸权主义、维护世界和平的旗帜，坚定地站在和平力量一边，谁搞霸权就反对谁，谁搞战争就反对谁。所以，中国的发展是和平力量的发展，是制约战争力量的发展。”①

邓小平强调中国必须坚持以和平共处五项原则为基础的独立自主和平外交政策。只有独立自主，才能在国际舞台上维护本国和发展中国家的利益，为实现国际正义发挥自己的作用。邓小平说：“中国本来是个穷国，为什么有中美苏‘大三角’的说法？就是因为中国是独立自主的国家。为什么说我们是独立自主的？就是因为我们坚持有中国特色的社会主义道路。否则，只能是看着美国人的脸色行事，看着发达国家的脸色行事，或者看着苏联人的脸色行事，那还有什么独立性啊！”②“我们讲公道话，办公道事。这样，我们国家的政治分量就更加重了。这个政策很见效，我们要坚持到底。”③ 和平共处五项原则是正确处理国与国之间的关系，维护世界和平的基本准则。邓小平指出：“处理国与国之间的关系，和平共处五项原则是最好的方式。其他方式，如‘大家庭’方式，‘集团政治’方式，‘势力范围’方式，都会带来矛盾，激化国际局势。总结国际关系的实践，最具有强大生命力的就是和平共处五项原则。”④

邓小平深刻剖析了在“发展”这个世界主题上存在的不公平不公正现象：“现实情况是当今世界只有四分之一的人口生活在发达国家，其他四分之三的人口是生活在发展中国家，或者叫不发达国家。国际社会虽然提出要解决南北问题，但讲了多少年了，南北之间的差距不是在缩小，而是在扩大，并且越来越大。”⑤ 造成南北之间贫富差距越来越大的原因有历史因素，但更多的是现实因素，发达国家对于第三世界国家的发展不愿意提供有效的支持，发展中国家要谋求发展，只能依靠自己。“历史证明，越是富裕的国家越不慷慨，归根到底，我们要靠自己来摆脱贫困，靠自己发展起来。”⑥ 邓小平多次明确指出这一点。他说：“世界上的国家富的愈富，穷的愈穷，解决这个问题是国际舞台上的一个重要课题。但是，看来这个问题很难解决。中国有句话：愈富的人愈悭吝。要富国多拿点钱

① 《邓小平文选》第三卷，人民出版社 1993 年版，第 128 页。
② 同上书，第 311 页。
③ 同上书，第 162 页。
④ 同上书，第 96 页。
⑤ 同上书，第 282 页。
⑥ 同上书，第 281 页。

出来，它不肯，技术转让更不愿意。所以，第三世界仅寄希望于南北问题的解决是不够的，南南之间还要进行合作。”①

二　“三个代表”重要思想对于社会主义正义观的体现

党的十三届四中全会以来，以江泽民为核心的第三代领导集体在领导社会主义现代化建设和改革开放、发展马克思主义中国化的历程中，形成了“三个代表”重要思想，其中对于社会主义正义观的认识，达到了一个新的高度。

（一）维护最广大人民群众的根本利益

一切工作都以最广大人民群众的根本利益为出发点和落脚点，是社会主义社会正义的内在要求。

社会正义最根本最集中的体现，是对利益的分配。维护和发展哪一部分社会成员的利益，是区分不同性质的正义观的重要标准。“三个代表”重要思想指出我们党要始终代表先进生产力的发展要求，代表先进文化的前进方向，代表最广大人民的根本利益。最广大人民的根本利益就是我们党一切工作的出发点和落脚点，是社会主义正义观的出发点和落脚点。江泽民反复强调我们党始终坚持人民的利益高于一切，党的一切工作“归根到底都是为了最广大人民的利益”，“都是为了不断实现好、维护好、发展好最广大人民的利益”②，而“党除了最广大人民的利益，没有自己特殊的利益”。③ 社会主义社会正义在多大程度上得以实现，人民群众是否能够感受到并认可现实的正义状态，是由党的实际工作情况所决定的。江泽民强调，党代表最广大人民的根本利益不能只是一种理论论证，更重要的是付诸实践，“全心全意为人民谋利益，不能挂在嘴上，不能搞‘虚功’，而是要实实在在为群众办事，要从群众最关心、最迫切需要解决的实际问题入手开展工作，把我们党的根本宗旨切实落实到各项工作中，落实到广大人民群众身上”。④

① 《邓小平文选》第三卷，人民出版社 1993 年版，第 20 页。

② 《江泽民文选》第三卷，人民出版社 2006 年版，第 279 页。

③ 同上书，第 280 页。

④ 《江泽民文选》第二卷，人民出版社 2006 年版，第 365—366 页。

维护好和发展好最广大人民的根本利益，使人民群众享受到最大的社会正义，一方面要维护好和发展好最广大人民的整体利益，另一方面也要协调和平衡好人民群众不同部分、不同阶层之间的利益关系。如何处理好这两个方面的关系，使人民群众在整体利益发展的基础上都能享受到改革发展的成果，是一个重要的理论和实践问题。“改革越深化，越要正确认识和处理各种利益关系，把个人利益与集体利益、局部利益与整体利益、当前利益与长远利益正确地统一和结合起来，把最广大人民群众的切身利益实现好、维护好、发展好，把他们的积极性引导好、保护好、发挥好。”① 江泽民对此的考虑是：“人民群众的整体利益总是由各方面的具体利益构成的。我们所有的政策措施和工作，都应该正确反映并有利于妥善处理各种利益关系，都应认真考虑和兼顾不同阶层、不同方面群众的利益。但是，最重要的是必须首先考虑并满足最大多数人的利益要求，这始终关系党的执政的全局，关系国家经济、政治、文化发展的全局，关系全国各族人民的团结和社会安定的全局。”②

社会主义正义观还要求，在维护和发展人民群众的利益时，要尊重人民群众的意愿，从人民群众满意的角度来考虑问题，制定政策。邓小平提出把人民拥护不拥护、人民赞成不赞成、人民高兴不高兴、人民答应不答应作为制定方针政策和作出决断的出发点和归宿，江泽民则指出要“坚持全心全意为人民服务的宗旨，牢固树立以民为本的观点，切实关心和解决群众的切身利益问题”③，一些涉及群众切身利益的举措，出台的时机和力度，一定要充分考虑群众的承受能力和接受程度。只有这样才能使人民群众在享受经济社会发展成果的同时增加对社会正义的认可程度。

值得注意的是，江泽民从我国国情出发，把握时代发展的阶段性特征，科学地揭示了社会主义初级阶段社会公平的评价标准问题。他指出：“从理论上讲，以平等权利为基础的社会公平要受到社会经济文化发展的制约。在不同发展阶段，社会公平的内涵也会不同。衡量社会公平的标准必须看是否有利于社会生产力发展和社会进步。”④ 唯物史观认为，生产

---

① 中共中央文献研究室：《江泽民论有中国特色社会主义（专题摘编）》，中央文献出版社2002年版，第111页。

② 《江泽民文选》第三卷，人民出版社2006年版，第279—280页。

③ 中共中央文献研究室：《江泽民论有中国特色社会主义（专题摘编）》，中央文献出版社2002年版，第184页。

④ 《江泽民文选》第一卷，人民出版社2006年版，第48页。

力发展是社会正义的最终推动因素，也是社会正义的最重要体现。只有在生产力发展、人们的物质生活得到改善的条件下，生产关系才能稳定，社会面貌才能改观，社会正义才能稳定地、长期地得到发展。江泽民坚持以经济建设为中心，提出发展是党执政兴国的第一要务，强调“坚持贯彻党的富民政策，在发展经济的基础上，努力增加城乡居民的收入，不断改善人们的吃、穿、住、行、用的条件”。① 他坚持邓小平的两个大局思想，在沿海发达地区率先得到发展的情况下，致力于推动经济落后地区改变贫困落后面貌的工作，指出“帮助贫困地区发展经济文化，帮助贫困地区群众与全国人民一起逐步走上共同富裕的道路，是贯穿社会主义初级阶段全过程的历史任务，全党全国上下必须锲而不舍地长期奋斗”。② 为此，国家实施了西部大开发战略，提出了“经过几代人的艰苦奋斗，到21世纪中叶全国基本实现现代化时，从根本上改变西部地区相对落后的面貌，建成一个经济繁荣、社会进步、生活安定、民族团结、山川秀美、人民富裕的新西部”的战略目标。当前，包括西部地区在内的贫困落后地区获得了很大发展。江泽民提出的评价社会公平的标准中还提到了“社会进步”，这是一个重要的观点。生产力的发展为社会正义的实现创造了物质条件，但并不等于就是社会正义。生产力发展的成果能否带动社会各领域的均衡发展、能够最终惠及人民群众，也关系到社会正义的实现程度。尤其是在社会主义市场经济条件下，除了要关注物质文明建设之外，还要关注政治文明建设、精神文明建设，这具有重大的现实意义。

（二）协调公平与效率的关系

依据社会发展状况处理好公平与效率的关系，是社会主义社会正义的重点内容。

收入分配制度历来是社会正义的重点内容。人民群众能否获得更多的利益，既体现于社会整体发展水平，也直接表现在个人的收入分配上。江泽民坚持了在社会主义初级阶段实行以按劳分配为主体，多种分配方式并存的分配制度。他对按劳分配在反对平均主义和两极分化上的重要作用这个问题，在社会发展的不同阶段都有许多阐发。他指出：“党的十一届三

① 《江泽民文选》第三卷，人民出版社2006年版，第294页。

② 同上书，第249—250页。

中全会以后，我们党实行了一项政策，即允许和鼓励一部分地区、一部分人通过诚实劳动和合法经营先富起来，带动全国人民走共同富裕的道路。这是符合按劳分配原则的。实行这一政策，能力和贡献不同的人的收入会拉开差距，在致富的路上会有先有后，这是公平的。一般来说，由于人的能力和贡献的差别是有限的，实行按劳分配不可能导致贫富悬殊。而平均主义反对拉开差距，这是分配不公的一种表现。"① 江泽民重申："平均主义不是社会主义，两极分化也不是社会主义。"②他分析了分配差距过大的消极影响，提出了收入差距过大也会导致新的平均主义的观点："平均主义和收入差距过大也是相互影响的。我们要克服平均主义，但分配差距过大恰恰妨碍了收入差距的合理拉开。因为收入差距过大会破坏社会公平，涣散人心，特别是在新旧体制并存的情况下，往往会助长不是比贡献而是比收入的消极攀比和平均主义倾向，造成在更高收入水平上的'大锅饭'。"③ 江泽民还强调，一部分人先富起来，是要通过诚实劳动、合法经营先富起来，而不能通过非法活动、通过侵害国家和人民的利益先富起来。他指出，"对于一切非法经营活动，都要严加取缔，狠狠打击。凡属非法收入，一概没收，并予以重罚。对于严重经济犯罪活动，必须坚决依法严惩，决不能手软"。④

从20世纪80年代起，"效率优先、兼顾公平"的分配原则被社会所认可。从社会发展阶段和实际情况出发，江泽民坚持了这一分配原则。在这里，效率优先的目的是鼓励先富带动后富、实现共富，所以"我们必须坚持允许和鼓励一部分地区一部分人先富起来、最终实现共同富裕的政策。要在发展经济的基础上，逐步增加城乡居民收入。"⑤ 江泽民认为，"效率优先、兼顾公平"的原则具体表现在初次分配与再分配的侧重点不同。他在20世纪80年代末指出："在初次分配中，国家对企业实行工资总额与经济效益挂钩，企业内部实行个人收入同所作贡献联系；在再分配中，要解决机关事业单位中劳酬不符、收入偏低的问题，同时注意调节企业间生产经营的某些条件和机会不均等，以利公平竞争，进一步贯彻按劳

---

① 《江泽民文选》第一卷，人民出版社2006年版，第48页。

② 《江泽民文选》第二卷，人民出版社2006年版，第256页。

③ 《江泽民文选》第一卷，人民出版社2006年版，第50页。

④ 同上书，第55页。

⑤ 同上书，第470页。

分配原则。”[①] 后来，这一思想逐步明确为：“坚持效率优先、兼顾公平，既要提倡奉献精神，又要落实分配政策，既要反对平均主义，又要防止收入悬殊。”[②] 体现在分配次序上就是“初次分配注重效率，发挥市场的作用，鼓励一部分人通过诚实劳动、合法经营先富起来。再分配注重公平，加强政府对收入分配的调节职能，调节差距过大的收入”。[③]“效率优先、兼顾公平”分配原则的实施有其历史的合理性。在生产力尚欠发达、经济发展水平不高、群众个人收入普遍较低的历史条件下，这一原则有利于调动社会各阶层成员创造财富的热情，有利于社会主义市场经济的发展。

（三）实行依法治国基本方略

实行和坚持依法治国基本方略，是社会主义社会正义在政治文明领域的巨大进步。

法治国家是现代社会的要求，社会主义法治既是社会主义正义观的要求，也是社会主义正义观的体现。改革开放以来，经济生活、政治生活、社会生活的法制化得到全社会的充分重视，获得了长足发展，也逐渐提出了由“法制”发展到“法治”的要求。“实行和坚持依法治国，就是使国家各项工作逐步走上法制化的轨道，实现国家政治生活、经济生活、社会生活的法制化、规范化；……实行和坚持依法治国，对于推动经济持续、快速、健康发展和社会全面进步，保障国家长治久安，具有十分重要的意义。”[④] 江泽民在党的十五大报告中第一次正式提出了依法治国的基本方略：“依法治国，就是广大人民群众在党的领导下，依照宪法和法律规定，通过各种途径和形式管理国家事务，管理经济文化事业，管理社会事务，保证国家各项工作都依法进行，逐步实现社会主义民主的制度化、法律化，使这种制度和法律不因领导人的改变而改变，不因领导人看法和注意力的改变而改变。依法治国，是党领导人民治理国家的基本方略，是发展社会主义市场经济的客观需要，是社会主义文明进步的重要标志，是国家长治久安的重要保障。”[⑤]

---

① 《江泽民文选》第一卷，人民出版社 2006 年版，第 53 页。

② 《江泽民文选》第三卷，人民出版社 2006 年版，第 550 页。

③ 同上。

④ 《江泽民文选》第一卷，人民出版社 2006 年版，第 511 页。

⑤ 中共中央文献研究室：《江泽民论有中国特色社会主义（专题摘编）》，中央文献出版社 2002 年版，第 326—327 页。

依法治国对于社会主义社会正义的促进作用，鲜明地体现在维护宪法和法律的尊严、维护国家法制统一上。江泽民指出："在制定本地区本部门的法规规章时，必须与宪法和法律相符合，而不得相抵触、相违背。任何地方任何部门都没有超越宪法和法律的特权。任何人都不得借口维护本地区本部门的利益而推卸应承担的义务和责任，规避应受的约束和监督。各级干部特别是领导干部都要从自身做起，带头维护国家的政令和法制的统一，自觉反对和防止地方保护主义、部门保护主义。"① 法律的权威在很大程度上体现于法律能够得到真正地、统一地贯彻执行，如果做不到这一点，社会正义也会受到损害。江泽民从政治高度提出这一问题，他强调："全党同志都应该明确，维护宪法尊严和保证宪法实施，维护国家政令和法制统一，是一个重大政治原则问题。国家法律，是党的主张和人民意志相统一的体现，一经制定并付诸实施，各地区各部门必须一律遵照执行。"②

依法治国对于社会主义社会正义的促进作用，突出地体现在对权力的监督法治化上。江泽民指出："我们党是中国工人阶级的先锋队，是全心全意为人民服务的，决不允许搞剥削阶级政党及其统治集团所追求的那种既得利益，也绝不能成为那样的既得利益集团。"③ 所以，要维护社会正义，就必须坚定不移地反对腐败、反对特权。在法律面前，"不论是谁，不论职务多高，该受什么处分就给什么处分，该重判的坚决重判，决不手软。否则，腐败之风刹不住，也难以服众"。④ "对瞒案不报、压案不办或设置障碍、阻挠查处的，纪检机关要严肃处理。"⑤反对腐败和特权是一项长期性系统性的工作，江泽民重视监督所起的重要作用，提出："坚持标本兼治，教育是基础，法制是保证，监督是关键。通过深化改革，不断铲除腐败现象滋生蔓延的土壤和条件。"⑥ 只有从多个角度和方面入手，才可能从根本上解决腐败问题，而法治化的监督是其中的重要环节："加强教育，发展民主，健全法制，强化监督，创新体制，把反腐败寓于各项

① 《江泽民文选》第一卷，人民出版社 2006 年版，第 644—645 页。
② 同上书，第 644 页。
③ 《江泽民文选》第三卷，人民出版社 2006 年版，第 184 页。
④ 《江泽民文选》第二卷，人民出版社 2006 年版，第 505 页。
⑤ 同上。
⑥ 《江泽民文选》第三卷，人民出版社 2006 年版，第 176—177 页。

重要政策措施之中，从源头上预防和解决腐败问题。”① 他指出要加强监督的体制机制建设，加强监督活动的法治化建设，“坚持把发展民主与健全法制结合起来，把党内监督、法律监督、群众监督结合起来，并发挥舆论监督的作用，建立健全依法行使权力的制约机制。大力推进以加强民主集中制为主要内容的制度建设，不断完善人财物等方面的管理和监督机制，完善反腐倡廉的工作机制，以利及时发现、有效防范和严厉惩处腐败行为”。②他在十六大报告中重申：“加强对权力的制约和监督。建立结构合理、配置科学、程序严密、制约有效的权力运行机制，从决策和执行等环节加强对权力的监督，保证把人民赋予的权力真正用来为人民谋利益。”③

（四）拓展社会主义社会正义的实现途径

在机会均等、阶层公平、社会保障、代际公平等具体的社会正义环节上多做工作，是社会主义社会正义的实现路径。

社会正义体现在经济、政治、文化、社会等多个领域之中，又构成一个有机统一的整体，其中每个环节、每个部分都互相支持、互相影响，因此，促进社会主义社会正义要在具体的工作领域上下功夫。江泽民在促进社会正义的实现路径上有不少具体的思想。

改革开放以来改变了过去过于重视结果平等的状况，拉开了人们在收入等方面的差距，激发了社会活力，但机会不均等的问题也凸显出来。江泽民指出：“我们现在正处在社会主义初级阶段，除了作为主体的公有制外，还有其他多种所有制形式存在。与此相适应，允许一部分非劳动收入存在，有利于搞活整个社会经济。但是，非劳动收入对全体社会成员来说，机会是不均等的，与劳动收入的差距又容易拉大。”④ 江泽民早在1989年就在《认真消除社会分配不公现象》一文中以大量的客观事实分析了平均主义和非法致富两种分配不公的表现形式，其中就明确提出由于机会不均等而造成的收入差距不合理的观点。他强调：“贯彻按劳分配原则，前提是机会均等。但是，受旧管理体制、价格政策等制约，不同职

① 《江泽民文选》第三卷，人民出版社2006年版，第573页。
② 同上书，第177页。
③ 同上书，第557页。
④ 《江泽民文选》第一卷，人民出版社2006年版，第49页。

业、不同单位、不同行业、不同地区之间缺乏平等的竞争规则和竞争环境，劳动者在竞争中缺乏同等的机遇。这种情况很容易造成劳酬不符，有些需要较少知识和技能的简单劳动获得较高的收入，而有些需要较多知识和经验的复杂劳动却得不到应有的报酬。由此而形成的收入差距显然是不合理的。”①

改革开放30年来，我国的社会阶层结构发生了深刻的变化，阶层之间的差距逐渐拉大，给社会正义带来重大影响。2001年出版的中国社会科学院《当代中国社会各阶层研究报告》以职业分类为基础，以组织资源、经济资源和文化资源的占有状况为标准，将当代中国划分为十大社会阶层，即国家与社会管理者阶层、经理人员阶层、私营企业主阶层、专业技术人员阶层、办事人员阶层、个体工商户阶层、商业服务业员工阶层、产业工人阶层、农业劳动者阶层、城乡无业失业半失业者阶层。阶层公平就是说，无论属于哪个社会阶层都应当获得同等的机会，无论属于何种劳动者都应当受到尊重，无论属于何种收入方式只要合法都应该受到保护，这是社会主义初级阶段的社会正义所要求的。

在当代，一方面，包括知识分子在内的工人阶级和广大农民，始终是推动我国先进生产力发展和社会全面进步的根本力量，社会主义正义观必须承认与尊重他们的劳动为社会发展所作出的贡献。比如，江泽民重视农业的基础地位及其对社会稳定的作用。他认为：“完全可以这样说，没有农业的牢固基础，就不可能有我国的自立；没有农业的积累和支持，就不可能有我国工业的发展；没有农村的全面进步，就不可能有我国社会的全面进步；没有农村的稳定，就不可能有我国整个社会的稳定；没有农民的小康，就不可能有全国人民的小康；没有农业的现代化，就不可能有整个国民经济的现代化。总之，农业在我国经济社会发展中的基础地位和战略作用，永远忽视不得，只能加强，不能削弱。”②

另一方面，“出现了民营科技企业的创业人员和技术人员、受聘于外资企业的管理技术人员、个体户、私营企业主、中介组织的从业人员、自由职业人员等社会阶层。而且，许多人在不同所有制、不同行业、不同地域之间流动频繁，人们的职业、身份经常变动。这种变化还会继续下

---

① 《江泽民文选》第一卷，人民出版社2006年版，第49页。

② 同上书，第259页。

去”。[①] 江泽民指出：“在党的路线方针政策指引下，这些新的社会阶层中的广大人员，通过诚实劳动和工作，通过合法经营，为发展社会主义社会的生产力和其他事业作出了贡献。他们与工人、农民、知识分子、干部和解放军指战员团结在一切，他们也是有中国特色社会主义事业的建设者。”[②] 所以，社会正义要求“对为祖国富强贡献力量的社会各阶层人们都要团结，对他们的创业精神都要鼓励，对他们的合法权益都要保护，对他们中的优秀分子都要表彰”。[③]

建立和完善社会保障体系是社会主义社会正义不可或缺的一项内容。在经济结构和社会结构的深刻调整中，一部分社会成员由于各种原因处于弱势地位，必须对他们的基本生活和基本需求提供保障。社会保障工作“直接关系到坚持党的全心全意为人民服务的宗旨，关系到维护人民群众的切身利益，关系到保证改革开放和经济建设稳定发展的大局”。[④] 因此，江泽民提出“加快建立多层次的社会保障体系，特别是抓紧建立和完善养老、失业、医疗保障制度”。[⑤] 他强调“一定要把中央对国有企业下岗职工的基本生活保障、城市居民的最低社会保障，以及一部分遇到困难的离退休人员的社会保障的政策和要求，坚决落实好，切不可疏忽大意”[⑥]，要“搞好下岗职工基本生活保障、失业保险和城市居民最低生活保障制度‘三条保障线’的衔接，切实做到应保尽保。各级政府和企业要继续运用现有各类渠道筹集资金，加大对生活困难的下岗失业人员的扶持力度，确保他们的基本生活”。[⑦]

社会主义社会正义还要处理好当代人与后代人的关系，即代际公平问题。在江泽民看来，代际公平在很大程度上是当代人的发展对后代人的发展的影响问题，而这又主要体现在当代发展对资源和生态环境的影响上。他指出：“不仅要安排好当前的发展，还要为子孙后代着想，为未来的发展创造更好的条件，决不能走浪费资源和先污染后治理的路子，更不能吃

① 《江泽民文选》第三卷，人民出版社 2006 年版，第 286 页。

② 同上。

③ 同上书，第 539—540 页。

④ 中共中央文献研究室：《江泽民论有中国特色社会主义（专题摘编）》，中央文献出版社 2002 年版，第 87 页。

⑤ 同上书，第 85 页。

⑥ 同上书，第 87 页。

⑦ 《江泽民文选》第三卷，人民出版社 2006 年版，第 509 页。

祖宗饭，断子孙路。”① 江泽民在人口资源环境的框架下认识代际公平，提出了可持续发展战略：“可持续发展，就是既要考虑当前发展的需要，又要考虑未来发展的需要，不要以牺牲后代人的利益为代价来满足当代人的利益。”② 他对计划生育、保护环境、治理污染、资源的有偿使用、人口素质的提高等作出了具体论述。他说“保护资源环境就是保护生产力，改善资源环境就是发展生产力”③，“环境意识和环境质量如何，是衡量一个国家和民族文明程度的一个重要标志”。④ 所以，我们要把可持续发展提到战略的高度，把生态环境建设与社会各领域的建设紧密联系起来，逐步实现“可持续发展能力不断增强，生态环境得到改善，资源利用效率显著提高，促进人与自然的和谐，推动整个社会走上生产发展、生活富裕、生态良好的文明发展道路”。⑤

三　科学发展观对于社会主义正义观的发展

以胡锦涛为总书记的中国共产党领导集体，坚持解放思想、实事求是，形成了科学发展观这一马克思主义中国化的最新理论成果。科学发展观中蕴含着丰富而生动的社会主义社会正义思想，无论是从真理角度来讲还是从价值角度来讲都是对社会主义正义观的极大发展。

（一）公平正义的科学内涵

当代中国社会主义正义观的核心观念是“公平正义”，“公平正义”具有科学的内涵，实现社会公平正义是社会主义和谐社会的基本特征和重要目标。

在中国共产党为人民利益而奋斗的历史上，正义、公正、平等、公平等理念一直被党所秉持，但更多地是一种习惯性的用法，并没有对此作出明晰的理论界定。以胡锦涛为总书记的领导集体，根据世情、国情、党情的变化，适应经济社会发展的需要，提出了“公平正义”这一特定理念。

① 《江泽民文选》第一卷，人民出版社2006年版，第532页。

② 同上书，第518页。

③ 中共中央文献研究室：《江泽民论有中国特色社会主义（专题摘编）》，中央文献出版社2002年版，第282页。

④ 同上书，第292页。

⑤ 《江泽民文选》第三卷，人民出版社2006年版，第544页。

2004 年党的十六届四中全会通过的《中共中央关于加强党的执政能力建设的决定》在党的历史上第一次正式把公平正义写入党的文献。当时是这样表述的："形成全体人民各尽其能、各得其所而又和谐相处的社会，是巩固党执政的社会基础、实现党执政的历史任务的必然要求。要适应我国社会的深刻变化，把和谐社会建设摆在重要位置，注重激发社会活力，促进社会公平和正义。"① 2005 年 2 月，胡锦涛在省部级主要领导干部提高构建社会主义和谐社会能力专题研讨班上的讲话中对公平正义作出了直接明确的阐释。他说："公平正义，就是社会各方面的利益关系得到妥善协调，人民内部矛盾和其他社会矛盾得到正确处理，社会公平和正义得到切实维护和实现。"② 他正确地把握住了利益是社会公平和正义的核心，指出"要坚持在全国人民根本利益一致的基础上，妥善协调各种具体的利益关系和内部矛盾，正确处理个人利益和集体利益、局部利益和整体利益、当前利益和长远利益的关系"。③ 从现实国情出发，处理好这一系列以利益为核心的关系，是实现社会主义的社会正义的客观要求。

公平正义理念的明确提出，对于党的执政兴国和中国特色社会主义建设具有重大意义。胡锦涛把公平正义提升到实践党的宗旨和体现社会主义制度的本质的高度。他说："实现公平正义是中国共产党人的一贯主张，是发展中国特色社会主义的重大任务。"④ "维护和实现社会公平正义，涉及最广大人民的根本利益，是我们党坚持立党为公、执政为民的必然要求，也是社会主义制度的本质要求。"⑤ 我们党把公平正义作为社会主义和谐社会的基本特征。胡锦涛指出："我们所要建设的社会主义和谐社会，应该是民主法治、公平正义、诚信友爱、充满活力、安定有序、人与自然和谐相处的社会。"⑥ 构建社会主义和谐社会需要正确对待各种矛盾和问题。只有正视矛盾、分析矛盾、解决矛盾，才有利于真正的社会和

---

① 中共中共中央文献研究室：《十六大以来重要文献选编》（中），中央文献出版社 2006 年版，第 286 页。

② 胡锦涛：《在省部级主要领导干部提高构建社会主义和谐社会能力专题研讨班上的讲话》，《人民日报》2005 年 6 月 27 日。

③ 同上。

④ 胡锦涛：《高举中国特色社会主义伟大旗帜　为夺取全面建设小康社会新胜利而奋斗》，人民出版社 2007 年版，第 17 页。

⑤ 胡锦涛：《在省部级主要领导干部提高构建社会主义和谐社会能力专题研讨班上的讲话》，《人民日报》2005 年 6 月 27 日。

⑥ 同上。

谐。公平正义是一个处理问题的原则。“只有切实维护和实现社会公平和正义，人们的心情才能舒畅，各方面的社会关系才能协调，人们的积极性、主动性、创造性才能充分发挥出来。”①

（二）科学发展观对公平正义的体现

公平正义是科学发展观的题中之义，科学发展观的第一要义、核心、基本要求和根本方法从不同的方面体现了公平正义的内涵。

在领导中国特色社会主义建设的过程中，我们党立足社会主义初级阶段的基本国情，总结我国发展实践，借鉴国外发展经验，产生了科学发展观这一马克思主义中国化的最新理论成果。胡锦涛在党的十七大报告中指出：“科学发展观，第一要义是发展，核心是以人为本，基本要求是全面协调可持续，根本方法是统筹兼顾。”② 党的十八大又将“核心是以人为本”发展为“核心立场是以人为本”。

社会主义的社会正义是建立在发展的基础上的社会正义。胡锦涛强调：“马克思主义最注重发展社会生产力。马克思、恩格斯认为，生产活动是一切历史的基本条件，人类社会发展要逐步消灭阶级之间、城乡之间、脑力劳动和体力劳动之间的对立和差别，使物质财富极大丰富、人民精神境界极大提高。”③ 社会主义的社会正义要满足人民群众日益增长的物质文化需要，而这只能建立在社会生产力发展的基础上。胡锦涛在党的十七大报告中指出，十六大以来，“人民生活显著改善。城乡居民收入较大增加，家庭财产普遍增多，城乡居民最低生活保障制度初步建立，贫困人口基本生活得到保障，居民消费结构优化，衣食住行用水平不断提高，享有的公共服务明显增强”。④ 正是这些变化体现了发展对于促进社会主义的意义。所以，我们“必须坚持把发展作为党执政兴国的第一要务。……要牢牢扭住经济建设这个中心，坚持聚精会神搞建设、一心一意

① 胡锦涛：《在省部级主要领导干部提高构建社会主义和谐社会能力专题研讨班上的讲话》，《人民日报》2005 年 6 月 27 日。

② 胡锦涛：《高举中国特色社会主义伟大旗帜　为夺取全面建设小康社会新胜利而奋斗》，人民出版社 2007 年版，第 15 页。

③ 胡锦涛：《在新进中央委员会的委员、候补委员学习贯彻党的十七大精神研讨班开班式上的重要讲话》，《人民日报》2007 年 12 月 17 日。

④ 胡锦涛：《高举中国特色社会主义伟大旗帜　为夺取全面建设小康社会新胜利而奋斗》，人民出版社 2007 年版，第 3 页。

谋发展，不断解放和发展社会生产力。更好实施科教兴国战略、人才强国战略，着力把握发展规律、创新发展理念、转变发展方式、破解发展难题，提高发展质量和效益，实现又好又快发展，为发展中国特色社会主义打下坚实基础”。[①]

历史唯物主义认为，人民群众是历史的创造者，是推动历史发展的决定力量。党的宗旨是全心全意为人民服务，党的一切奋斗和工作都是为了造福人民。胡锦涛在2004年时就指出：“坚持以人为本，就是要以实现人的全面发展为目标，从人民群众的根本利益出发谋发展、促发展，不断满足人民群众日益增长的物质文化需要，切实保障人民群众的经济、政治和文化权益，让发展的成果惠及全体人民。”[②] 2007年12月，他又在新进中央委员会的委员、候补委员学习贯彻党的十七大精神研讨班开班式上的重要讲话中强调：“贯彻落实核心是以人为本的要求，必须始终实现好、维护好、发展好最广大人民的根本利益，尊重人民主体地位，发挥人民首创精神，扩大人民民主，明显提高全民族文明素质，加快推进以改善民生为重点的社会建设，保障人民各项权益，走共同富裕道路，促进人的全面发展”。[③] 应当说，实现好、维护好、发展好最广大人民的根本利益是社会主义正义观最核心的观点，是区别于其他正义观的最鲜明的体现。

科学发展观的基本要求是全面协调可持续，就是“要按照中国特色社会主义事业总体布局，全面推进经济建设、政治建设、文化建设、社会建设，促进现代化建设各个环节、各个方面相协调，促进生产关系与生产力、上层建筑与经济基础相协调。坚持生产发展、生活富裕、生态良好的文明发展道路，建设资源节约型、环境友好型社会，实现速度和结构质量效益相统一、经济发展与人口资源环境相协调，使人民在良好生态环境中生产生活，实现经济社会永续发展”。[④] 社会正义的领域不是单一的，而是多领域的有机整体。在中国特色社会主义建设中推进社会正义，也必须坚持全面协调可持续的原则。

---

① 胡锦涛：《高举中国特色社会主义伟大旗帜　为夺取全面建设小康社会新胜利而奋斗》，人民出版社2007年版，第15页。

② 胡锦涛：《在中央人口资源环境工作座谈会上的讲话》，《人民日报》2004年3月10日。

③ 胡锦涛：《在新进中央委员会的委员、候补委员学习贯彻党的十七大精神研讨班开班式上的重要讲话》，《人民日报》2007年12月17日。

④ 胡锦涛：《高举中国特色社会主义伟大旗帜　为夺取全面建设小康社会新胜利而奋斗》，人民出版社2007年版，第15—16页。

胡锦涛在十六届三中全会上针对我国经济社会发展中的突出矛盾和问题提出了“五个统筹”的思想，这一思想在实践中不断获得发展，党的十七大报告指出：“要正确认识和妥善处理中国特色社会主义事业中的重大关系，统筹城乡发展、区域发展、经济社会发展、人与自然和谐发展、国内发展和对外开放，统筹中央和地方关系，统筹个人利益和全局利益、局部利益和整体利益、当前利益和长远利益，充分调动各方面积极性。”① 在建设中之所以要统筹兼顾，是因为长期以来积累了某些不平衡、不和谐因素，在处理某些重要关系时畸轻畸重，这当然对于社会正义产生了消极的影响。因此，统筹兼顾是维护和发展社会正义的需要。

（三）推进公平正义的重点领域

以改善民生为重点的社会建设是推进公平正义的最重要领域，民生问题的解决程度决定了社会主义社会正义的实现程度。

推进社会公平正义必须找准着力点，以改善民生为重点的社会建设就是推进公平正义的主要领域。以胡锦涛为总书记的党的领导集体提出与经济建设、政治建设、文化建设相对的社会建设，具有重要的现实意义。“社会建设与人民幸福安康息息相关。必须在经济发展的基础上，更加注重社会建设，着力保障和改善民生，推进社会体制改革，扩大公共服务，完善社会管理，促进社会公平正义，努力使全体人民学有所教、劳有所得、病有所医、老有所养、住有所居，推动建设和谐社会。”② 保障和改善民生既是推进社会公平正义最根本的举措，也是最直接的举措。胡锦涛指出：“要适应我国利益格局变化和利益主体多元化的客观要求，在经济发展的基础上，更加注重社会公平正义，正确反映和兼顾不同方面群众的利益，抓紧完善利益协调机制，以扩大就业、健全社会保障体系、理顺分配关系、发展社会事业、维护社会稳定等为着力点，努力让全体人民共享改革发展的成果。”③

收入分配问题是社会公平正义的核心问题。党的十六大将“效率优

① 胡锦涛：《高举中国特色社会主义伟大旗帜 为夺取全面建设小康社会新胜利而奋斗》，人民出版社 2007 年版，第 16 页。

② 同上书，第 37 页。

③ 中共中共中央文献研究室：《十六大以来重要文献选编》（下），中央文献出版社 2008 年版，第 532—533 页。

先、兼顾公平”原则发展为“初次分配注重效率、再分配注重公平”原则。胡锦涛指出：“要高度重视收入分配问题，更好地处理按劳分配为主体和实行多种分配方式的关系，既坚持鼓励一部分地区、一部分人通过诚实劳动和合法经营先富起来，并推动先富带未富，先富帮未富，同时也要在经济发展的基础上，通过改革税收制度、增加公共支出，加大转移支付等措施，合理调整国民收入分配格局，逐步解决地区之间和部分社会成员收入差距过大的问题。”① 胡锦涛认为处理好公平与效率的关系是社会和谐的保证。他说：“把提高效率同促进社会公平结合起来，强调我们既高度重视通过提高效率来促进发展，又高度重视在经济发展的基础上通过实现社会公平来促进社会和谐，坚持以人为本，以解决人民最关心、最直接、最现实的利益问题为重点，着力发展社会事业，着力完善收入分配制度，保障和改善民生，走共同富裕道路，努力形成全体人民各尽其能、各得其所而又和谐相处的局面。”② 党的十七大根据现实国情对分配政策作出了新的调整，指出：“合理的收入分配制度是社会公平的重要体现。要坚持和完善按劳分配为主体、多种分配方式并存的分配制度，健全劳动、资本、技术、管理等生产要素按贡献参与分配的制度，初次分配和再分配都要处理好效率和公平的关系，再分配更加注重公平。”③ 深化收入分配制度改革，要“着力提高低收入者收入，逐步提高扶贫标准和最低工资标准，建立企业职工工资正常增长机制和支付保障机制。创造条件让更多群众拥有财产性收入。保护合法收入，调节过高收入，取缔非法收入。扩大较移支付，强化税收调节，打破垄断经营，创造机会公平，整顿分配秩序，逐步扭转收入分配差距扩大趋势”。④

党的十七大报告指出：“教育是民族振兴的基石，教育公平是社会公平的重要基础。”当前，教育公平方面存在的主要问题是城乡之间、地区之间的不平衡。要通过推进教育公平来促进社会公平正义，最重要的是坚持教育的公益性质和均衡发展。胡锦涛指出，要“坚持教育公益性质，

---

① 胡锦涛：《在省部级主要领导干部提高构建社会主义和谐社会能力专题研讨班上的讲话》，《人民日报》2005年6月27日。

② 中共中共中央文献研究室：《十六大以来重要文献选编》（中），中央文献出版社2006年版第286页。

③ 胡锦涛：《高举中国特色社会主义伟大旗帜　为夺取全面建设小康社会新胜利而奋斗》，人民出版社2007年版，第38—39页。

④ 同上书，第39页。

加大财政对教育投入，规范教育收费，扶持贫困地区、民族地区教育，健全学生资助制度，保障经济困难家庭，进城务工人员子女平等接受义务教育”。[①] 通过上述措施，有望改善教育资源在城乡之间、地区之间、学校之间的分配状况，实现教育公平。

就业是一个基本的民生问题，它不仅关系到个人和家庭生活，更关系到社会稳定和国家的长治久安。胡锦涛强调：“建立统一规范的人力资源市场，形成城乡劳动者平等就业的制度。完善面向所有困难群众的就业援助制度，及时帮助零就业家庭解决就业困难。”[②] 近年来，党和国家在提供就业岗位、做好高校毕业生就业工作、推动农村剩余劳动力转移、消除就业限制和就业歧视、建立统一的城乡劳动者就业制度和就业保障制度等方面做了大量工作，推进了社会正义。

社会保障是维护社会公平正义的重要途径，是社会安全的重要保证。胡锦涛强调：“要进一步完善社会保障体系，逐步扩大社会保障的覆盖面，切实保障各方面困难群众的基本生活，让他们感受到社会主义大家庭的温暖。”[③] 社会保障体系不健全是长期以来我国社会保障工作的严重问题，在一定程度上激化了各种社会矛盾与问题，影响了社会正义的实现。为此，党的十七大报告首次将最低社会保障制度与基本养老、基本医疗并列为社会保障体系的重点，并提出要“促进企业、机关、事业单位基本养老保障制度改革，探索建立农村养老保险制度。全面推进城镇职工基本医疗保险、城镇居民基本医疗保险、新型农村合作医疗制度建设。完善失业、工伤、生育保险制度”。[④] 完善社会保障体系的努力为维护和发展社会公平正义作出了很大的贡献。

（四）发展公平正义的基本路径

推进社会正义是一项长期艰巨的历史任务，社会主义社会正义的发展要社会各方面通过各种途径共同努力才能实现。

---

① 胡锦涛：《高举中国特色社会主义伟大旗帜　为夺取全面建设小康社会新胜利而奋斗》，人民出版社 2007 年版，第 38 页。

② 同上。

③ 胡锦涛：《在省部级主要领导干部提高构建社会主义和谐社会能力专题研讨班上的讲话》，《人民日报》2005 年 6 月 27 日。

④ 胡锦涛：《高举中国特色社会主义伟大旗帜　为夺取全面建设小康社会新胜利而奋斗》，人民出版社 2007 年版，第 39 页。

社会公平正义事关全体社会成员的基本权利和根本利益，涉及经济、政治、文化、社会、生态等领域，必须建立保障体系，维护公平正义。胡锦涛提出建立社会公平正义保障体系这一重要构想："在促进发展的同时，把维护社会公平放到更加突出的位置，综合运用多种手段，依法逐步建立以权利公平、机会公平、规则公平、分配公平为主要内容的社会公平保障体系，使全体人民共享改革发展的成果，使全体人民朝着共同富裕的方向稳步前进。"①

坚持公民权利平等对于保障社会公平正义具有积极的影响。党的十七大报告中指出："坚持平等保护物权，形成各种所有制经济平等竞争、相互促进新格局。……推进公平准入，改善融资条件，破除体制障碍，促进个体、私营经济和中小企业发展"②；"尊重和保障人权，依法保证全体社会成员平等参与、平等发展的权利"③；"扩大社会主义民主，更好保障人民权益和社会公平正义。"④

制度建设是公平正义保障体系的重要环节。胡锦涛指出："要从法律上、制度上、政策上努力营造公平的社会环境。"⑤ 党的十六届六中全会通过的《中共中央关于构建社会主义和谐社会若干重大问题的决定》指出制度是社会公平正义的根本保证，因此要逐步形成社会公平保障体系，促进社会公平正义。"必须加紧建设对保障社会公平正义具有重大作用的制度，保障人民在政治、经济、文化、社会等方面的权利和利益，引导公民依法行使权利、履行义务。"另外，还要"通过司法公正来充分发挥司法机关维护社会公平和正义的作用，促进在全社会实现公平和正义"⑥，"加强宪法和法律实施，坚持公民在法律面前一律平等，维护社会公平正义，维护社会主义法制的统一、尊严、权威"。⑦

---

① 胡锦涛：《在省部级主要领导干部提高构建社会主义和谐社会能力专题研讨班上的讲话》，《人民日报》2005 年 6 月 27 日。

② 胡锦涛：《高举中国特色社会主义伟大旗帜　为夺取全面建设小康社会新胜利而奋斗》，人民出版社 2007 年版，第 25—26 页。

③ 同上书，第 31 页。

④ 同上书，第 30 页。

⑤ 胡锦涛：《在省部级主要领导干部提高构建社会主义和谐社会能力专题研讨班上的讲话》，《人民日报》2005 年 6 月 27 日。

⑥ 同上。

⑦ 胡锦涛：《高举中国特色社会主义伟大旗帜　为夺取全面建设小康社会新胜利而奋斗》，人民出版社 2007 年版，第 31 页。

相关的宣传与教育是公平正义保障体系建设的重要内容。胡锦涛指明了文化建设在实现和维护社会公平正义中的地位和作用。他说："一个社会是否和谐，一个国家能否长治久安，很大程度上取决于全体社会成员的思想道德素质。没有共同的理想信念，没有良好的道德规范，是无法实现社会和谐的。要切实加强社会主义先进文化建设，不断增强人们的精神力量，不断丰富人们的精神世界。"① 先进文化建设不但是促进社会公平正义的重要手段，而且本身就是社会公平正义的体现。所以，党的十七大报告提出"加强公民意识教育，树立社会主义民主法治、自由平等、公平正义理念"②，在全社会培养广泛的社会文化基础。

四 党的十八大以来对于社会主义正义观的新探索

在继承邓小平理论、"三个代表"重要思想和科学发展观关于社会主义公平正义理论探索成果的基础上，中国共产党自十八大以来根据中国特色社会主义建设中出现的新情况，对社会主义公平正义问题进行了接续探索，取得了新的理论成果。

（一）公平正义价值定位获得提升

中国共产党历来重视社会公平正义，赋予了公平正义很高的价值定位。在十八大报告中，公平正义的价值定位获得了新的提升，成为全党全国人民在新的历史条件下夺取中国特色社会主义新胜利必须牢牢把握的基本要求之一。

十八大报告指出，必须坚持人民主体地位、必须坚持解放和发展社会生产力、必须坚持推进改革开放、必须坚持维护社会公平正义、必须坚持走共同富裕道路、必须坚持促进社会和谐、必须坚持和平发展、必须坚持党的领导，是我们必须牢牢把握的基本要求。这些基本要求不是孤立的、分割的，而是相互促进、有机统一的，这一特点也鲜明地体现在维护社会公平正义与其他几点基本要求的关系之中。社会主义公平正义的着眼点、出发点、立足

---

① 胡锦涛：《在省部级主要领导干部提高构建社会主义和谐社会能力专题研讨班上的讲话》，《人民日报》2005 年 6 月 27 日。

② 胡锦涛：《高举中国特色社会主义伟大旗帜 为夺取全面建设小康社会新胜利而奋斗》，人民出版社 2007 年版，第 30 页。

点，都是人民群众的最根本利益，社会主义公平正义要通过人民群众的顽强奋斗、艰苦奋斗、不懈奋斗来实现，坚持人民主体地位与坚持维护社会公平正义是一致的；社会主义公平正义的发展最终依赖于社会生产力的日益提高，解放和发展社会生产力为维护社会公平正义提供了基本条件；社会主义公平正义是动态发展、普遍联系的过程，维护社会公平正义要求持续推进改革开放，推进改革开放是社会公平正义发展的动力；社会主义公平正义在物质生活上的体现是共同富裕，而不是共同贫穷或部分人富裕部分人贫穷，共同富裕是社会主义的本质内容，是维护社会公平正义的题中之义；社会主义公平正义要求妥善处理社会成员的利益关系，一个公平正义的社会其社会氛围和状态必然是和谐的，维护社会公平正义与促进社会和谐是统一的过程；社会主义公平正义不但包括国内因素而且包括国际因素，维护社会公平正义为实现和平发展创造必要条件，和平发展为维护社会公平正义提供良好环境；社会主义公平正义是共产党的价值追求，坚持党的领导就要坚持这种价值追求，党的领导又为维护社会公平正义提供政治保障。

十八大以来公平正义价值定位的新提升，标志着中国共产党对社会主义正义观的新认识，体现了中国共产党开始更好地把社会主义的合规律性与合目的性结合起来、把社会主义的客观规律与人文关怀结合起来，凸显了中国共产党对共产党执政规律、社会主义建设规律、人类社会发展规律探索的新境界。

（二）公平正义内容体系日益完善

党的十八大将“必须坚持维护社会公平正义”作为中国特色社会主义的基本要求之一，提升了公平正义的价值定位，并且明确提出了公平正义建设的基本任务：“要在全体人民共同奋斗、经济社会发展的基础上，加紧建设对保障社会公平正义具有重大作用的制度，逐步建立以权利公平、机会公平、规则公平为主要内容的社会公平保障体系，努力营造公平的社会环境，保证人民平等参与、平等发展权利。”① 如果说以往论述中国特色社会主义建设的文献中，尚未对公平正义进行更多地直接表述，而是内在蕴含着公平正义的意旨，那么，十八大以来的文献则是将维护社会

① 胡锦涛：《坚定不移沿着中国特色社会主义道路前进　为全面建成小康社会而奋斗》，人民出版社 2012 年版，第 14—15 页。

公平正义贯穿了中国特色社会主义建设的全方位、全领域、全层次，显示出公平正义内容体系日益完善的特点。

在经济建设领域，要增强长期发展后劲就必须充分调动不同经济主体、社会主体、市场主体的积极性、自觉性、能动性。当前对于某些经济成分和市场主体来说，还存在着或显或隐的制度歧视和规则障碍。针对这些问题和弊端，十八大报告提出“保证各种所有制经济依法平等使用生产要素、公平参与市场竞争、同等受到法律保护”、“形成有利于结构优化、社会公平的税收制度”、“让广大农民平等参与现代化进程、共同分享现代化成果”[①] 等措施，以此打造经济建设领域的权利公平、机会公平、规则公平。

在政治建设领域，最大的公平正义就是坚持和发展人民民主。十八大报告提出完善人民代表大会制度、健全社会主义协商民主制度、完善基层民主制度，从根本政治制度和基本政治制度层面强化保障人民当家作主的途径和形式。同时，重申或强调了“坚持法律面前人人平等”、“切实做到严格规范公正文明执法”、“推动政府职能向创造良好发展环境、提供优质公共服务、维护社会公平正义转变”、“推进权力运行公开化、规范化”[②] 等举措，在政治建设领域贯彻公平正义。

在文化建设领域，公平正义突出体现为“二为”方向、“双百”方针和“三贴近”原则。具体来说，在文化建设内容上，要通过社会主义核心价值体系建设和社会主义核心价值观培育梳理社会主义公平正义的内容，尤其是要“倡导富强、民主、文明、和谐，倡导自由、平等、公正、法治，倡导爱国、敬业、诚信、友善”。[③] 在文化建设成果享受上，则要“坚持面向基层、服务群众，加快推进重点文化惠民工程，加大对农村和欠发达地区文化建设的帮扶力度，继续推动公共文化服务设施向社会免费开放”[④]，注重使人民群众公平享有健康丰富的精神文化生活，从文化发展中公平受益。

在社会建设领域，公平正义的落脚点仍然是“解决好人民最关心最

---

① 胡锦涛：《坚定不移沿着中国特色社会主义道路前进 为全面建成小康社会而奋斗》，人民出版社 2012 年版，第 21—23 页。

② 同上书，第 27—29 页。

③ 同上书，第 31—32 页。

④ 同上书，第 32 页。

直接最现实的利益问题，在学有所教、劳有所得、病有所医、老有所养、住有所居上持续取得新进展，努力让人民过上更好生活。”① 为此，就要在教育、医疗、就业、社会保障、收入分配等方面继续把公平作为重要标准和原则，同时，在社会管理中从人民根本利益出发进行探索与创新，实现社会和谐人人有责、和谐社会人人共享。

另外，十八大报告中还阐明，在生态文明建设领域，要从代际公平原则出发优化国土空间开发格局、建立资源有偿使用制度和生态补偿制度，“坚持共同但有区别的责任原则、公平原则、各自能力原则，同国际社会一道积极应对全球气候变化”②；在外交领域，“在国际关系中弘扬平等互信、包容互鉴、合作共赢的精神，共同维护国际公平正义”③；在党的建设领域，教育党员、干部坚守理想信念和精神追求，“做社会主义道德的示范者、诚信风尚的引领者、公平正义的维护者”④。由此可见，党的十八大将社会公平正义充分贯彻到各项工作要求之中，体现了公平正义内容体系的日益完善。

（三）公平正义关键环节逐渐明确

党的十八大以来，公平正义的系统性、整体性、协同性更加明显，公平正义的关键环节逐渐明确。从不同的角度来看，公平正义的关键环节有其各自不同的含义。

公平正义内容体系的关键环节是经济领域公平和社会领域公平。任何一个时代、任何一个社会的公平正义，其核心内容都是关于利益的分配及其原则与方法。正如十八大报告指出的：“以经济建设为中心是兴国之要，发展仍是解决我国所有问题的关键。”⑤ 就当代中国来说，公平正义的关键环节一是发展成果（包括物质成果和精神成果）的创造领域，二是发展成果的分配领域，抓住创造领域和分配领域的权利公平、机会公平、规则公平，就是抓住了当代中国公平正义建设的关键。因此，党的十八届三中全会通过的《中共中央关于全面深化改革若干重大问题的决定》

---

① 胡锦涛：《坚定不移沿着中国特色社会主义道路前进　为全面建成小康社会而奋斗》，人民出版社 2012 年版，第 34 页。

② 同上书，第 40—41 页。

③ 同上书，第 47 页。

④ 同上书，第 50 页。

⑤ 同上书，第 19 页。

在深化改革总目标中提出“让发展成果更多更公平惠及全体人民”[①]，在六个深化体制改革分目标中又特别提到经济领域要“推动经济更有效率、更加公平、更可持续发展”[②]，社会领域要“紧紧围绕更好保障和改善民生、促进社会公平正义深化社会体制改革”[③]，并在具体举措中充分贯彻了这些观点。

公平正义实现路径的关键环节是全面深化改革。在21世纪的第一个十年过去之后，面对国际国内的新形势新情况新问题，党中央作出了“我国发展仍处于可以大有作为的重要战略机遇期”的重大战略判断，从而为今后一个时期内中国特色社会主义建设奠定了科学的基调。在重要战略机遇期内把握机遇迎接挑战的关键环节就是全面深化改革，这一时期公平正义实现路径的关键环节也是全面深化改革。《中共中央关于全面深化改革若干重大问题的决定》在全面深化改革的指导思想中明确提出要“以促进社会公平正义、增进人民福祉为出发点和落脚点”。[④] 习近平指出：“全面深化改革，关键是要进一步形成公平竞争的发展环境，进一步增强经济社会发展活力，进一步提高政府效率和效能，进一步实现社会公平正义，进一步促进社会和谐稳定，进一步提高党的领导水平和执政能力。”[⑤] 全面深化改革的整体部署紧紧围绕指导思想、总目标和分目标，从而使得促进社会公平正义与全面深化改革有机统一不可分割。

公平正义政治保障的关键环节是党的先进性和纯洁性建设。社会主义公平正义的根本立场是人民群众，社会主义公平正义就是要维护人民群众利益、发展人民群众利益、在人民群众内部公平合理分配利益、为人民群众自由全面发展创造条件。十八大以来，全党贯彻落实了改进工作作风、密切联系群众的“八项规定”，深入开展了以为民务实清廉为主要内容的群众路线教育实践活动。习近平指出：“我们要随时随刻倾听人民呼声、回应人民期待，保证人民平等参与、平等发展权利，维护社会公平正义，在学有所教、劳有所得、病有所医、老有所养、住有所居上持续取得新进展，不断实现好、维护好、发展好最广大人民根本利益，使发展成果更多

---

① 《中共中央关于全面深化改革若干重大问题的决定》，人民出版社2013年版，第3页。

② 同上书，第4页。

③ 同上书，第4页。

④ 同上书，第3页。

⑤ 习近平：《关于〈中共中央关于全面深化改革若干重大问题的决定〉的说明》，《〈中共中央关于全面深化改革若干重大问题的决定〉辅导读本》，人民出版社2013年版，第66—67页。

更公平惠及全体人民，在经济社会不断发展的基础上，朝着共同富裕方向稳步前进。”[①] 中国共产党是以全心全意为人民服务为宗旨的马克思主义执政党，党的先进性和纯洁性建设，是社会主义公平正义能够实现和发展的可靠政治保障。

五　当前中国社会主义正义观的实践成就

中国特色社会主义理论体系中包含着丰富的正义思想，在这些思想的指导下，党领导人民进行了推进社会主义社会正义的伟大实践。经济建设、政治建设、文化建设、社会建设、生态文明建设与党的建设相互交融，造就了当前中国社会主义正义观实践的巨大成就。在正义观视域中对我国经济社会发展的解析表明，在党和国家的高度重视和坚强领导下，经过全国人民的艰苦努力，我国各领域获得了很大发展，社会正义的程度有较大提高。

（一）经济发展成就巨大

经济发展成就巨大，为社会主义社会正义的发展奠定了坚实的物质基础。社会主义正义观认为，社会正义的实现与超越，最终要靠社会生产的高度发展来实现。物质文明建设搞好了，才能为社会各领域（包括经济领域自身）的正义提供基础。我国综合实力大幅提升，经济发展迈上新台阶。2010 年 12 月召开的中央经济工作会议指出，我国加快转变经济发展方式，加强和改善宏观调控，发挥市场机制作用，有效巩固和扩大了应对国际金融危机冲击成果。经济较快增长，农业基础得到加强，经济结构调整步伐加快，改革开放不断深化，改善民生成效显著，全面完成了“十一五”规划确定的目标任务。在“十一五”期间，国内生产总值达到 39. 8 万亿元，年均增长 11. 2%；财政收入从 3. 16 万亿元增加到 8. 31 万亿元；城镇新增就业 5771 万人，转移农业劳动力 4500 万人；城镇居民人均可支配收入和农村居民人均纯收入年均分别实际增长 9. 7% 和 8. 9%。

① 习近平：《在第十二届全国人民代表大会第一次会议上的讲话》，《人民日报》2013 年 3 月 18 日。

当前我国已成为世界第二大经济体。我国经济增长速度快、持续时间长、稳定性好，经济总量和人均水平都实现了大跨越，为各个领域正义发展提供了支撑、作出了贡献。

（二）政治文明进步明显

当前政治文明进步明显，集中体现了社会正义的发展成果。首要的正义是一个能够合理调整利益关系的社会基本结构。政治作为经济的集中体现，致使政治正义成为正义的一个重要方面，政治文明建设相较于其他领域，对政治正义内涵的体现更为明显。伴随着中国的经济社会的巨大的变化，政治体制和政治意识也同时发生了相应的变化，党的领导、人民当家作主和依法治国的有机统一全面推进。

就社会主义民主的发展来说，在党内民主方面、在人民代表大会制度和人民政协制度建设方面、在基层民主自治方面，民主建设都获得了显著成就。其中，按照城乡相同比例选举人大代表是政治正义的一个重大发展。人民代表大会制度是我国的基本政治制度。在第十一届全国人民代表大会第三次会议上通过的《选举法》修正案，明确规定“按照每一代表所代表的城乡人口数相同的原则”分配全国和地方各级人大代表名额，取消了原有的城乡差别比例原则。该原则有利于进一步巩固我国的国家性质，体现了政治正义的实质性；有利于从程序方面完善社会主义民主政治，体现了政治正义的程序性；是伴随着我国经济社会的发展而逐步确立的，体现了政治正义的发展性；在基本经济政治制度确立的情况下对其他领域的正义具有深刻的影响，体现了政治正义的主导性。

协商民主的发展是政治正义发展的另一个亮点。在我国，协商民主最重要的载体是人民政协各级组织，这是协商民主在国家机关层面发挥作用的主要空间，有利于实现最广泛的政治参与，实现广大人民的民主权利，以及最大限度地包容和吸纳各种利益诉求。另外，还有执政党组织中的协商民主机制；立法工作中的听证制度鼓励受立法影响的利益相关者参与立法过程，表达自身的利益诉求；政府机关通过协商民主机制与社会有效沟通，切实维护人民群众利益、反对官僚主义和各种不正之风；在基层民主政治实践中涌现出了多种形式的协商民主，如浙江省温岭市创造的民主恳谈的对话机制，它鼓励公民参与政策制定过程，鼓励公民协商、讨论和对话，相关部门在充分听取利益相关者意见的基础上作出决策，这是我国地方政府政治实践的创造性改革，是我国基层民主建设的重要突破；等等。

依法治国也体现了政治正义的进步。法治是一个由立法、守法、执法、司法构成的统一整体，法治与正义的关系历来为人们所重视。从实质正义、程序正义、形式正义三种角度的结合来说，要求按照科学合理的程序制定出能够实现、维护和发展最广大人民利益的法律制度，并在社会生活中恰当地贯彻、实行它们。社会发展环境由相对封闭到日愈开放，社会生活由相对简单到日渐丰富，人们的思想由相对禁锢到日益活跃，既为法治建设提出了更高要求，又奠定了良好的条件。

（三）先进文化深入人心

20 世纪后期以来，受国际国内环境的影响，属于不同阶层、地区、民族、宗教和社会团体的公民逐渐形成一种多元的文化认同模式，不同文化背景的社会成员因为差异而产生了普遍的冲突和分歧，这已成为不争的事实。这些分歧已经不仅仅局限于经济领域，而且还涉及道德、原则等方面。当前，我国出现了社会经济成分和经济利益格局多样化、社会生活方式多样化、社会组织形式多样化、就业岗位和就业形式多样化的局面，同时，世界范围思想文化的交流日益频繁，交融不断深化，交锋更加激烈。这种空前的社会变革使各种思想文化相互交织、相互渗透，各种矛盾问题都会反映到人们的思想上来，正确的与错误的、先进的与落后的、主流的与非主流的思想观念相互交织，人们价值追求和价值观念的多样化必然会在意识形态领域引起不同观念的冲突。面对这样的形势，我国坚持先进文化的引领作用，重视社会主义核心价值体系的建设，积极培育和践行社会主义核心价值观，又尊重差异，包容多样，认真吸取中国传统文化和西方文化的积极因素和有益成分，同时也努力反对和抵制腐朽、落后文化的侵蚀，文化建设呈现出欣欣向荣、和谐共进的局面。

我国广大人民群众对正义价值的追求有着悠久的历史传统。尤其是自从党的十六届六中全会提出公平正义是社会主义和谐社会的基本条件和党的十七大提出树立社会主义民主法治、自由平等、公平正义三大理念以来，正义观念在全社会可谓深入人心。一是各级党和政府在领导地区经济社会发展过程中更加重视公平正义的贯彻，在全社会提倡正义价值的导向。二是人民群众对正义的追求由自发到自觉，由盲目趋向科学。在诸如收入分配、社会稳定、执法司法等问题上，对正义的关注度空前提高。三是学术界对于正义观的研究臻于成熟，掀起了一个研究热潮，而近年来该研究更是得到了极大地拓展和深化。

（四）社会建设效果显著

近年来，以改善民生为重点的社会建设取得了显著效果，在就业、教育、收入分配、医疗卫生、社会保障等方面的成就，彰显了社会正义的意义所在。

我国每年新增1000多万劳动力，就业形势非常严峻。为此党和国家采取了多方面的举措促进就业。2007年第十届全国人大常委会第二十九次会议通过了《中华人民共和国就业促进法》，制定了促进就业的方针，即国家把扩大就业放在经济社会发展的突出位置，实施积极的就业政策，坚持劳动者自主择业、市场调节就业、政府促进就业。“随着中国经济总量攀上一个又一个新台阶，中国的就业规模也在持续扩大，从2006年的7.64亿人增加到2009年的7.7995亿人。”[①] 国家注重运用法律规范来保障就业，如为了规范和协调劳动关系全国人大常委会相继制定颁布了《工会法》和《劳动合同法》，为了促进残疾人就业，保障残疾人的劳动权利，国务院根据《中华人民共和国残疾人保障法》和其他相关法律制定了《残疾人就业条例》。

在教育方面，党和政府把教育的公益性和普惠性摆在突出位置，把推进教育公平作为工作的重点环节。主要措施有：在城乡之间均衡分配公共教育资源，促进义务教育均衡发展，通过发展农村义务教育来缩小城乡差别；大力推进义务教育均衡发展，新修订的《义务教育法》为义务教育均衡发展提供了法律保障；加大对农村和城镇薄弱学校的改造力度，缩小学校间的差距；扩大优质教育资源，扶持薄弱学校，促进城市公立学校的均衡发展；创办农民工子弟学校，解决城市外来务工人员子女入学问题；提高高等教育质量，大力发展职业教育、高中教育、学前教育、特殊教育、继续教育和成人教育，不断推进各级各类教育事业的协调发展；实施高校招生“阳光工程”，治理高等教育乱收费现象，完善家庭经济困难学

① 朱剑红：《书写科学发展的精彩答卷——“十一五”经济社会发展成就综述》，人民网2010年10月8日。

生资助政策体系、国家助学贷款制度，支持贫困生完成学业。2010 年颁布了国家中长期教育改革和发展规划纲要，开启了我国从教育大国迈向教育强国、从人力资源大国迈向人力资源强国的新征程。

收入分配问题关系到人民群众关心的经济利益，直接反映了社会公平正义的程度。从纵向比较来看，在“十一五”期间的“2006—2009 年，城镇居民人均可支配收入从 11760 元增长到 17175 元，年均实际增长 10.2%，比‘十五’的平均增速加快了 0.6 个百分点；农村居民人均纯收入从 3587 元增长到 5153 元，年均实际增长 8.3%，比‘十五’的平均增速加快了 3 个百分点；城镇居民家庭恩格尔系数由 2005 年的 36.7% 下降到 2009 年的 36.5%，农村居民家庭由 45.5% 下降到 41.0%。”[①] 在收入分配领域促进公平正义，不仅要求纵向的增长，更重要的是在社会成员中合理地、公平地分配社会财富，解决收入差距扩大的趋势。“十一五”规划曾明确提出，在当前和今后一个时期收入分配制度改革是涉及面最广、力度最大、影响也最大的改革项目之一，要加大收入分配改革力度。在实践中则形成了“提低、扩中、调高、打非”这样一个基本的思路，力图实现良好的分配秩序，满足人民群众对分配正义的需求。

改革开放以来，我国医药卫生事业取得了显著成就，覆盖城乡的医药卫生服务体系基本形成，疾病防治能力不断增强，医疗保障覆盖人口逐步扩大，卫生科技水平迅速提高，但是公立医疗机构趋利行为严重，职业道德建设薄弱，医疗资源浪费和患者负担加重。为了改变不公平不合理的医疗保障现状，2006 年 3 月 1 日国务院常务会议审议并原则通过《农村卫生服务体系建设与发展规划》，提出要建立稳定的农村卫生投入保障机制、深化农村卫生管理体制改革、建立和完善新型农村合作医疗制度和医疗救助制度、加强农村卫生服务队伍建设、加强农村医疗卫生机构管理等。同年 10 月 23 日，胡锦涛在中央政治局集体学习时强调要建设覆盖城乡居民的基本卫生保健制度，特别指出要坚持公共医疗卫生的公益性质，深化医疗卫生体制改革，强化政府责任，严格监督管理，建设覆盖城乡居民的基本卫生保健制度，为群众提供安全、有效、方便、价廉的公共卫生

① 朱剑红：《书写科学发展的精彩答卷——“十一五”经济社会发展成就综述》，人民网 2010 年 10 月 8 日。

和基本医疗服务。[①] 党的十七大报告重申了医疗卫生体制改革“要坚持公共医疗卫生的公益性质”。2009 年发布的《中共中央 国务院关于深化医药卫生体制改革的意见》提出要“建立中国特色医药卫生体制，逐步实现人人享有基本医疗卫生服务的目标”，并明确指出：“深化医药卫生体制改革，加快医药卫生事业发展，适应人民群众日益增长的医药卫生需求，不断提高人民群众健康素质，是贯彻落实科学发展观、促进经济社会全面协调可持续发展的必然要求，是维护社会公平正义、提高人民生活质量的重要举措，是全面建设小康社会和构建社会主义和谐社会的一项重大任务。”[②]

“社会保障是国家依法强制建立的、具有经济福利性的国民生活保障和社会稳定系统；在中国，社会保障应该是各种社会保险、社会救助、社会福利、军人保障、医疗保健、福利服务以及各种政府或企业补助、社会互助保障等社会措施的总称。”[③] 1997 年 9 月，国务院下发《关于在全国建立城市居民最低生活保障制度的通知》，标志着城市低保制度正式建立；2006 年年底，中央召开全国农村工作会议，首次提出要在全国农村普遍建立农村的最低生活保障制度；2007 年 7 月，国务院发出《关于在全国建立农村最低社会保障制度的通知》，我国社会保障制度逐渐体系化。党的十七大报告指出：“社会保障是社会安定的重要保证。要以社会保险、社会救助、社会福利为基础，以基本养老、基本医疗、最低生活保障制度为重点，以慈善事业、商业保险为补充，加快完善社会保障体系。促进企业、机关、事业单位基本养老保险制度改革，探索建立农村养老保险制度。全面推进城镇职工基本医疗保险、城镇居民基本医疗保险、新型农村合作医疗制度建设。”[④] 按照这一基本思路，我国的社会保障体系建设逐步完善。

---

① 新华社：《胡锦涛强调建设覆盖城乡居民的基本卫生保健制度》，中国共产党新闻网 2006 年 10 月 24 日。

② 新华社：《中共中央 国务院关于深化医药卫生体制改革的意见》，新华网 2009 年 4 月 6 日。

③ 郑功成：《社会保障学》，商务印书馆 2000 年版，第 11 页。

④ 胡锦涛：《高举中国特色社会主义伟大旗帜 为夺取全面建设小康社会新胜利而奋斗》，人民出版社 2007 年版，第 39 页。

（五）公平原则体系形成

当前，公平原则体系逐渐形成，人们对于社会公平的理解更加科学、理性。人们对于公平正义的理解逐渐从看重结果均等发展到更加追求起点平等、规则公平，平均主义的影响已经淡化。“在市场经济、社会分化、社会流动等时代背景下，人们越来越看重起点的平等，认同由于潜力的不同而造成的机会拥有方面的某些合理的‘不平等’。现在，社会成员已从内心深处逐渐摒弃了平均主义，而认同机会平等的理念，并期望社会在生存与发展方面能够为每个人提供平等的起点，以便能够在有序竞争规则的条件下获得自身的发展。而且，已经出台和即将出台的许多重大的社会政策也有利于起点平等原则的实施。另外，随着社会对于个体人之间差异的认可，随着同现代社会相适应的社会分层结构体系的逐渐形成以及职业结构的不断分化，社会成员的收入呈现出一种多样化的状态。”[①] 看重起点平等、规则公平原则当然并不意味着结果方面的差距无需调节。只是在当代，人们对于结果方面的正义的认识从要求“均等”发展到要求“公平”，充分体现了时代与社会的重大进步。

（六）生态环境有所改善

改革开放以来快速发展的经济建设带来了巨大的物质财富，但人口的增加、粗放型经济增长模式使我国的生态环境遭到了很大破坏。随着人们对环境保护、生态文明认识的加深，正确处理人口资源环境关系的要求日益受到重视，人们的环境保护和生态正义观念得到空前提高，生态环境有所改善。党的十七大报告在“实现全面建设小康社会奋斗目标的新要求”中专门指出：“建设生态文明，基本形成节约能源资源和保护生态环境的产业结构、增长方式、消费模式。循环经济形成较大规模，可再生能源比重显著上升。主要污染物排放得到有效控制，生态环境质量明显改善。生态文明观念在全社会牢固树立。”[②] 目前生态文明缺失状况逐步得到改观。一是对生态文明达成了一定共识，坚持不懈的生态文明意识培养和现实生活的经验教训使社会成员逐渐树立起生态文明观。二是生态环境保护有较

① 吴忠民：《走向公正的中国社会》，山东人民出版社2008年版，第74页。

② 胡锦涛：《高举中国特色社会主义伟大旗帜　为夺取全面建设小康社会新胜利而奋斗》，人民出版社2007年版，第20页。

大成效，环保法规的落实，“退耕还林、退耕还草”等政策的实施，使广大地区的生态得到保护，一些被破坏地区的生态环境得以恢复。三是经济发展方式的转换，长期以来经济发展对资源的依赖很大而效率却相对低下的状况正在逐步改变。

（七）区域正义得到加强

当前落后地区发展加速，遏制区域发展失衡加剧状况的努力成效明显。随着沿海地区日益发达，“两个大局”战略中的第二个大局开始提上日程。东西部地区发展差距的历史存在和过分扩大，成为一个长期困扰中国经济和社会健康发展的全局性问题。2000 年 1 月，国务院成立了西部地区开发领导小组，研究加快西部地区发展的基本思路和战略任务，部署实施西部大开发的重点工作。2000 年 10 月，党的十五届五中全会通过的《中共中央关于制定国民经济和社会发展第十个五年计划的建议》，把实施西部大开发、促进地区协调发展作为一项战略任务，强调：“实施西部大开发战略、加快中西部地区发展，关系经济发展、民族团结、社会稳定，关系地区协调发展和最终实现共同富裕，是实现第三步战略目标的重大举措。”2001 年 3 月，九届全国人大四次会议通过的《中华人民共和国国民经济和社会发展第十个五年计划纲要》对实施西部大开发战略再次进行了具体部署。西部大开发总的战略目标是：经过几代人的艰苦奋斗，到 21 世纪中叶全国基本实现现代化时，从根本上改变西部地区相对落后的面貌，建成一个经济繁荣、社会进步、生活安定、民族团结、山川秀美、人民富裕的新西部。西部大开发到 2010 年已历十年，西部地区综合实力大幅提升，经济发展迈上新台阶。西部地区生产总值从 2000 年的 1. 67 万亿元增加到 2008 年的 5. 83 万亿元，年均增长 11. 7%；人均地区生产总值由 4624 元增加到 1. 6 万元，年均增长 10. 5%；地方财政本级收入由 1127 亿元增加到 5159 亿元，年均增长 19. 6%；全社会固定资产投资由 6111 亿元增加到 3. 59 万亿元，年均增长 23. 4%。西部地区经济增长速度快、持续时间长、稳定性好，经济总量和人均水平都实现了大跨越，为全国经济发展提供了支撑、作出了贡献，推动了社会正义。①

① 国家发展和改革委员会西部开发司：《继续深入实施西部大开发战略》，《人民日报》2010 年 1 月 11 日。

在我国社会主义工业化初期，东北地区为建设独立、完整的国民经济体系，推动我国工业化和城市化进程作出了历史性重大贡献。改革开放以来，东北老工业基地长期积累的体制性、结构性矛盾日益显现，大批国有企业陷入困境，大量职工下岗失业，经济发展缓慢。2003 年 10 月，中共中央、国务院发布《关于实施东北地区等老工业基地振兴战略的若干意见》，明确了实施振兴战略的指导思想、方针任务和政策措施。2009 年 9 月，又出台了《国务院关于进一步实施东北地区等老工业基地振兴战略的若干意见》，指出：实施东北地区等老工业基地振兴战略五年多来，振兴东北地区等老工业基地工作取得了重要的阶段性成果。以国有企业改革为重点的体制机制创新取得重大突破，多种所有制经济蓬勃发展，经济结构进一步优化，自主创新能力显著提升，对外开放水平明显提高，基础设施条件得到改善，重点民生问题逐步解决，城乡面貌发生很大变化。国务院为推进东北地区等老工业基地全面振兴的需要，提出了以下意见：优化经济结构，建立现代产业体系；加快企业技术进步，全面提升自主创新能力；加快发展现代农业，巩固农业基础地位；加强基础设施建设，为全面振兴创造条件；积极推进资源型城市转型，促进可持续发展；切实保护好生态环境，大力发展绿色经济；着力解决民生问题，加快推进社会事业发展；深化省区协作，推动区域经济一体化发展；继续深化改革开放，增强经济社会发展活力。[①] 据国家发改委 2011 年 1 月 16 日召开的振兴东北地区等老工业基地工作座谈会披露的数字，2009 年，东北三省实现地区生产总值 30557 亿元，是 2003 年的 2.4 倍。按可比价计算，年均增长 13%，速度与东部沿海地区大体相当。“十一五”前四年，东北三省地区生产总值增速年均为 13.4%，在四大区域板块中名列第一，高出东部、中部和西部 0.86 个、0.63 个和 0.03 个百分点（东、中、西部分别为 12.54%、12.77%、13.37%）。初步核算，2010 年东北三省经济增速继续在四大区域板块中领跑，这是振兴战略取得成效的最直接的证明。[②] 振兴东北老工业基地的战略符合我国经济社会发展的要求，符合区域发展的规律，符合人们对于区域正义发展的渴望。

---

① 《国务院关于进一步实施东北地区等老工业基地振兴战略的若干意见》，中央政府门户网站 2009 年 9 月 11 日。

② 《东北振兴司召开振兴东北地区等老工业基地工作座谈会》，中华人民共和国发展与改革委员会网站 2011 年 2 月 12 日。

继西部大开发和振兴东北地区等老工业基地战略实施的第三个区域发展战略是中部地区崛起战略。中部地区指的是中国的山西、河南、安徽、湖南、江西、湖北六省。为了改变中部地区经济发展严重滞后于东部沿海地区的状况，中共中央提出了“中部地区崛起”的重大战略决策。2004年政府工作报告首次明确提出促进中部地区崛起，同年12月的中央经济工作会议再次提到促进中部地区崛起，2005年政府工作报告中提出抓紧研究制定促进中部地区崛起的规划和措施。2006年4月15日，中共中央、国务院发出《关于促进中部地区崛起的若干意见》，要求把中部地区建设成全国重要的粮食生产基地、能源原材料基地、现代装备制造及高技术产业基地和综合交通运输枢纽，使中部地区在发挥承东启西和产业发展优势中崛起。党的十七大报告在谈到推动区域协调发展时明确指出要“大力促进中部地区崛起”。2009年9月国务院常务会议讨论并原则通过《促进中部地区崛起规划》，提出争取到2015年，中部地区实现经济发展水平显著提高、发展活力进一步增强、可持续发展能力明显提升、和谐社会建设取得新进展的目标。

（八）程序正义受到重视

当前程序正义受到重视，有关程序的制定与实行逐步规范化。程序正义与实质正义是相辅相成的。社会生活的活跃造成人们交往的空前频繁。在这个过程中，人们的程序意识增长，对程序正义的认同性和依赖感不断加强。我国当前程序正义的发展主要体现在：一是大量法规制度的制定。随着依法治国观念的普及，鉴于经济社会发展的实际需要，并参考其他国家和地区的法治经验，我国加强程序方面的立法工作，将相关措施制度化、法制化。有关机关和部门出台了一系列重要的涉及程序方面的法律法规，如《中华人民共和国立法法》、《信访条例》、《中国人民政治协商会议全国委员会反映社情民意信息工作条例》、《关于开展区域性行业性集体协商工作的意见》、《政府制定价格听证办法》等。可见，制度基础是使程序正义走上科学发展轨道，保障其效果，保持其旺盛生命力的有力支撑。二是相关程序的完善。在决策和执行时，大量实施了听证、公示等环节。如在第十一届全国人民代表大会第三次会议上通过的《选举法》修正案，明确规定了“城乡按相同比例选举人大代表”等原则，修正案草案是在认真梳理代表议案建议、充分调查研究、广泛听取意见的基础上形成的，全国人大常委会初次审议后又将草案印发中央有关部门、各地和有关方面征求意见，进行修改完善。再如，《国家中长期教育改革和发展规划纲要（2010—2020年）》自2008年以来两次向社会征求意见，其中在第一轮征求意见期间社会各界人士发表意见建议210多万条，第二轮共收到意见建议27855条，其中电子邮件8317封，信函1064封，教育部门户网站网友发帖18474条。此外，从媒体和网络收集的报道评论与意见建议249万多条。这些实践当然可以看作是我国社会主义民主政治的发展，但是从程序正义的角度来讲也是重要的进步。

六　当前中国社会主义正义观实践的改善空间

当前我国经济社会发展成就巨大，但是由于历史和现实的各种复杂因素的制约和影响，我国在社会主义正义观实践方面还存在一些问题，有着相当程度的改善空间。

（一）发展成果享有应趋公平

据新华社文章的介绍，“目前我国的收入差距正呈现全范围多层次的扩大趋势。当前我国城乡居民收入比达到3.3倍，国际上最高在2倍左右；行业之间职工工资差距也很明显，最高的与最低的相差15倍左右；不同群体间的收入差距也在迅速拉大，上市国企高管与一线职工的收入差距在18倍左右，国有企业高管与社会平均工资相差128倍。……收入最高10%人群和收入最低10%人群的收入差距，已从1988年的7.3倍上升到2007年的23倍”[①]。概括地说，一是区域差距大。成果享有的区域差距大首先体现在东部地区和非东部地区之间。由于国家发展战略大局的安排和在整个经济体系的分工中处于弱势，非东部地区以极其低廉的价格提供了大量的矿产资源、一次能源、初级工农业产品，而进入这些地区市场的加工品价格又往往较高。这个“剪刀差”现象是长期存在的，今天仍然尚未得到完全扭转。比如西部12个省区市，从人均地区生产总值比较看，尽管西部地区人均地区生产总值占全国的比重近年来不断提高，与东部地区增速差距拉大趋势初步扭转，但人均地区生产总值的绝对量与东部

① 新华社：《中国贫富差距正逼近社会容忍红线》，中国经济网2010年5月10日。

地区的差距仍在继续拉大，由2000年的7200多元拉大到2008年的21000多元。从小康社会实现程度看，2008年西部地区小康社会实现程度只有69.4%，仅相当于东部地区2000年的水平、中部和东北地区2004年的水平。① 成果享有的区域差距大还体现在非东部地区内部。在广大区域之间，自然和历史条件有很大差别，发展思路也不尽相同。这就造成了非东部地区各省区市之间，甚至各市县之间在经济发展的成果享有方面的差距也比较大，而且随着时间的推移越来越明显。二是城乡差距大。农村居民人均纯收入增长幅度易受多种因素的影响，其变动态势极不稳定，很不利于差距的缩小。城镇居民的人均可支配收入始终要高于农村居民的人均纯收入，而且除个别地区外，城乡居民收入差距总体上呈现出继续扩大的趋势。另外，如果考虑到城镇居民的隐性收入，其实际差距将会更大。三是阶层差距大。由于市场经济的深入发展和一个时期“效率优先，兼顾公平”政策的贯彻，收入差距逐渐拉开，形成了不同的收入阶层。非东部地区虽然总体上属于后发展地区，但近年来“马太效应”也日益显现，并被人们看作是主要的非正义现象之一，已经到了影响社会稳定的程度。

近年来分配领域的不公正现象日益严重，党和国家对此高度重视。2010年的《理论热点面对面》中，有一个专题专门讲了分配不公的问题。该文概括了当前分配不公的五种主要现象：一是居民收入在国民收入分配中的比重偏低，呈逐年下降趋势，而政府收入和企业收入却呈快速上升趋势；二是普通劳动者收入偏低，在初次分配中“强资本、弱劳动”趋势不断强化，劳动在各种生产要素中的地位不断下降；三是垄断行业收入畸高，而这些过高收入与员工的劳动贡献和企业的真实业绩并不相符；四是“小金库”、乱收费、乱罚款、乱摊派、乱涨价、红包、回扣、出场费等不合理收入没有得到有效规范；五是压低、克扣、拖欠工资等违反分配政策的现象大量存在。而产生分配不公问题的原因，主要是社会历史的原因、体制改革不到位的原因、相关政策不完善的原因和分配制度改革滞后的原因。该文指出，目前收入差距已经接近社会所能忍受的“红线”，成为广大群众关注度最高的问题之一，分配不公的消极影响表现在制约社会主义优越性的发挥，与实现共同富裕的目标相违背；阻碍经济社会又好又

① 国家发展和改革委员会西部开发司：《继续深入实施西部大开发战略》，《人民日报》2010年1月11日。

快发展，使消费需求这个经济增长的重要引擎发挥不出应有作用；抑制社会发展进步的动力，使低收入者生活困难、社会地位下降，降低对改革的认同感和参与改革、投身建设的积极性，而既得利益者害怕改革触及自身利益，则会成为改革的阻力；影响社会和谐稳定，引发许多群体性事件等社会矛盾和冲突，影响社会风气，造成人们价值观扭曲。①

在调节收入分配的政策建议方面，该文提出要从三个方面着手：在切实提高普通劳动者收入方面：要建立正常的工资增长机制、全面推行工资集体协商制度、大力促进农民增收、加快建立覆盖城乡居民的社会保障体系；在有效调节过高收入方面，要深化垄断行业改革、加大税收的调节作用、积极发展社会慈善事业、坚决打击取缔非法收入；在扩大中等收入者比重方面，要加快推进城镇化、鼓励和支持自主创业、努力提高劳动者素质、创造条件让更多群众拥有财产性收入。② 与此相关的是，2010 年 5 月公布的《关于 2010 年深化经济体制改革重点工作的意见》中，国家发改委也明确提出，在收入分配制度改革领域，要研究调整和优化国民收入分配格局、提高居民收入比重的思路，提出改革的目标、重点和措施，主要工作是积极稳妥实施事业单位绩效工资制度，推进企业职工工资集体协商和支付保障制度建设，改革国有企业特别是垄断行业工资总额管理制度，完善国有企业、金融机构高管人员薪酬分配和监管制度。③

（二）政治领域若干关系须予调整

政治正义需要对一些关系作出规范和调整。一是政府与社会的关系。一方面，由于发挥政府的宏观调控功能是社会主义市场经济的优势，并且大多数地区经济社会发展水平不够高，政府在开发与建设中发挥主导作用责无旁贷；另一方面，则是要坚持服务型政府的建设方向。如何在市场经济中有效发挥政府的调控和管理功能，避免市场经济对社会正义的消极影响，同时又充分激发市场与社会组织的活力，是一个值得深入研究的问题。二是基层民主自治中的若干关系。总地来说，我国广大地区的基层民

① 参见中共中央宣传部理论局《分好“蛋糕”促和谐——怎么看分配不公》，《人民日报》2010 年 7 月 9 日。

② 同上。

③ 发展改革委：《关于 2010 年深化经济体制改革重点工作的意见》，中央政府门户网站 2010 年 5 月 31 日。

主自治正在稳步推进和有效开展，这对于利益关系的平衡与协调，对于社会正义的实现有很大的推动作用。但是在基层民主自治的实际运行中还存在一些需要解决的问题，如基层民主自治组织与同级党组织和基层政府的关系如何正确处理，如何应对基层选举中的贿选、暗箱操作等不公正现象，都需要进一步规范和调整。

（三）正义观念需要引导

当前，人们对于正义还存在着一些模糊的或不正确的认识。一是对正义本身的认识。有不少人认为正义只是一个道德范畴，更多的与个人有关，而忽视了正义还是一个政治范畴，可以作为社会制度和社会结构的属性。也有人认为正义只能作为抽象的原则而存在，否认它在经济、政治、文化、社会和生态等领域可以有不同的具体表现，从而有意或无意地贬低了正义的价值和作用。二是对正义所蕴含的具体理念的认识。如怎样理解对自由的追求与法律的约束、怎样处理公平与效率的关系、怎样看待权利与义务的关系、怎样协调平等要求与本地区经济社会发展程度的制约等问题，都需要科学地予以回答。

（四）民生建设应该强化公平正义

民生是群众生存发展的根本，是基本利益所在，所以民生方面的正义对于发展尚不充分的我国广大地区来说更显重要。当前这方面的缺陷仍然比较严重。如公共教育资源在地区之间、城乡之间、学校之间的配置仍不尽合理，师资力量、办学条件存在较大差距，贫困地区和少数民族地区的教育落后，贫困家庭学生和农民工子女上学艰难，因贫辍学和因学致贫现象仍然存在。在就业方面就业弹性持续下降，就业岗位供给明显不足，越来越多的劳动者游离于正式劳动组织之外，就业岗位不稳定性日益明显，就业压力持续扩张而很难缓解。在医疗卫生方面，城乡和区域医疗卫生事业发展不平衡，资源配置不合理，公共卫生和农村、社区医疗卫生工作比较薄弱，医疗保障制度不健全，药品生产流通秩序不规范，医院管理体制和运行机制不完善，政府卫生投入不足，医药费用上涨过快，个人负担过重，人民群众对上述问题反映强烈。在社会保障方面，社会救助体系在实践中不够完善，劳资力量对比失衡但是社会保险制度又不健全，商业保险中的霸王条款普遍存在，老年人、残疾人等弱势社会群体的社会福利事业严重滞后，影响了社会正义的发展。

因此，民生建设应坚持正确的改革方向，以使最广大人民群众都能分享改革发展的成果作为目标取向，避免和纠正曾经出现过的基本公共服务过度市场化倾向带来的不良后果。

（五）生态文明建设任重道远

生态正义是正义研究领域近年来发展较快的一个分支，它的核心要求是实现人与自然的和谐发展。“人靠自然界**生活**。这就是说，自然界是人为了不致死亡而必须与之处于持续不断地交互作用过程的、人的**身体**。”①在一定意义上讲，我们正面临生态危机的威胁。生态危机是指生态环境被严重破坏，使人类的生存与发展受到威胁的现象，这是生态失调恶性发展的结果，主要由人类盲目和过度的生产活动所引起。生态危机一旦形成，在较长时期内难以恢复。因此，当它还处在潜伏状态时就应该引起人们的警觉。人要生存、发展，对自然的索取是无法避免的，人与自然之间的深层次矛盾还没有根本解决。如何既更快更好地满足人类日益增长的需要，又保护与发展生态环境，使二者良性互动，相得益彰，而不是顾此失彼，是实现正义的一个重要课题。

（六）程序正义应当警惕不良倾向

程序正义得到重视是社会进步的表现，但在实践中有两个倾向应当引起警惕。一个倾向是仍然忽视程序正义。这种观点认为我国大部分地区仍处于经济社会发展的较低阶段，更应集中注意力于实质正义的效果，过度提倡程序正义会造成不必要的干扰。这种观点没有认识到，程序正义“是体现在（法律或制度）程序中的正义，它说明规则本身具有独立于结果的价值”。② 在当代中国，社会主义基本的经济制度和政治制度已经建立，虽然存在不完善之处，但是总体上的实质正义已经实现。在这种情况下，社会正义的程序性更应当引起高度重视。

另一个倾向是将程序正义拔高到不适当的地步。这种观点认为实

① 《马克思恩格斯选集》第1卷，人民出版社1995年版，第45页。

② 麻宝斌：《政治正义的历史演进与现实要求》，《江苏社会科学》2003年第1期。

质正义的标准很难恰当地设定，人为的利益调节会造成新的非正义局面，至少其过程也是困难重重，因此要将主要精力转移于对程序正义的追求上来。马克思主义对于程序正义的认识，不是单纯的、孤立的理论分析，而是将其放到理论与实际的大环境中加以考察。在实质正义与程序正义的关系中，实质正义是根本目的，而程序正义是达到实质正义的方法和途径，二者缺一不可，既不存在脱离程序正义的实质正义，更不存在脱离实质正义的程序正义，这是二者的辩证关系。在把握两点论的同时，马克思也坚持看到，与程序正义相比，实质正义不能不占有更重要的地位。“如果认为在立法者偏私的情况下可以有公正的法官，那简直是愚蠢而不切实际的幻想！既然法律是自私自利的，那末大公无私的判决还能有什么意义呢？法官只能够丝毫不苟地表达法律的自私自利，只能够无条件地执行它。在这种情形下，公正是判决的形式，但不是它的内容。内容早被法律所规定。如果审判程序只归结为一种毫无内容的形式，那末这样空洞的形式就没有任何独立的价值了。”[①] 西方学者也看到了这一点。罗尔斯说过，“为了在分配份额上采用纯粹的程序正义的概念，有必要实际地建立和公平地管理一个正义的制度体系。只有在一种正义的社会基本结构的背景下，在一种正义的政治结构和经济和社会制度安排的背景下，我们才能说存在必要的正义程序”。[②] 在没有政治实质正义的情况下，政治程序正义不但没有意义，而且完善的程序只能导致更加非正义的结果。因此，我们绝不能离开实质正义来空谈程序正义。如果只在程序正义里打圈子，不但会滑向程序至上主义、程序拜物教的泥潭，甚至还会产生是否存在实质正义的疑问，进而取消实质正义标准，认为遵循了程序就是正义的，而不问该程序所导向的结果是否正义。这在实践中有极其严重的危害性。

这两种倾向实际上是正义问题上的两个极端看法，前者轻视程序正义的积极作用，后者却否认实质正义的决定作用，都不利于社会正义的增长，应该得到纠正。

---

① 《马克思恩格斯全集》第 1 卷，人民出版社 1956 年版，第 178 页。

② ［美］罗尔斯：《正义论》，何怀宏等译，中国社会科学出版社 1988 年版，第 82 页。

第六章

对于社会主义正义观的历史性思考

如果从社会主义正义观的理论渊源——马克思主义正义观的诞生算起，至今已有160多年了，从俄国十月革命使社会主义正义观实现从理论到现实的飞跃至今也有90余年了，而中国共产党在中国为实现社会正义所进行的奋斗则经历了差不多相同漫长的历史时期。在社会主义正义观理论与实践的历史进程中，无论是对于社会主义国家还是对于整个世界来说，无论是对于社会还是对于人自身来说，都产生了巨大的影响。社会主义正义观的理论与实践既有着丰富的历史经验，也有着沉痛的历史教训。

一　社会主义正义观理论与实践的历史影响

社会主义正义观理论与实践的历史影响，实际上就是从正义的视角评价社会主义国家在科学理论的指导下产生以及它们的活动的影响。

（一）实现社会主义国家总体正义

社会主义国家实现了生产力的快速发展和令人瞩目的经济成就，是社会主义国家总体正义最根本的表现。生产力的发展是社会正义发展的决定性因素。马克思指出："生产力的这种发展……之所以是绝对必需的实际前提，还因为如果没有这种发展，那就只会有**贫穷**、极端贫困的普遍化；而在**极端贫困**的情况下，必须重新开始争取必需品的斗争，全部陈腐污浊的东西又要死灰复燃。"① 社会主义国家在生产力和经济建设方面所取得的成就，是社会主义制度优越性的重要体现，也是社会主义正义观的重要体现。

中国60多年来生产力发展与经济建设的成就举世公认。据国家统计

① 《马克思恩格斯选集》第1卷，人民出版社1995年版，第86页。

局在新中国成立60周年前夕公布的数据，我国国内生产总值从1952年的679亿元增长到2008年超过了30万亿元，达到了300670亿元，年平均增长8.1%，长期领先于世界经济增速。人均国内生产总值由1952年的119元提高到2008年的22698元，扣除价格因素，2008年比1952年增长32.4倍，年均增长6.5%。我国城镇居民人均可支配收入由1949年的不足100元提高到2008年的15781元，农村居民人均纯收入由44元提高到4761元。2008年年底城乡居民人民币储蓄存款余额达21.8万亿元，比1952年底增加2.5万倍。国家财政收入由1950年的62亿元增长到2008年的61317亿元，比1950年增长985倍，政府对经济和社会发展的调控能力日益增强。外汇储备增加近14000倍，我国由长期以来的外汇短缺国一跃而为世界第一外汇储备大国。就工农业产品来说，2008年我国粮食产量比1949年增长3.7倍，达到52871万吨，农产品供给不仅解决了占世界五分之一人口的吃饭问题，还为加快工业化进程提供了重要支持。工业的快速发展不仅解决了基本生活必需品的短缺问题，而且还使我国逐渐成为一个世界制造业大国，根据联合国工发组织资料，按照2000年不变价计算，我国制造业增加值占世界的份额由1995年的5.1%上升到2007年的11.4%。按照国际标准工业分类，在22个大类中，我国制造业占世界比重在7个大类中名列第一。与此同时，经济结构实现由低级到高级、不均衡到相对均衡的巨大调整，经济发展的协调性明显增强；基础设施和基础产业实现由薄弱到明显增强的巨大飞跃，对经济发展的支撑能力显著增强；对外经济实现了从封闭半封闭到全方位开放的伟大历史转折，对外贸易和利用外资规模均跃居世界前列；人民生活实现由贫困到总体小康的历史性跨越，正在向全面小康目标迈进；科技和教育实现了落后到突飞猛进发展的转变，有力地支撑了经济社会的发展；文化、卫生、体育、环保等社会事业发生了根本性变化，经济与社会发展的协调性不断增强。①

其他社会主义国家的经济发展速度也远远超过同等条件下的其他国家。就拿苏联和东欧社会主义国家来说，从历史上看，苏东国家的生产力都不发达。直到1913年，俄国仍然是一个小农生产占很大比重的国家，农村人口占82%，城市人口仅占18%；在工农业总产值中，农业占

① 参见国家统计局《光辉的历程 宏伟的篇章——新中国成立60周年经济社会发展成就回顾系列报告之一》，国家统计局网站2009年9月7日。

57.9%，工业只占42.1%；而在工业总产值中，消费品生产占66.7%，生产资料的生产仅占33.3%。俄国工业总产量占世界工业总产量的2.7%，仅及美国的6.9%。同时，俄国经济对其他资本主义国家还有很大依赖性。[①] 东欧社会主义国家在“二战”前本来就大多数是落后的农业国，而在第二次世界大战中，东欧国家经济又普遍遭到严重破坏，损失惨重。在战争中，南斯拉夫死亡人口达170万人，占全国总人口的11%，物质方面的损失达91亿美元；罗马尼亚在整个战争期间遭受的经济损失相当于战前12年的国家预算收入；到1945年，匈牙利工业生产能力的40%被毁坏，整个工业生产和战前比较下降了70%，农业生产也受到严重破坏；保加利亚1944年与1939年比较，农业生产下降了70%；波兰在战争中的经济损失达880亿兹罗提，相当于战前五年的国民收入，被枪杀的波兰人有600万，占全国人口的22%。捷克斯洛伐克的经济也受到严重破坏，到战争结束时，国民经济已濒于崩溃。[②] 就是在这样的条件下，在没有发达国家支持和帮助的条件下，苏联和东欧国家通过发挥社会主义制度的优越性，生产力水平获得了很大提高，经济建设取得了巨大成就。就整个战后时期来说，苏联东欧国家经济持续而稳定地增长而且增长的速度较高，和发达资本主义国家相比也是比较快的。1960—1986年，苏联的国民收入和工业总产值分别增长了3倍和4.1倍；同期，保加利亚分别增长了4.2倍和6.6倍；匈牙利分别增长了1.8倍和2.6倍；民主德国分别增长了3.2倍和3倍，波兰分别增长了2.1倍和3.9倍；罗马尼亚分别增长了6.2倍和12倍；捷克斯洛伐克分别增长了1.7倍和2.7倍；南斯拉夫分别增长了2.4倍和4.4倍。而在这同一期间，英国的国民收入和工业总产值只分别增长了0.8倍和0.6倍；意大利分别增长了1.5倍和1.8倍；美国分别增长了1.2倍和1.6倍；联邦德国分别增长了1.2倍和1.2倍；法国分别增长了1.7倍和1.3倍；只有日本发展较快，分别增长了4.3倍和5.5倍。[③]

社会主义国家实现了以先进的生产关系代替落后的生产关系，是社会主义国家总体正义最突出的标志。唯物史观认为，生产力状况决定生产关系的产生及其性质，决定其变化发展的方向和形式，但生产关系又反作用

① 周新城、高成兴：《苏联东欧国家经济》，中国人民大学出版社1990年版，第4页。

② 同上书，第14页。

③ 同上书，第19—20页。

于生产力，当生产关系适应生产力发展状况时，对生产力的发展起促进作用，反之则起阻碍作用。

各社会主义国家在走上社会主义道路前，除了俄国是垄断资本同封建农奴制残余紧密结合的帝国主义国家、民主德国原来是欧洲列强的一部分、捷克斯洛伐克的捷克部分工业较为发达以外，其余大多数国家资本主义发展水平不高，封建势力有着深厚的基础，甚至有不少国家还是殖民地半殖民地国家。各社会主义国家在人民政权建立以后，采取了不同的措施对城乡私人经济进行了社会主义改造，普遍采取了工业国有化政策，确立了社会主义所有制（全民所有制和集体所有制）在国民经济中的统治地位，实现了以社会主义公有制代替私有制这一革命性变革。众所周知，生产关系是指人们在物质资料生产过程中所结成的社会关系，包括生产资料所有制形式、人们在生产中的地位及其相互关系和产品分配方式三项内容，其中生产资料所有制在生产关系中起着决定性作用。之所以说以社会主义公有制代替私有制是社会主义国家总体正义最突出的标志，正是因为社会主义公有制实现了由广大人民群众而不是少数剥削者占有生产资料，才能消灭剥削、消除两极分化，最终实现共同富裕。

社会主义国家实现了人民群众精神风貌的极大改变，是社会主义国家总体正义的最鲜明的特色。列宁指出："革命是被压迫者和被剥削者的盛大节日。人民群众在任何时候都不能像在革命时期这样以新社会制度的积极创造者的身份出现。"① 如果从新社会制度的积极创造者这个角度来说，由于社会主义制度实现了生产资料公有制的变革，人民群众的"积极创造者的身份"就不仅在革命时期才拥有。正是因为劳动群众认识到自己在国家和社会中的主人翁地位，认识到社会主义制度是与以往的压迫和剥削的制度所不同的制度，具有前所未有和无与伦比的正义性，所以才能面对困难和挫折坚忍不拔，积极投身于社会主义建设，展现了昂扬向上的精神风貌。

（二）推动世界范围正义进步

社会主义国家的存在本身就是世界范围的正义事业进步的体现。资本主义曾经起到了进步的历史作用，从根本上说是它促进了生产力的极大发

① 《列宁选集》第1卷，人民出版社1995年版，第616页。

展。马克思恩格斯在《共产党宣言》中指出："资产阶级在它的不到100年的阶级统治中所创造的生产力，比过去一切世代创造的全部生产力还要多，还要大。"① 而这一切则又是在追逐利润的驱动下所造成的。资产阶级在利润的驱动下奔走于全世界，到处落户、到处开发、到处建立联系，开创了"世界历史"的进程。马克思指出，资本主义大工业"首次开创了世界历史，因为它使每个文明国家以及这些国家中的每一个人的需要的满足都依赖于整个世界，因为它消灭了各国以往自然形成的闭关自守的状态"。② 世界历史的形成不能不说是一个进步，但是从马克思主义正义观来看，这个世界体系却不是一个正义的体系，因为它是一个少数发达资本主义国家剥削和压迫大多数不发达地区的体系。社会主义国家的产生，从根本上打破了这一非正义的资本主义世界体系，提供了一种合理的社会制度的现实可能性并且付诸了实践。

社会主义正义观理论与实践推动了资本主义世界正义理论与实践的进步。社会主义制度在世界上确立和巩固、社会主义阵营的形成、社会主义国家的蓬勃发展和社会主义国家的劳动群众所享有的广泛的权利和福利，对生活在资本主义世界的劳动群众产生了强大的吸引力，也促使资本主义国家的统治阶级对资本主义制度进行深入的反思并加以改革和创新。美国20世纪30年代罗斯福新政实行了社会保险法案、全国劳工关系法案、公用事业法案、公平劳动标准法案等法规；"二战"以后主要资本主义国家在劳资关系和分配关系方面的变化，如实行职工参与决策、职工持股、终身雇佣等制度；资本主义国家通过创办并资助社会公共事业，实行和完善一套社会福利政策和制度，对社会经济生活进行干预，以调节和缓和阶级矛盾，保证社会秩序和经济生活正常运行的福利国家等，都是资本主义国家对资本主义生产关系作出的新调整，而社会主义国家对其产生的压力不能不说是主要原因之一。同时，资产阶级思想家也从各个角度开展了对于社会公平正义问题的思考，提出了不同的观点和思路，丰富了正义观研究的理论宝库。

社会主义正义观理论与实践促进了被压迫民族和国家争取独立和发展的正义斗争。马克思指出，资产阶级，"正像它使农村从属于城市一样，

① 《马克思恩格斯选集》第1卷，人民出版社1995年版，第277页。

② 同上书，第114页。

它使未开化和半开化的国家从属于文明的国家，使农民的民族从属于资产阶级的民族，使东方从属于西方”。① 这段话揭示了近代以来世界历史的基本特征。列宁认为，在帝国主义时代，世界已分成两个阵营，一个是拥有金融资本并剥削地球上绝大多数居民的为数极少的文明民族阵营，另一个是组成这个绝大多数的殖民地和附属国的被剥削被压迫民族的阵营；被金融资本压迫和剥削的殖民地和附属国是帝国主义最大的后备力量和最重要的实力来源；附属国和殖民地国家的被压迫民族所进行的反帝革命斗争是他们摆脱压迫和剥削的唯一道路，这个运动不能不引起全世界资本主义的危机，不能不给帝国主义世界体系以沉重的打击；发达国家的无产阶级运动和殖民地民族解放运动的利益，要求把这两种革命运动结合成一条反对共同的敌人、反对帝国主义的共同的战线；如果不建立共同的革命战线，那末发达国家的工人阶级就不能胜利，被压迫民族就不能从帝国主义的桎梏下解放出来。因此，1920 年共产国际执委会根据列宁的理论拟定了“全世界无产者和被压迫民族联合起来”这一战略口号，并进行了在殖民地半殖民地国家组建马克思主义政党、推动争取民族独立运动的活动；中国走上社会主义道路之后，对于亚非拉人民争取独立和解放的斗争给予了长期、大量、无私的援助，为世界殖民体系的瓦解作出了重大贡献，付出了巨大的民族牺牲；苏东社会主义国家也为被压迫民族和国家的正义斗争提供了支持，这一切也都是与社会主义正义观的理论与实践分不开的。

（三）促进“社会的人”的发展

社会主义正义观继承并践行了马克思关于“人的本质是各种社会关系的总和”的观点。社会主义正义观与马克思主义对“人”的认识是分不开的。马克思指出：“人的本质不是单个人所固有的抽象物，在其现实性上，它是一切社会关系的总和。”② 社会主义正义观之所以牢牢把握住生产方式这个基础，正是因为摆脱了旧正义观从抽象的人、抽象的人性出发来阐发正义原则的根本缺陷，而这又都与对“人”的理解息息相关。所谓现实的人，“不是处在某种虚幻的离群索居和固定不变状态中的人，

① 《马克思恩格斯选集》第 1 卷，人民出版社 1995 年版，第 277 页。
② 同上书，第 56 页。

而是处在现实的、可以通过经验观察到的、在一定条件下进行的发展过程中的人”。[①] 个人与社会相互依存，密不可分。一方面，社会是由无数个人组成的，人的生存离不开社会，人的发展更需要社会提供种种条件；另一方面，任何一个社会的存在和发展，都是所有的个人及其集体努力的结果，一切个人活动的总和构成社会的整体运动及其发展。

在各社会主义国家，形成了社会主义集体主义的价值导向。现代的集体主义是从大工业生产方式中产生的，它与人的个性发展不仅不矛盾，而且正是为了尊重人格、尊重自由、尊重独立性、尊重个性。在资本主义社会制度下，由于大工业以私有制为基础，所以造成了集体主义的价值观不能占主导地位，只能任由个人主义泛滥。社会主义公有制奠定了集体主义赖以形成和发展的基础，成为人们处理个人与社会之间关系的基本准则。当然，提倡集体主义并不意味着要压抑个性。毛泽东讲过：“有人说我们忽视或压制个性，这是不对的。被束缚的个性如不得解放，就没有民主主义，也没有社会主义。”[②]

社会主义正义观继承并践行了人的自由全面发展的观点。马克思在《1857—1858 年经济学手稿》中根据人与人关系和人的发展的不同情况，提出了人类社会历史发展阶段划分的“三形态说”：“人的依赖关系（起初完全是自然发生的），是最初的社会形态，在这种形态下，人的生产能力只是在狭窄的范围内和孤立的地点上发展着。以物的依赖性为基础的人的独立性，是第二大形态，在这种形态下，才形成普遍的社会物质变换，全面的关系，多方面的需求以及全面的能力的体系。建立在个人全面发展和他们共同的社会生产能力成为他们的社会财富这一基础上的自由个性是第三个阶段。第二个阶段为第三个阶段创造条件。”[③] 其中，第一阶段指的是人类社会发展“五形态说”中的原始社会、奴隶社会、封建社会，超经济的人身依赖现象相当严重；第二阶段指的是资本主义社会，人们摆脱了超经济的人身束缚，获得了表面上的自由，但是商品经济、大工业的发展使社会划分为两大对立阶级——资产阶级和工业无产阶级，后者由于生产资料的丧失，他们的“自由”只能是被这个资本家或那个资本家剥削的自由。谋生的需要和社会分工的固定化使他们更不可能获得全面的发

① 《马克思恩格斯选集》第 1 卷，人民出版社 1995 年版，第 73 页。

② 《毛泽东书信选集》，中央文献出版社 2003 年版，第 216 页。

③ 《马克思恩格斯全集》第 46 卷上，人民出版社 1979 年版，第 104 页。

展；第三阶段指的是共产主义社会，物质资料极大丰富，消费资料按需分配，社会关系高度和谐，人们精神境界极大提高，每个人自由而全面的发展，人类从必然王国向自由王国飞跃。

社会主义作为共产主义的低级阶段，尽管这时还不能达到消灭社会分工，使劳动“本身成为生活的第一需要”，但是社会主义制度的建立，一系列经济、政治、文化、社会等制度的实施，为人的自由而全面的发展开辟了一条广阔的道路。社会主义正义观的一个特点是实践性，“我们的出发点是从事实际活动的人，而且从他们的现实生活过程中还可以描绘出这一生活过程在意识形态上的反射和反响的发展”。[①] 而人也正是在实践中实现自己的本质，获得自由而全面的发展的。社会主义制度为普通劳动群众创造条件去参与管理国家事务，管理经济文化事业，管理社会事务，努力使越来越多的人获得自由而全面的发展的机会。

二　社会主义正义观理论与实践的历史经验

社会主义正义观的理论与实践并不是一项单纯的学术性研究或事务性工作，而是深深影响着党、国家和民族的前途命运的战略性任务。因此，我们要坚持原则、把握方向，从政治的、历史的和大局的高度认识和思考这一问题。

（一）坚持社会主义根本制度

社会主义正义观的理论与实践要遵循历史发展趋势，坚持社会主义原则。如果社会主义制度被放弃或名存实亡，那么何谈社会主义正义观。在经济上，要坚持社会主义公有制。邓小平说：“一个公有制占主体，一个共同富裕，这是我们所必须坚持的社会主义的根本原则。我们就是要坚决执行和实现这些社会主义的原则。”[②] 可见，社会主义的正义观，一定要为解放和发展生产力、最终实现共同富裕服务，而不能为剥削和两极分化服务。

在政治上，要坚持社会主义民主政治。一是要严格规范党建。尤其是

① 《马克思恩格斯选集》第1卷，人民出版社1995年版，第73页。
② 《邓小平文选》第三卷，人民出版社1993年版，第111页。

在发展党员方面，要吸收能够真正代表社会发展方向的人入党。正如恩格斯所指出的："我们党内可以有来自任何社会阶级的个人，但是我们绝对不需要任何代表资本家、中等资产阶级或中等农民的利益的集团。"[①] 二是要完善民主制度尤其是基层民主制度。要加强城市居民自治和农村村民自治各个环节的建设，完善关于民主选举、民主决策、民主管理、民主监督的法律保障和制度措施，使基层民主自治能够切实、有序地开展。要强化基层民主政治的保障措施，面对宗族势力、宗教势力、黑恶势力等对基层民主政治的冲击，要敢于和善于运用法律武器，保障人民群众的制度化参与。三是各国家机关、社会团体以及公民个人要在社会主义宪法和法律的框架内开展活动。中国共产党的十六大报告中指出，宪法和法律是党的主张和人民意志相统一的体现。必须严格依法办事，任何组织和个人都不允许有超越宪法和法律的特权，要求善于把坚持党的领导、人民当家作主和依法治国统一起来，不断提高依法执政的能力。任何社会活动参与者都必须忠实和遵守社会主义宪法和法律。

（二）坚持马克思主义政党坚强领导

列宁指出："群众是划分为阶级的……在通常情况下，在多数场合，至少在现代的文明国家内，阶级是由政党来领导的"[②]，社会主义国家必须由代表工人阶级和广大人民群众利益的共产党来领导，社会主义正义观的理论与实践也必须坚持马克思主义政党的领导。

中国共产党是中国特色社会主义事业的坚强领导核心，是把亿万人民团结起来、共同建设美好未来的根本保证，是中国实现社会主义现代化的根本保证，是维护中国国家统一、民族团结、社会和谐稳定的根本保证。只有坚持和改善党的领导，才能把社会主义正义观的研究开展好，才能把社会公平正义建设好，才能把全党和全国各族人民的积极性、主动性、创造性调动起来，共同致力于中国特色社会主义建设。社会主义正义观的理论与实践必须坚持中国共产党的坚强领导，这是社会主义正义观科学、健康发展的政治保障。

党的领导作用绝不是一句空话。凡是在经济发展、政治稳定、文化活

---

① 《马克思恩格斯选集》第 4 卷，人民出版社 1995 年版，第 494 页。

② 《列宁选集》第 4 卷，人民出版社 1995 年版，第 151 页。

跃、社会和谐、各项工作井然有序的地区，通常也是党组织坚强有力、党的活动正常开展、党的领导核心地位切实落实的地区。相反，在经济发展困难、政治关系紊乱、文化生活沉寂、社会秩序动荡、各项工作开展不协调的地区，大多也存在着党组织软弱涣散、党的活动名存实亡、党的领导核心地位不能落到实处的问题。因此，社会主义公平正义建设要坚持共产党的领导不动摇。就当前中国的情况来说，一是应该注意把基层党组织建设好，避免基层党组织的空洞化、形式化、边缘化，从而使其他基层组织和各项事业的发展有一个主心骨。二是不能过分强调社会组织的自发倾向和自治性质。在实践中，有的地方不适当地强调社会组织的自治性质，人为制造社会组织与各级党组织的对立情绪，有的地方过分强调和保护社会组织的自发性，抵制党和政府的正确引导。这些看法和做法都是不正确的，需要加以改变。

（三）坚持马克思主义思想路线

一切从实际出发，实事求是，理论联系实际，在实践中检验真理和发展真理，是我党的思想路线，是辩证唯物主义方法论的体现。社会主义正义观的理论与实践要坚持这条马克思主义的思想路线。

实事求是的思想路线在社会主义正义观建设中的意义与作用表现在：一是要处理好正义的目标性与手段性的关系。这两者的关系本来应为相辅相成的辩证统一关系。但是长期以来我们曾经忽视了公平正义本身的价值，更多地作为一种手段，近年来随着全社会对公平正义的重视程度的提升，又出现了过度关注其目标性而忽视其手段性的问题。特别是对于以改善民生为重点的社会建设，要因地制宜、因需而设，不可不顾具体条件一哄而上。对于经济建设、政治建设和文化建设在细节上的设置和运行也不能千篇一律。二是要找准问题。要从问题入手去开展社会主义正义观的理论研究和实践活动，尤其是要找准、抓住影响全局和整体的关键性问题，以解决问题为载体推动正义观发展。三是要理清思路。社会主义社会正义的发展，是一项应该长期抓、抓长期的工作。因此，做好这项工作要有清晰的思路、良好的设计。四是要重在实践。社会主义正义观落实的工作思路应该在实践中形成，工作效果应该在实践中检验。在当前的中国，社会正义搞得好不好，要看是不是有利于解决社会中存在的矛盾和问题，是不是有利于促进经济社会各方面的发展，是不是有利于全面建设小康社会的大局。

（四）坚持人民群众历史主体地位

列宁认为“生气勃勃的创造性的社会主义是由人民群众自己创立的”①，毛泽东也指出：“人民，只有人民，才是创造世界历史的动力。”②我国是社会主义国家，社会主义正义观理论与实践的最终目的、党领导全国人民共同奋斗的最终目的，应当是实现、维护、发展最广大人民群众的根本利益。

坚持共产党的领导与坚持人民群众的主体地位并不矛盾。人民群众是历史的创造者，这是唯物史观的基本观点。人民群众既是建设的主体，也是成果享有的主体。坚持人民群众的主体地位不动摇，一是要维护人民群众的根本利益。要为人民指出正确的发展方向。在鼓励发展个体、私营经济的同时，不要忘记公有制是发展经济、改善民生的最终出路。无论是在工业领域还是在农业领域，只要人民群众提出了社会主义公有制的要求，只要公有制能在更高的水平上发展社会生产力，给予人民群众更多的利益，就要在尊重群众意愿的基础上给予正确的引导。要带领群众前进，而不是做群众的尾巴。要在人民群众的根本利益、长远利益和历史趋势的立足点上引导他们，哪怕他们暂时不理解、不接受，也不能用轻率的诺言来吸引他们。正如恩格斯在谈到马克思主义者如何对待农民问题时所说：“我们的利益决不是要今天就把农民争取过来，好使他们明天在我们不能实现自己的诺言时又离开我们。”③ 二是要尊重人民群众的意愿。在具体工作中，人民群众需要的是基层组织和干部对于他们的生产和生活提供服务，是耐心说服、典型示范，而不是对他们指手画脚，施加强制。三是要保护人民群众的创造。群众在生产生活实践中蕴藏着无穷无尽的创造力，领导干部要充分尊重人民群众的自主性、积极性，并对其加以正确的引导。

（五）坚持科学发展原则

历史证明，只有坚持科学发展的原则，社会主义正义观才能落到实处。在当前的中国，社会主义正义观理论与实践的发展也要求贯彻落实科

---

① 《列宁全集》第33卷，人民出版社1985年版，第53页。
② 《毛泽东选集》第三卷，人民出版社1991年版，第1031页。
③ 《马克思恩格斯选集》第4卷，人民出版社1995年版，第498页。

学发展观。一是社会主义正义观的理论研究和实践活动要服从服务于全国经济社会发展这个大局。这个发展不仅是指经济的发展，而且指在经济发展基础上实现社会全面发展，是全国各个地区物质文明、政治文明和精神文明的全面发展和进步。二是社会主义正义观的理论研究和实践活动要以人为本，就是以最广大的人民群众为本，而不是以少数人为本。三是社会主义正义观的理论研究和实践活动要坚持全面协调可持续的基本要求。要将其看作一项具有独特对象的长期的复杂的系统性活动，处理好涉及的各个层面的问题。四是社会主义正义观的理论研究和实践活动要坚持统筹兼顾的根本方法。既要重视人的因素，又要重视物的因素；既要重视硬件建设，又要重视软件建设；既要重视体制机制建设，又要重视人员素质培养；既要满足目前需求，又要兼顾长远发展。

社会主义正义观理论与实践要科学发展必须在加强科学理论指导上下功夫。一是坚持以中国特色社会主义理论体系为指导，努力做到以科学理论指导实践、推动工作。二是加强对社会主义正义观理论的学习研究。社会主义正义观是马克思主义理论的重要组成部分，中国共产党的社会主义正义观是中国共产党人把马克思主义基本原理同中国具体实践相结合的伟大创造。要深刻认识和把握这一理论的性质特点、伟大历程和成功经验，进一步明确促进公平正义工作的历史方位。

（六）坚持批判地吸收其他文化中的正义观

在坚持社会主义正义观的根本性质的同时，也要看到不同性质的正义观的共性，这对于任何走社会主义道路的国家来说都是如此。就中国来说，中国传统文化中包含着丰富的社会正义思想，如先义后利、正义谋利的义利观，和正以公、天下大公的平等观，民惟邦本、本固邦宁的民本观，尚宽贵和、和而不同的和谐观，隆礼重法、礼法并用的治理观等。这些思想给我们今天的正义观建设提供了许多启发，如要处理好经济利益与道德建设的关系，要秉承整体主义中的积极因素发扬爱国主义精神，要重视与维护劳动群众的利益，要把社会各方面的“和谐”放在一个重要位置来考量，要坚持依法治国与以德治国相结合等等。西方文化中对正义是相当重视的，在理论和实践上产生了不少成果。罗尔斯指出：“正义是社会制度的首要价值，正像真理是思想体系的首要价值一样。一种理论，无论它多么精致和简洁，只要它不真实，就必须加以拒绝或修正；同样，某些法律和制度，不管它们如何有效率和条理，只要它们不正义，就必须加以改造或废除。”① 西方国家在实践上也有值得社会主义正义观借鉴的地方。如“二战”后在西欧和北欧一些国家执政的社会民主主义政党通过在财产收入和社会福利的分配上促进社会公正，当代西方国家实行的广泛的社会保障制度等等，都需要社会主义正义观加以关注。

社会主义正义观要想在理论和实践上得到发展，必须以开放的心态、包容的姿态来看待与促进社会正义有关的种种理论与实践，坚持批判地继承、批判地吸收的原则，真正汲取一切文明的精华。

三　社会主义正义观理论与实践的历史教训

社会主义正义观理论与实践的发展历程不是一帆风顺的，它伴随着社会主义制度的兴衰成败、跌宕起伏发展至今，留下了需要深刻反思的历史教训。

（一）注意加强理论研究

理论的发展与实践的发展是相互影响的。一方面，理论探索对于社会变革的先导性作用不容忽视。毛泽东指出：“在马克思主义看来，理论是重要的，它的重要性充分地体现在列宁说过的一句话：‘没有革命的理论，就不会有革命的运动。’”② 另一方面，实践检验和发展理论。实践发展了，理论也要随之发展，理论需要创新，而新的理论成果同样也要经受新的实践的检验。实践对于任何理论都是一视同仁的，在实践面前从来都不存在而且永远也不存在“免检”的理论，只能是“通过实践而发现真理，又通过实践而证实真理和发展真理”。③

社会主义正义观理论研究在发展过程中是走过弯路的，并且对社会正义的实践造成了消极的影响，主要表现为正义观研究中的三种倾向。第一种倾向是认为正义、公正是资产阶级观念，是用来麻醉劳动人民的工具，因而采取批判正义观的态度。持此观点者认为，马克思一生致力于对“公平”“正义”这些资产阶级的“陈词滥调”的批判，避免它们对劳动

① ［美］罗尔斯：《正义论》，何怀宏等译，中国社会科学出版社 1988 年版，第 3 页。

② 《毛泽东选集》第一卷，人民出版社 1991 年版，第 292 页。

③ 同上书，第 296 页。

人民的现实斗争的影响。他们认为，既没有马克思主义正义观也没有社会主义正义观，如果有的话，也只能是批判的正义观。第二种倾向是忽视社会主义正义观在社会生活中的重要作用，因而不重视研究社会主义正义观。这种倾向的根源也在于对于唯物史观基本观点的理解上的误区。同第一种倾向类似，持此观点者认为科学社会主义与以往一切社会发展理论最大的区别就是它把社会发展的基础建立在生产力发展的根基上，只要生产力发展了，其他一切进步就会随之而来，因此没有必要重视研究社会主义正义观。第三种倾向是盲目接受西方的正义观。一段时间以来，西方国家的正义思想研究（包括对马克思主义的和社会主义的正义思想的研究）相对发达，我国理论界译介了许多相关成果，这是思想文化交流中的正常现象，是无可非议的。西方的正义理论中不乏真知灼见，很多观点和见解对我们有着重要的借鉴和参考价值。尤其是近现代西方的正义理论，它们所关注的正义主题——自由与平等、权利与义务等内容对人类社会的发展产生了深远的影响。但是，有些研究者有意无意地忽视了社会主义制度与资本主义制度、社会主义正义观与非社会主义正义观之间存在的本质差别，对于西方正义观的一些观点，不加辨别地全盘接受，偏离了马克思主义的基本立场、观点和方法，偏离了我国社会主义正义观研究的正确道路。

对于以上三种倾向，从学术研究的角度来讲，还是要通过对马克思主义基本理论的正确理解来加以克服。马克思主义从社会生活的各种领域划分出经济领域，从一切社会关系中划分出生产关系，并把它当作决定其余一切关系的基本的原始关系，进而将一切社会关系归结于生产关系，将生产关系归结于生产力发展的高度，从而揭示了人类社会发展的规律。我们在理解生产力与生产关系的辩证关系、经济基础与上层建筑的辩证关系时，既要看到生产力、经济基础分别对于生产关系、上层建筑的决定作用，也要关注生产关系和上层建筑的反作用。对于西方的正义理论，“激烈的自由主义者”所持的维护大资产所有者的立场我们当然不能接受，更要看到西方正义理论在研究思路上的整体局限性。它们或者是从自然权利、自然法出发，或者是从“永恒的正义原则”出发，都缺乏现实社会生活的立脚点。就拿罗尔斯的正义观来说，论述不可谓不精辟，体系不可谓不严密，对社会处境不利者不可谓不关怀，但其立论的基础却是人们在假设的“原初状态”中的“无知之幕”下达成的社会契约，这就不能不影响到它的科学性。

（二）注意改善基本民生

正义观本身就是与利益联系在一起的，抛开了利益，也就无所谓正义观。社会主义正义观的理论和实践，一定要建立在为最广大人民群众争取最大利益的基础上，不能成为空谈的正义观。汉代的董仲舒提倡“正其义不谋其利，明其道不计其功”，南宋的叶适批评其“初看极好，细看全空疏”，“既无功利，则道义者无用之虚语尔”，清代的颜元更是直接提出“正其义以谋其利，明其道而计其功”。毛泽东在1942年就指出董仲舒的观点的唯心主义本质，他说，“我们不能饿着肚子去‘正义明道’，我们必须弄饭吃，我们必须注意经济工作”。[①] 这应该是社会主义正义观的题中之义。在一段历史时期中，我们比较注重保护和发挥人民群众建设社会主义的积极性和劳动热情，但在实际工作中却出现了过于强调人的主观能动性和精神力量的偏差，一定程度上忽视了改善群众的物质利益，造成了消极的后果。

社会生产的发展是改善民生的基础，但社会生产的发展并不直接等于改善民生。苏联和东欧社会主义国家长期以来以生产资料的数量扩大为重点，既不重视生产资料的质量，更不重视消费资料的生产，消费方面出现了明显的长期短缺现象。人民群众为了社会主义国家经济社会发展的大局、为了根本利益、整体利益和长远利益，在改善现实生活方面自愿作出了很大的牺牲，但是这种状况不能无期限、无限制地存在下去，否则就会严重影响人们对于社会正义的认同，影响人们对于社会主义制度的认同。正如邓小平所说：“世界上一些国家发生问题，从根本上说，都是因为经济上不去，没有饭吃，没有衣穿，工资增长被通货膨胀抵消，生活水平下降，长期过紧日子。”[②] 苏东社会主义国家的教训给我们的启示之一就是，“在社会主义同家，一个真正的马克思主义政党在执政以后，一定要致力于发展生产力，并在这个基础上逐步提高人民的生活水平”。[③]

① 《毛泽东著作选读》下册，人民出版社1986年版，第566页。

② 《邓小平文选》第三卷，人民出版社1993年版，第354页。

③ 同上书，第28页。

（三）注意适应发展阶段

曾经存在的社会主义国家在走上社会主义道路时，所处的发展阶段各有不同，但一个共同点是都没有达到马克思所讲的共产主义社会第一阶段应该达到的发展高度。认清每个时期所处的发展阶段，对于社会主义正义观来说是非常重要的。在社会主义建设的各个领域所采取的政策和措施，如果不适应本国当时的发展阶段，就会对社会主义社会正义造成严重的后果。

在所有制关系上的超前是一个很明显的例子。在实行苏联模式的苏联和东欧国家中，苏联为了在实践上推行“共产主义全面建设论”和“发达社会主义论”，不顾当时苏联的农业发展水平，将大批集体所有制的集体农庄改为全民所有制的国营农场，而在东欧国家中“社会主义公有成分在国民收入中的比重，早在1960年就已占统治地位，当时，除波兰为62.5%之外，其他国家都在80%以上，其中保加利亚为99.5%”。[①] 在中国，社会主义改造之后建立起全民所有制经济和集体所有制经济占绝对优势、基本上没有非公有制经济的所有制结构。在国民收入中，1956年同1952年相比，国有经济的比重由19.1%上升到32.2%，集体所有制经济由1.5%上升到53.4%，公私合营经济由0.7%上升到7.3%，私营经济则由6.9%下降到0.1%以下，个体经济由71.8%下降到7.1%。前三种社会主义公有制经济已达93%。在工业总产值中，1956年同1952年相比，国营工业的比重由41.5%上升到54.5%，集体所有制工业由3.2%上升到17.1%，公私合营工业由4%上升到27.2%，私营工业由30.7%下降到0.04%，个体手工业由20.6%下降到1.2%。前三种社会主义公有制工业已达98.8%。在商业领域中，以社会商品零售总额为例，国营经济所占比重由16.2%上升到34%，合作社经济由18.2%上升到30.1%，国家资本主义及合作化经济由0.4%上升到28.3%，私营经济由65.2%下降到7.6%。前三种社会主义公有制经济达到92.4%。[②] 不断提高的公有制成分的比重，超越了社会主义国家当时的发展阶段，给国民经济的发展带来了不利影响，也必然会对社会主义的社会正义造成消极影响。

---

① 周新城、高成兴：《苏联东欧国家经济》，中国人民大学出版社1990年版，第14页。

② 陈文辉：《中国经济结构概论》，山西经济出版社1994年版，第30页。

经济建设上的冒进同样是超越发展阶段的表现。中国在经济建设上冒进的教训是深刻的，其他社会主义国家也遇到了相似的问题。20 世纪 70 年代，东欧国家利用世界形势改善的环境，试图依靠外资来促进发展，制定了经济建设的高指标。如波兰领导人不顾波兰国情，盲目地实行“三高”政策，即高速度、高积累、高消费，企图在短期内达到英国、法国、联邦德国的经济水平。为此，盲目投资大型项目，忽视农业，造成国民经济比例失调。由于基本建设战线拉得过长，建设周期长，直接影响人民生活水平的提高。加上由于筹集资金，债台高筑，至 1980 年欠西方国家的债务高达 230 亿美元。这样的情况不可能使人民群众对社会正义的状况感到满意。

与所有制结构上的超前和经济建设上的冒进相对的另一个极端，则是社会主义民主政治建设长期、严重滞后。苏联模式的政治体制最大的弊端之一就在于权力缺乏制约，缺乏监督。按照马克思的设想，无产阶级政权的各级干部必须是经选举产生的，十月革命后初期也正是这样实行的。由于随之而来的严酷战争环境以及俄国落后的经济文化水平，转而采取了干部任命制。但是，干部任命制并没有随着形势的好转和条件的改善而取消，反而逐渐产生了“官册制度”。这一以任命制为核心的干部制度由 1923 年 11 月 12 日联共（布）中央组织局决议通过，以严格登记、考察、鉴定为基础，由中央和相关组织部门任免调配领导干部。苏联的这一制度对于苏联的政治生活、苏维埃官僚体制和特权阶层的形成、在市场经济因素下的腐败问题都影响重大，并且对其他社会主义国家影响同样深远。在中国，“从党和国家的领导制度、干部制度方面来说，主要的弊端就是官僚主义现象，权力过分集中的现象，家长制现象，干部领导职务终身制现象和形形色色的特权现象等”。[①] 这些状况对于社会主义社会正义造成了难以弥补的损失。

（四）注意加强制度建设

所谓制度，通常理解为由对人的行为具有约束力的行为规范构成的规则体系。“凡勃伦认为制度是个人或社会对有关的某些关系或某些作用的一般思想习惯；诺斯认为制度是人为设计的各种约束，它由正式约束

① 《邓小平文选》第二卷，人民出版社 1994 年版，第 327 页。

（如规则、法律、宪法）和非正式约束（如行为规范、习俗、自愿遵守的行为准则）所构成；罗尔斯把‘制度理解为一种公开的规范体系’；布罗姆利‘把制度看作是影响人们经济生活的权利和义务的集合。……制度可以分为两类：（1）行为准则，（2）规律或所有权’；米德认为‘社会制度就是有组织的社会活动形式或群体活动形式’；奥唐奈认为‘制度是规则化的行为模式’；高兆明‘从政治——伦理学的角度将“制度”理解为规范化、定型化了的正式行为方式与交往关系结构’”。[①]《现代汉语词典》对“制度”的解释为，第一层含义是指要求大家共同遵守的办事规程或行动准则，第二层含义是指在一定历史条件下形成的政治、经济、文化等方面的体系。

在社会主义正义观的理论与实践中，制度建设曾经是个薄弱环节。许多群众反映强烈的社会中的非正义现象，或多或少与制度建设上的欠缺有关。长期以来，人们更关注根本社会制度的变革给社会正义带来的根本性保障，忽视了在社会生活中还要靠具体的制度去规范。在传统文化中，人们的制度观念也比较淡薄。当然，“徒法不足以自行”是有道理的，有法可依、有法必依、执法必严、违法必究，无论哪一个环节都是人的活动，都离不开人的参与。但是，有了制度又可以引导、规范、约束、控制人的活动。正如邓小平所指出的，制度问题带有根本性、全局性、稳定性和长期性。历史和实践反复证明，如果没有一套系统的制度、形式和程序来保证，社会主义正义观不仅无法运行，而且难以落实。因此要提高社会主义正义观理论与实践的科学化水平，必须建立健全科学严密的制度体系。

① 彭定光：《论制度正义的两个层次》，《道德与文明》2002 年第 1 期。

结　语

社会主义在世界范围内曲折发展，对社会主义正义观的研究方兴未艾。中国的社会主义正义观的理论与实践一直是世界范围内社会主义正义观理论与实践的重要组成部分，当前，中国是世界上最大的社会主义国家，中国的社会主义正义观研究占有的主体地位不言而喻。近年来，随着国家决策层面的强调、学界的推动、社会各界的关注，社会正义问题的研究在中国日益成为一门“显学”，而且还有持续升温的趋势。如何把正义观的研究与马克思主义中国化研究结合起来，开展中国的马克思主义正义观和社会主义正义观研究，已经有学者作了许多开创性和发展性的工作。但是，从总体上来说，目前还没有达到一个成熟的发达的研究领域所应该达到的水平。要加强中国的社会主义正义观的研究，大体上有以下几个问题应当引起注意。

第一，中国的社会主义正义观研究应当围绕一个主题来进行，这个主题就是社会主义正义观与中国特色社会主义建设相结合。

社会主义正义观研究要明了中国特色社会主义建设的背景。当前深刻变化的世情、国情、党情，就是中国特色社会主义建设的大背景，社会主义正义观研究必须主动与之相结合。就世情来说，当今世界正处在一个大发展、大变革、大调整的时期，国际形势发生新变化，国际实力对比出现新态势，思想文化交流、交融、交锋出现新特点，各种力量竞争、较量更加激烈，给我国发展带来新的机遇和挑战。一方面中国在应对全球性问题中的作用凸显，地位上升，多极化向着对我们有利的方向发展，另一方面西方国家对我们施加的压力增大，无论是在经贸领域还是在意识形态领域都给我们设置了重重陷阱。就国情来说，最大的特征是经济体制深刻变革、社会结构深刻变动、利益格局深刻调整、思想观念深刻变化。我们在保持经济快速增长、全面建设小康社会等方面取得了很大成就，办成了许多大事、要事、难事，但是矛盾和问题也不能忽视。特别是加快经济发展方式转变刻不容缓、实现社会公平正义任重道远。就党情来说，加强党建的新的伟大工程正在进行，工作是卓有成效的，但也存在着各种各样的问题。办好中国的事情，关键在党。因为中国共产党是执政党，执政党自身的建设搞不好，是无法实现经济社会又好又快发展的。只有切实提高党的执政水平和领导水平，增强党抵御风险的能力和拒腐防变的能力，才能领导经济社会发展迈上一个新台阶。上述中国特色社会主义建设的背景，是中国社会主义正义观研究的现实环境。“理论在一个国家实现的程度，总是决定于理论满足这个国家的需要的程度。”① 只有结合这个环境开展研究，才能凸显研究意义，才不至于成为书斋之学，纸上谈兵。

社会主义正义观研究要把握中国特色社会主义建设的目标。对于一个研究领域来说，纯粹的理论研究当然有必要，但是作为社会科学，其最终意义仍然表现在对社会的实际影响与作用上。科学社会主义本身就是一门实践的科学，作为其一部分的社会主义正义观研究自然也不应例外。社会主义正义观研究只有把握中国特色社会主义建设的目标并与之相结合，才能对社会发展有所裨益。党的十六大确立了全面建设小康社会的奋斗目标，十七大在此基础上，分别从经济、政治、文化、社会、生态五个方面提出了新的更高要求，十八大提出了全面建成小康社会的新的要求。社会主义正义观研究对于增强发展的协调性、对于扩大社会主义民主、对于加强文化建设、对于加快发展社会事业、对于建设生态文明，都是应该而且可以大有作为的。

社会主义正义观研究要针对中国特色社会主义建设的问题。任何科学研究都应认识到问题意识的重要性。所谓问题意识就是在科学研究中积极主动地发现有价值的问题并采取科学的方法加以解决的自觉意识。社会主义正义观研究的问题意识就是在该研究中积极发现有价值的现实问题，并自觉运用社会主义正义观的原则和方法进行解决的主体性意识。因此，中国特色社会主义建设中有价值的现实问题，要纳入社会主义正义观研究的视野。一是要明确问题研究的学科边界。科学研究中的学科交叉是难免的，但是作为一个不断走向成熟的学科，应当有自己独特的研究对象和问题，起码对研究对象和问题要有自己独特的研究角度。二是要重视前沿问题研究。在一定时期集中研究一些人们普遍关注的热点问题和焦点问题，

① 《马克思恩格斯选集》第1卷，人民出版社1995年版，第11页。

可以集思广益，提高整体研究水平，但同时也要防止盲目追随、故弄玄虚。三是要加强宏观问题研究。宏观问题因其具有根本性、规模性、复杂性的特点而对社会产生深远的影响，社会主义正义观研究要在这方面发挥自己的独特优势。四是要突出微观问题的研究。微观问题研究的具体性和针对性可以弥补宏观研究的不足，拓展研究视野，深化研究层次，提升研究水平，在人们普遍关注宏观问题的情况下尤其不容忽视。五是要注意应用性研究。社会主义正义观研究就其侧重点来说也可以分为基础理论研究与应用性研究。作为走向成熟的研究体系，不但要有发达的基础理论研究，强大的应用性研究也是不可或缺的。

第二，进一步开展和加强中国的社会主义正义观研究，要坚持两条基本原则，一是继承性，二是发展性。

继承性是指社会主义正义观研究要坚持马克思主义尤其是马克思主义正义理论的基本原则和观点。与很多研究领域一样，马克思主义创始人并没有专门构建一个正义观的研究体系，但是却提供了相关的基本原则和观点。一是正义观的时代性。正义观的具体内容不可能是永恒的，也不存在什么“永恒的公平正义原则”。作为社会意识的正义观为一定时代、一定社会的经济基础所决定并反映该时代的经济基础，又随经济基础的改变而改变。正义观的理念不是人们随心所欲的产物，其形成、改变都基于一定的历史条件。二是正义观的阶级性。马克思主义认为，在阶级社会里，社会的正义始终是一定阶级的正义，它同一切道德一样，“道德始终是阶级的道德；它或者为统治阶级的统治和利益辩护，或者当被压迫阶级变得足够强大时，代表被压迫者对这个统治的反抗和他们的未来利益”[①]。我们要实现的正义要把人民利益作为分析、评判现实社会正义的标准，体现出对人民生存状况的道德关怀。三是正义观的实践性。我们理解的正义观，不是空谈观念，而是在探索正义观念发生、发展的客观规律的基础上将之付诸实践，改造客观世界。马克思主义的正义观实现了理论与实践的高度统一，使抽象的正义理论成为具体的、实践的正义，成为无产阶级和广大劳动人民争取解放斗争的强大思想武器。马克思指出：“哲学家们只是用不同的方式**解释**世界，而问题在于**改变**世界。”[②] 社会主义正义观的实践

① 《马克思恩格斯选集》第3卷，人民出版社1995年版，第435页。

② 《马克思恩格斯选集》第1卷，人民出版社1995年版，第61页。

性要求我们妥善处理社会各方面的利益关系，正确处理各种不同性质的社会矛盾，从而实现和维护社会正义。以上三点可以说是社会主义正义观最鲜明的特征，只有坚持它们才能够保持中国的正义观研究的马克思主义本色。

发展性是指社会主义正义观研究要将马克思主义基本立场、观点和方法与时代和国情相结合，不断取得新的理论成果和实践成果。一是要科学定位研究重点。马克思主义经典作家主要生活在“存在着阶级和阶级对立的资产阶级旧社会”，因此，揭露和批判资本主义社会存在的残酷的阶级剥削和阶级压迫，指出和阐明资本主义制度的不公平不正义，就理所当然成为他们关注的重点，与正义理论相关的论述也主要集中在这个方面。社会主义正义观研究的现实境况与那时相比已经发生了很大变化：在国际上，社会主义制度已经由理论成为现实，社会主义国家与资本主义国家将长期并存，相互竞争。在国内，当前我国所要解决的主要矛盾是人民日益增长的物质文化需要同落后的社会生产之间的矛盾，解放和发展生产力是社会主义的根本任务，同时存在着对抗性与非对抗性两种不同性质的社会矛盾，主要是非对抗性的人民内部矛盾，但是对抗性的敌我矛盾在一定条件下也存在着激化的可能。在如此错综复杂的背景下，当代社会主义正义观研究必须结合国内外形势的发展和实践要求，在不放松对两种不同的社会根本制度的正义比较研究的同时，将研究重点放在中国特色社会主义建设中事关社会正义的重大理论和现实问题上，不断推出科学的基础性成果和应用性成果。二是要不断拓展研究范围。作为一个体系的社会主义正义观研究，是由若干层面组成的。如对社会主义正义观范畴研究、社会主义正义观的意义与价值研究、社会主义正义观的不同领域研究、社会主义正义观对人类历史文明成果的借鉴研究，等等。已有研究层面的内部范围需要拓展，构成研究整体的研究层面本身也需要拓展，这是新的实践和新的发展对我们提出的新的要求。比如，过去对司法正义与分配正义的研究比较集中，而随着经济社会的发展，新的问题的出现，诸如劳动正义、生态正义的研究已经逐渐形成气候，文化正义、国际正义的研究也已崭露头角。再如，过去人们比较注重实质正义的研究，现在程序正义和形式正义也引起了越来越多的关注。

第三，根据社会主义正义观研究的主题和原则，鉴于研究现状，中国的社会主义正义观研究的未来发展亟须完成三项任务。

构建研究方法体系。要获得科学的研究结论必须要有科学的研究方法，而且科学研究方法在一个研究领域所获重视程度、所实现的程度通常与该研究领域的发展程度和成熟程度是一致的。研究方法是一个体系，也是分层次的。一是方法论即哲学方法层次。马克思主义的辩证唯物主义和历史唯物主义是唯一正确的世界观和方法论，社会主义正义观的研究方法体系同其他一切科学研究一样，首先必须遵循这一方法论。遵循这一方法论所提供的归纳与演绎、分析与综合、抽象与具体、逻辑与历史相统一的研究方法，这关系到研究的最终效果。二是一般方法层次。一般方法是对某类学科研究过程适用的研究方法，如文献法、调查法、观察法、实验法等。对于社会主义正义观研究来说，要拓展这些一般方法的适用范围和使用频率，鼓励多种方法的有机结合。三是具体方法层次。具体方法也可称为专门方法，是方法论和一般方法在专门研究中的应用，它既体现着方法论和一般方法的要求，又与专门研究的特点相结合，具有直接的操作性。对于这一研究方法层次的研究和应用，可以说是当前社会主义正义观研究中的一个薄弱环节，尤其应当注意自觉创新具体研究方法，充实整个研究方法体系，以利于社会主义正义观研究的顺利发展。

加强理论升华工作。目前对社会主义正义观的研究，已经从多方面、多角度展开，无论从数量还是质量来看都取得了比较丰硕的成果，加强理论升华工作的任务就历史性地提了出来。一是人类认识规律的要求。一方面，中国特色社会主义建设中处理正义问题所形成的好的思路和宝贵经验，不能使之仅仅停留于具体的、零散的状态，而必须对其进行提炼、加工、总结，将个别经验提升为具有普遍指导意义的理论状态。另一方面，社会主义正义观的各项理论成果也需要进一步提升和整合，达到体系化和一般化，由较低水平的理论状态提升为较高水平的理论状态。二是发展马克思主义特别是社会主义正义观的要求。马克思主义正义观的原理与中国社会主义正义观的关系，是普遍性与特殊性的关系。中国的社会主义正义观的成果，是马克思主义、社会主义正义观的一般原理的世界性应用与发展的一部分，后者寓于前者之中，前者要服从与遵循后者，这是我们的研究工作必须时刻注意的。同时，当代社会主义正义观中国化的成果，又是在全球化、现代化、信息化背景下对传统社会主义正义观的发展，不但对于中国特色社会主义建设有重要意义，而且对于广大发展中国家处理现代化道路上的重大社会问题、对于国际共产主义运动、对于世界文明与进步事业都有很高的理论价值。因此，我们要以高度的历史责任感和使命感做好中国社会主义正义观研究成果的理论升华工作，不断充实与发展马克思主义正义理论宝库，为人类社会发展和进步事业作出更大的贡献。

完善成果转化机制。理论是灰色的，而生活之树常青。社会主义正义观研究不是要构筑高深莫测、束之高阁的玄奥之论，而是为了在“实践、认识、再实践、再认识”的运动过程中发挥自己的作用，科学地指导实践发展。实践与理论是既有联系又有区别的两个部分，理论要发挥自己的指导作用必须要重视成果转化机制。一是加强社会主义正义观理论成果的教育。“理论一经掌握群众，也会变成物质力量”。[①] 但是理论只有首先为群众所掌握，然后才能掌握群众。要使社会主义正义观的理论成果深入人心并被自觉实践，就必须加强这方面的教育，而有效的教育机制的构建是不可或缺的。要研究正义观的宣传与普及，探讨正义观教育的主体、对象、目标、内容、方法、途径、载体、环境等要素，探索正义观教育的一般规律与特殊规律，提高正义观教育的有效性。二是重视正义观的制度化建设。“制度”是有约束力的规则或规则体系，宏观层面指社会制度，微观层面指办事规程或行动规则。正义观的制度化建设，是政治上层建筑与观念上层建筑的有机结合，一方面可以使制度具有正义的价值色彩，另一方面可以使正义观念的实践获得制度保障。

第四，推进社会主义正义观研究，完成上述任务，要围绕主题、坚持原则，主要开展好以下内容的研究。

马克思主义正义观和社会主义正义观的文本研究。一是对马克思主义正义观有关经典著作的研究。中国的社会主义正义观是马克思主义正义观中国化的过程，首先也是一个以马克思主义正义观基本原理来“化”中国的正义观研究的过程。要保证社会主义正义观研究沿着健康的道路发展，正本清源的工作不容忽视，这就要求以极大的精力研究社会主义正义观的有关经典著作。首先，继续研究集中反映社会主义正义观的经典著作。马克思主义经典作家的某些文献对正义及其相关问题有着较为集中的论述，如《德意志意识形态》、《〈黑格尔法哲学批判〉导言》、《哥达纲领批判》、《反杜林论》等。目前对这些经典著作的研究成果是比较丰富的，但还需要进一步拓展。其次，深入发掘包含社会主义正义观个别思想

① 《马克思恩格斯选集》第1卷，人民出版社1995年版，第9页。

的经典著作。还有一些经典著作虽然主要不是阐明正义问题的，但是其中包含有关正义的若干观点或思想火花，以分散的形式出现在文献中，如《1844 年经济学哲学手稿》、《资本论》等。开展这方面的研究，是一项重要的工作，也是一项综合性、复杂性很强的工作，目前的研究还比较薄弱，需要得到加强。再次，积极探索社会主义正义观研究的热点问题。对社会主义正义观经典著作的研究，出发点和落脚点还在于弄清马克思主义经典作家的精神实质，创造性地解决实际问题，因此，研究经典著作与探索热点问题是息息相关的。比如，马克思对正义的价值究竟持批判的态度还是认可的态度，抑或二者的辩证统一？又如，马克思主义经典作家对正义问题的论述多集中于经济、政治领域，我们今天将其扩展到诸如文化、社会、生态等方面，是否存在有力的理论支撑？要科学回答这些问题，一方面要立足于历史和现实，另一方面也离不了对社会主义正义观经典著作的正确理解。二是对共产党和国家机关关于正义观的历史文献的研究。中国共产党领导中国革命和建设的各个历史时期的文献，体现了对正义观的认识的不断深化，新中国成立以来国家机关的文献，反映了正义在我国社会的发展历程。目前对这类文献的整理、分析已经做了一些工作，但还是远远不够的。

中国社会主义正义观的发展史研究。中国社会主义正义观作为马克思主义中国化的一部分，伴随着中国共产党的历史一路走来，历经历代中央领导集体的不断探索，积累了宝贵的发展成果。只有重视中国社会主义正义观的发展史的研究，才能够正确认识和深刻理解社会主义正义观中国化的现状，科学总结发展规律、展望发展趋势。一是对正义的内涵认识的发展。从对正义概念的笼统地、模糊地使用到对正义的内涵作出明确的界定，经历了一个相当漫长的过程，要研究其发展的阶段性。二是对正义观的地位和作用认识的上升。党长期以来将正义作为不懈追求的价值目标，但将其与党的性质与宗旨联系起来、与社会主义和谐社会建设联系起来、与社会主义国家制度的价值联系起来，这是一个逐步发展和成熟的历史过程。三是对正义的领域认识的拓展。关注的焦点从最初主要是政治权利正义与经济结果正义转变为后来的机会正义与规则正义，再到今天的多领域全面推进，实现了认识的跨越。四是对正义实现路径的认识的深化。经济建设的基础地位得以巩固，政治制度的保障作用不断强调，文化建设的促进功能渐被重视，社会建设的推动效果日益明显。包括上述内容在内的中国社会主义正义观是一个不断发展的过程，对其发展史需要进一步展开研究。

中国的社会主义正义观的理论借鉴研究。中国的社会主义正义观从其性质来说，毫无疑问属于马克思主义。同时，它又是一种开放的理论，而且作为一种文化体系，作为意识形态的一部分，它也有自己的发展特点，对其他人类文明成果汲取的研究应当受到重视。一方面是对中国传统文化中正义思想的继承。这种继承既表现在内容上，也表现在形式上。几千年的文化传统与民族特色中有许多与现代正义观的相通之处，值得好好研究。另一方面是对西方文化成果的吸收。马克思主义的诞生地在西方，我们除了要注意马克思主义与其他西方理论的意识形态性不同之外，还要看到共同的文化渊源，重视西方文化对于正义问题的历史传统及其对社会主义正义观的独到见解。中国社会主义正义观的理论借鉴研究要注意两个问题。一是要批判性地继承和吸收。在承认与借鉴中国传统文化与西方文化的优秀成果的同时，也不能忽视其非科学的一面，既要古为今用、洋为中用，又要以社会主义正义观为大本大源，绝不能本末倒置、食古不化、食洋不化。二是要拓展借鉴研究的范围、开阔借鉴研究的视野。无论是对于中国传统文化还是西方文化来说，现在的研究不能再局限于几个主要流派、几位代表人物，而应当努力发掘以前不为人所注意的思想家或理论观点，或者融会贯通，进行有价值的理论创新。

中国的社会主义正义观的发展规律与趋势研究。中国的社会主义正义观的发展规律，应当是在文本研究、发展史研究和借鉴研究的基础上总结出来的，是一个由本质规律、一般规律、特殊规律构成的规律体系，要从各个角度全面分析社会主义正义观中国化发展的固有的、内在的、本质的联系。就已有的研究成果来说，至少应当包括以下内容：发展的内在动力是中国特色社会主义建设的实践要求；指导思想是中国化的马克思主义；政治保障是中国共产党的坚强领导；制度框架是社会主义宪法及有关法律；价值目标是实现好、维护好、发展好最广大人民群众的根本利益；科学目标是学科化、现代化；基本策略是前进性与渐进性的有机统一；等等。趋势研究是以规律性的认识为指导来展望中国社会主义正义观的发展前景，宜从宏观上、总体上来把握，目前也只能提供一个大概的轮廓，如正义理论丰富化、正义教育实效化、正义实践机制化、正义研究科学化等。上述研究目前还只是一些初步的探索，因此存在着极大的研究空间。

参考文献

中文文献

一　马克思主义经典著作与党和国家重要文献

1.《马克思恩格斯选集》第1—4卷，人民出版社1995年版。
2.《马克思恩格斯全集》第1卷，人民出版社1956年版。
3.《马克思恩格斯全集》第2卷，人民出版社1957年版。
4.《马克思恩格斯全集》第3卷，人民出版社1960年版。
5.《马克思恩格斯全集》第4卷，人民出版社1958年版。
6.《马克思恩格斯全集》第16卷，人民出版社1964年版。
7.《马克思恩格斯全集》第20卷，人民出版社1971年版。
8.《马克思恩格斯全集》第21卷，人民出版社1965年版。
9.《马克思恩格斯全集》第23卷，人民出版社1965年版。
10.《马克思恩格斯全集》第25卷，人民出版社1974年版。
11.《马克思恩格斯全集》第27卷，人民出版社1972年版。
12.《马克思恩格斯全集》第31卷，人民出版社1972年版。
13.《马克思恩格斯全集》第34卷，人民出版社1972年版。
14.《马克思恩格斯全集》第42卷，人民出版社1979年版。
15.《马克思恩格斯全集》第46卷上，人民出版社1979年版。
16.《马克思恩格斯全集》第48卷，人民出版社1985年版。
17.《列宁选集》第1—4卷，人民出版社1995年版。
18.《列宁全集》第6卷，人民出版社1986年版。
19.《列宁全集》第28卷，人民出版社1990年版。
20.《列宁全集》第32卷，人民出版社1985年版。
21.《列宁全集》第34卷，人民出版社1985年版。
22.《列宁全集》第36卷，人民出版社1986年版。

23.《列宁全集》第 39 卷，人民出版社 1986 年版。
24.《列宁全集》第 42 卷，人民出版社 1987 年版。
25.《列宁全集》第 43 卷，人民出版社 1987 年版。
26.《斯大林文集（1934—1962)》，人民出版社 1985 年版。
27.《斯大林选集》上下卷，人民出版社 1979—1980 年版。
28.《毛泽东选集》第一—四卷，人民出版社 1991 年版。
29.《毛泽东文集》第一—八卷，人民出版社 1993—1999 年版。
30.《毛泽东著作选读》下册，人民出版社 1986 年版。
31.《毛泽东外交文选》，中央文献出版社、世界知识出版社 1994 年版。
32.《毛泽东书信选集》，中央文献出版社 2003 年版。
33.《邓小平文选》第一—三卷，人民出版社 1993—1994 年版。
34.《邓小平年谱（一九七五——一九九七)》下卷，中央文献出版社 2004 年版。
35.《江泽民文选》第一—三卷，人民出版社 2006 年版。
36. 胡锦涛：《在中央人口资源环境工作座谈会上的讲话》，《人民日报》2004 年 3 月 10 日。
37. 胡锦涛：《在省部级主要领导干部提高构建社会主义和谐社会能力专题研讨班上的讲话》，《人民日报》2005 年 06 月 27 日。
38. 胡锦涛：《高举中国特色社会主义伟大旗帜　为夺取全面建设小康社会新胜利而奋斗》，人民出版社 2007 年版。
39. 胡锦涛：《在新进中央委员会的委员、候补委员学习贯彻党的十七大精神研讨班开班式上的重要讲话》，《人民日报》2007 年 12 月 17 日。
40. 胡锦涛：《坚定不移沿着中国特色社会主义道路前进　为全面建成小康社会而奋斗》，人民出版社 2012 年版。
41.《中共中央关于全面深化改革若干重大问题的决定》，人民出版社 2013 年版。
42. 中共中央文献研究室：《江泽民论有中国特色社会主义（专题摘编)》，中央文献出版社 2002 年版。
43. 中共中央文献研究室：《十六大以来重要文献选编》（中)，中央文献出版社 2006 年版。

二　国内学者专著

1. 慈继伟：《正义的两面》，生活·读书·新知三联书店 2001 年版。

2. 胡真圣：《两种正义观——马克思、罗尔斯正义思想比论》，中国社会科学出版社 2004 年版。
3. 夏文斌：《走向正义之路——社会公平研究》，黑龙江教育出版社 2000 年版。
4. 何怀宏：《公平的正义——解读罗尔斯〈正义论〉》，山东人民出版社 2002 年版。
5. 万俊人、梁晓杰：《正义二十讲》，天津人民出版社 2008 年版。
6. 孙伯鍨、张一兵：《走进马克思》，江苏人民出版社 2001 年版。
7. 张一兵：《回到马克思——经济学语境中的哲学话语》，江苏人民出版社 2005 年版。
8. 姚大志：《何谓正义：当代西方政治哲学研究》，人民出版社 2007 年版。
9. 唐士其：《西方政治思想史》，北京大学出版社 2002 年版。
10. 韩水法：《正义的视野——政治哲学与中国社会》，商务印书馆 2009 年版。
11. 韩水法：《社会正义是如何可能的》，广州出版社 2000 年版。
12. 李梅：《权利与正义：康德政治哲学研究》，社会科学文献出版社 2002 年版。
13. 罗国杰等：《德治新论》，研究出版社 2002 年版。
14. 袁贵仁：《马克思的人学思想》，北京师范大学出版社 1996 年版。
15. 吴忠民：《社会公正论》，山东人民出版社 2004 年版。
16. 吴忠民：《走向公正的中国社会》，山东人民出版社 2008 年版。
17. 张曙光：《人的世界与世界的人：马克思的思想历程追踪》，北京师范大学出版社 2009 年版。
18. 李从军：《价值体系的历史选择》，人民出版社 2008 年版。
19. 王学俭：《改革开放与马克思主义理论发展》，兰州大学出版社 2010 年版。
20. 杨晓东：《马克思与欧洲近代政治哲学》，社会科学文献出版社 2008 年版。
21. 林进平：《马克思的“正义”解读》，社会科学文献出版社 2009 年版。
22. 陶艳华：《马克思政治伦理思想研究》，人民出版社 2009 年版。
23. 王广：《正义之后》，凤凰出版传媒集团、江苏人民出版社 2010 年版。

24. 汪琼枝：《当代中国社会主义正义观研究》，中国文史出版社 2010 年版。
25. 王彩波：《西方政治思想史》，中国社会科学出版社 2004 年版。
26. 王彩波：《个人权利与社会正义》，中国社会科学出版社 2007 年版。
27. 胡海波：《正义的追寻——人类发展的理想境界》，东北师范大学出版社 1997 年版。
28. 沈晓阳：《正义论经纬》，人民出版社 2007 年版。
29. 赵祥禄：《正义理论的方法论基础》，中央编译出版社 2007 年版。
30. 汪行福：《分配正义与社会保障》，上海财经大学出版社 2003 年版。
31. 林火旺：《正义与公民》，吉林出版社 2008 年版。
32. 何霜梅：《正义与社群——社群主义对以罗尔斯为首的新自由主义的批判》，人民出版社 2009 年版。
33. 刘雪斌：《代际正义研究》，科学出版社 2010 年版。
34. 何建华：《经济正义论》，浙江人民出版社 2004 年版。
35. 何建华：《分配正义论》，人民出版社 2007 年版。
36. 倪勇：《社会正义论》，中央党校出版社 1998 年版。
37. 曹玉涛：《分析马克思主义的正义论研究》，人民出版社 2010 年版。
38. 詹世友：《公义与公器：正义论视域中的公共伦理学》，人民出版社 2006 年版。
39. 李慧斌、李天义：《马克思与正义理论》，中国人民大学出版社 2010 年版。
40. 贾可卿：《分配正义论纲》，人民出版社 2010 年版。
41. 陈少峰：《正义的公平》，人民出版社 2009 年版。
42. 任映红、戴海东：《中国共产党的社会公正观研究》，人民出版社 2009 年版。
43. 文长春：《正义：政治学的视界》，黑龙江大学出版社有限责任公司 2010 年版。
44. 葛四有：《正义与运气》，中国社会科学出版社 2007 年版。
45. 周辅成：《从文艺复兴到十九世纪资产阶级哲学家政治思想家有关人道主义人性论言论选辑》，商务印书馆 1966 年版。
46. 吴易风：《空想社会主义》，北京出版社 1980 年版。
47. 李凤鸣：《空想社会主义思想史》，上海人民出版社 1980 年版。

48. 丁冰：《圣西门、傅立叶和欧文》，经济科学出版社 1986 年版。
49. 白东明：《空想社会主义者代表著作评介》，吉林人民出版社 1984 年版。
50. 葛力：《十八世纪法国哲学》，社会科学文献出版社 1991 年版。
51. 陈思贤：《西洋政治思想史》（近代英国篇），吉林出版集团有限责任公司 2008 年版。
52. 刘玉安、楚成亚、杨丽华：《西方政治思想通史》，山东大学出版社 2003 年版。
53. 徐觉哉：《社会主义流派史》，上海人民出版社 2007 年版。
54. 萧贵毓、张海燕：《社会主义思想史纲》，中共中央党校出版社 1998 年版。
55. 郭华甫：《列宁苏维埃政权建设思想与当代中国》，合肥工业大学出版社 2009 年版。
56. 王建国：《列宁司法思想研究》，法律出版社 2009 年版。
57. 龚廷泰：《列宁法律思想研究》，南京师范大学出版社 2000 年版。
58. 左亚文、陶笑眉：《列宁晚年社会主义建设理论与中国的改革实践》，武汉大学出版社 1998 年版。
59. 魏泽焕：《列宁执政党领导思想研究》，中共中央党校出版社 1994 年版。
60. 顾海良：《斯大林社会主义思想研究》，中国人民大学出版社 2008 年版。
61. 姜长斌：《苏联社会主义制度的变迁》，黑龙江教育出版社 1988 年版。
62. 郭春生：《社会政治阶层与苏联剧变》，当代世界出版社 2006 年版。
63. 王正泉：《剧变后的原苏联东欧国家（1989—1999）》，东方出版社 2001 年版。
64. 黄宏、纪玉祥：《原苏联七年“改革”纪实（1985—1991）》，红旗出版社 1992 年版。
65. 黄立茀：《苏联社会阶层与苏联剧变研究》，社会科学文献出版社 2006 年版。
66. 沈志华：《冷战时期苏联与东欧的关系》，北京大学出版社 2006 年版。
67. 周新城、高成兴：《苏联东欧国家经济》，中国人民大学出版社 1990 年版。

68. 周新城、关雪凌等：《苏联东欧国家的演变及其历史教训》，安徽人民出版社2000年版。
69. 欧阳东：《东欧大裂变纪实》，中国经济出版社1994年版。
70. 唐鸣、俞良早等：《共产党执政与社会主义建设 原苏东国家工人阶级政党执政的历史经验》，人民出版社2008年版。

三 译著

1. ［古希腊］柏拉图：《理想国》，郭斌和、张竹明译，商务印书馆1986年版。
2. ［古希腊］亚里士多德：《政治学》，吴寿彭译，商务印书馆1981年版。
3. ［英］霍布斯：《利维坦》，黎思复、黎廷弼译，商务印书馆1985年版。
4. ［荷］斯宾诺莎：《神学政治论》，温锡增译，商务印书馆1982年版。
5. ［法］卢梭：《社会契约论》，何兆武译，商务印书馆2003年版。
6. ［英］莫尔：《乌托邦》，戴镏龄译，商务印书馆1982年版。
7. ［德］马克斯·韦伯：《新教伦理与资本主义精神》，于晓、陈维钢等译，生活·读书·新知三联书店1987年版。
8. ［美］约翰·罗尔斯：《正义论》，何怀宏等译，中国社会科学出版社1988年版。
9. ［美］约翰·罗尔斯：《作为公平的正义——正义新论》，姚大志译，上海三联书店2002年版。
10. ［美］罗伯特·诺奇克：《无政府、国家和乌托邦》，何怀宏等译，中国社会科学出版社1991年版。
11. ［美］阿拉斯代尔·麦金太尔：《谁之正义？何种合理性？》，万俊人等译，当代中国出版社1996年版。
12. ［英］威廉·葛德文：《政治正义论》，何慕李译，商务印书馆1997年版。
13. ［美］迈克尔·沃尔泽：《正义诸领域 为多元主义与平等一辩》，褚松燕译，译林出版社2002年版。
14. ［英］布莱恩·巴利：《正义诸理论》，孙晓春、曹海军译，吉林人民出版社2004年版。
15. ［英］布莱恩·巴利：《作为公道的正义》，曹海军、允春喜译，凤凰出版传媒集团、江苏人民出版社 2008 年版。

16. ［美］塞缪尔·弗莱施哈克尔：《分配正义简史》，吴万伟译，凤凰出版传媒集团、译林出版社 2010 年版。

17. ［匈］格奥尔格·卢卡奇：《历史与阶级意识》，杜章智、任立、燕宏远译，商务印书馆 1999 年版。

18. ［法］路易·阿尔都塞：《保卫马克思》，顾良译，商务印书馆 2010 年版。

19. ［美］赫伯特·马尔库塞：《单向度的人：发达工业社会意识形态研究》，刘继译，上海世纪出版集团 2008 年版。

20. ［美］汉娜·阿伦特：《马克思与西方政治思想传统》，孙传钊译，江苏人民出版社 2007 年版。

外文文献

1. Allen Wood, "The Marxian Critique of Justice", Philosophy and Public Affairs, Vol. 1, No. 3, 1972.

2. Ziyad Husami, "Marx on Distributive Justice", Philosophy and Public Affairs, Vol. 8, No. 1, 1978.

3. Allen Wood, "Marx on Right and Justice: A Reply to Husami", Philosophy and Public Affairs, Vol. 8, No. 3, 1979.

4. Derek Allen, "Marx and Engels on the Distributive Justice of Capitalism", Canadian Journal of Philosophy, Supplementary, Vol. 7, 1981.

5. Jeffrey Reiman, "The Possibility of a Marxian Theory of Justice", Canadian Journal of Philosophy, Supplementary, Vol. 7, 1981.

6. Norman Geras, "The Controversy About Marx and Justice", New Left Review, No. 150, March/April 1985.

7. Norman Geras, "Bring Marx to Justice: An Addendum and Rejoinder", New Left Review, No. 195, 1992.

8. Kai Nielsen, "Marx on Justice: The Tuck-Wood Thesis Revisited", The University of Toronto Law Journal, Vol. 38, No. 1 (Winter, 1988).

9. Kai Nielsen, "Arguing About Justice: Marxist Immoralism and Marxist Moralism", Philosophy and Public Affairs, Vol. 17, No. 3, 1988.

10. Roger Hancock, "Marx's Theory of Justice", Social Theory and Practice,

Vol. 1, No. 3, 1971.

11. William McBride, "The Concept of Justice in Marx, Engels, and Others", Ethics, Vol. 85, No. 3, 1975.

12. Alan Shandro, "A Marxist Theory of Justice?", Canadian Journal of Political Science, Vol. 22, No. 1, 1989.

后　记

本书是在我的博士学位论文的基础上修改而成的。

社会主义500年的曲折发展带给人们不尽的感悟与启迪。“正义”这一古老而常新的话题，是社会主义不应回避也无法回避的核心性课题，是关涉中国社会主义现代化建设和中华民族伟大复兴中国梦实现的现实性课题，是影响社会主义在全球范围未来发展的历史性课题。在当代，社会主义是理论体系、社会运动、国家制度的有机统一。历史的经验和教训昭示我们，必须在合规律性与合目的性的结合中观照社会主义的演进图景，必须在真理性和价值性的统一中思考社会主义的前途命运。当前正义观研究和社会主义正义观研究的蓬勃开展，彰显了社会主义的理论自觉和理论自信。

本书在勾勒人类正义观发展史的基础上，着重分析了科学社会主义正义观的理论蕴涵与实践历程，并尝试概括了社会主义正义观历史发展的影响、经验和教训。正义观研究是一个涉及广泛层次、跨越多个学科的研究领域，本书侧重于从马克思主义政治哲学的角度，对于社会主义正义观进行全景描述和宏观分析，因此，对于某些专门的正义话题诸如分配正义、劳动正义、生态正义、司法正义等，没有展开深入的探讨。在博士论文的写作过程中，我基于对相关文献的阅读和梳理，逐渐形成了对于当前社会主义正义观研究的一些看法和加强中国社会主义正义观研究的几点认识，就是在结语部分提出的“围绕一个主题、坚持两条原则、完成三项任务、关注四个内容”的研究展望。近几年来，正义观研究呈现的特点和趋势，在一定程度上印证了上述判断，也推动我今后更加关注社会主义正义观的课题。

本书完成之际，我应该向我的导师王学俭教授致以最大的敬意。在师从王老师攻读硕士和博士以来，他给了我学术上生活上一贯的关心和指导。老师以“道德文章”的表率所给予我的影响，将使我一生受用无穷。

仅就本书来说，老师在我撰写论文时一再提出，选题既要有社会价值又要有学术价值；在研究思路、论证结构、框架安排、重点难点方面进行了精心指导；修改书稿阶段又多次叮嘱我关注最新的研究动态。总之，本书的完成凝聚着老师的心血。

兰州大学马克思主义学院培养和教育了我，提供了良好的科研条件和研究平台，学院的领导和老师们为我的学习和工作提供了大量的指导和帮助，在此对他们表示感谢。

本书写作中参考了许多同行专家、学者的优秀研究成果，本书的出版得到了兰州大学“985 工程”建设项目的资助，也得到了中国社会科学出版社任明主任和有关工作人员的大力支持和帮助，我也在此表示感谢。

在研究过程中我深刻感受到，社会主义正义观是一个博大精深的研究领域。本书作为我在该领域研究成果的一个初步总结，也希望能得到学界同仁的批评指正。

朱大鹏

2014 年 7 月